现代公路与桥梁工程建设研究

宫钦明　刘文杰　姜少朋　著

中国商务出版社

图书在版编目（ＣＩＰ）数据

现代公路与桥梁工程建设研究 / 宫钦明, 刘文杰, 姜少朋著. – 北京：中国商务出版社, 2021.7（2023.3重印）

ISBN 978-7-5103-3797-0

Ⅰ. ①现…　Ⅱ. ①宫…　②刘…　③姜…　Ⅲ. ①道路工程－工程施工－研究②桥梁工程－研究　Ⅳ. ①U415.12 ②U44

中国版本图书馆 CIP 数据核字（2021）第 079938 号

现代公路与桥梁工程建设研究

XIANDAI GONGLU YU QIAOLIANG GONGCHENG JIANSHE YANJIU

宫钦明　刘文杰　姜少朋　著

出版发行：中国商务出版社

社　　址：北京市东城区安定门外大街东后巷 28 号　　邮　　编：100710

网　　址：http://www.cctpress.com

电　　话：010-64212247（总编室）　　010-64218072（事业部）
　　　　　 010-64208388（发行部）　　010-64515137（事业部）

排　　版：北京凯能特教育科技有限公司

印　　刷：河北赛文印刷有限公司

开　　本：787 毫米×1092 毫米　　1/16

印　　张：19.75

版　　次：2022 年 1 月第 1 版　　印　　次：2023 年 3 月第 2 次印刷

字　　数：390 千字　　定　　价：68.00 元

前　言

随着社会经济的快速发展，公路与桥梁工程建设事业迎来了前所未有的发展机遇。如何采取有效的技术措施，强化现代公路与桥梁施工技术的应用成效，成为业内广泛关注的焦点课题之一。同时，公路与桥梁养护作为公路工程建设运营管理阶段的主要工作，也成为摆在每一位公路科技工作者面前的一个重要课题。

在公路建设中，桥梁施工占据重要的地位。因此，公路科技工作者不仅要积极推广应用可靠性技术来提升公路桥梁的质量，还要及时针对公路桥梁施工技术中存在的不足之处进行研究改善，以此来推动我国公路桥梁施工技术的新发展。公路在使用过程中，其路基、路面及桥梁设施、交通工程设施和服务设施等会因行车荷载及环境因素的作用而逐渐损坏，故应针对公路工程的状况进行养护维修，以延长公路使用寿命，为广大司乘人员提供一个"畅安舒美"的公路行车环境。基于此，本书主要从现代公路与桥梁工程建设和养护两个方面着手，分别从公路与桥梁的发展趋势、公路与桥梁工程项目的施工与管理、公路与桥梁工程养护等方面逐一进行探讨。通过及时针对公路与桥梁施工技术中存在的不足之处进行研究改善，加强公路与桥梁项目管理和养护管理，提高服务能力，研究推广应用新技术、新材料、新工艺、新方法等方法，进而推动我国公路与桥梁建设登上一个新的台阶。

本书主要内容包括：公路工程绪论、公路工程中的路基养护、公路工程中的公路隧道养护、公路沿线设施的养护、高速公路养护管理、公路建设项目的可持续发展、桥梁设计标准化管理、桥梁检测与桥梁维修、桥梁结构安全评估、我国桥梁工程施工技术的发展趋势、市政工程建设项目进度管理、市政工程建设项目风险管理。

本书由烟台市莱阳公路建设养护中心宫钦明、刘文杰和山东泛邦工程有限公司姜少朋共同撰写。其中，第一章至第六章由宫钦明撰写，合计 16.20 万字；第七章至第九章由刘文杰撰写，合计 16.20 万字；第十章至第十二章由姜少朋撰写，合计6.6 万字。

本书可供公路、桥梁建设养护管理工作者及其相关行业理论研究人员参考借鉴。

由于作者水平有限，本书难免存在不足之处，诚挚地希望广大读者给予批评指正。

作者
2021 年 3 月

目　录

第一章　公路工程绪论

第一节　我国公路发展的概况

公路运输是陆上运输方式之一，其灵活机动、迅速方便以及提供"门到门"物流服务的特点，不仅使其成为一个独立的运输体系，而且对于一个国家经济的发展起着重要的基础作用。2005年，我国高速公路通车里程达4.1万千米，2007年，"五纵七横"国道主干线系统已提前贯通。到"十一五"时期末，基本实现全国所有具备条件的乡（镇）通沥青（水泥）路（西藏自治区视建设条件确定）；东中部地区所有具备条件的建制村通沥青（水泥）路；西部地区基本实现具备条件的建制村通公路。截至2008年年底，中国公路通车总里程达到373.02万千米，比新中国成立初期的8万千米增长了45倍。到2010年，全国农村公路里程达到310万千米。目前农村公路建设如火如荼，东中部基本实现村村通水泥公路或者沥青路面。2011年已经提前完成"十一五"规划中2020年高速公路达到8.5万千米的目标。2012年年末我国公路总里程达423.75万千米，居世界第一位。截至2013年年底，高速公路里程达到10.446万千米。截至2015年年底，全国公路总里程达到457.7万千米，其中高速公路12.4万千米，二级及以上公路57.5万千米，国省道二级及以上公路比例达到77%；全国公路养护里程达到446.6万千米，养护比例达到98%。截至2019年末，全国公路总里程501.25万千米、增加16.60万千米，其中高速公路里程增加0.7万千米。

第二节　公路养护管理的意义

公路建成投入使用后，由于反复承受载荷的作用和自然因素的侵蚀破坏，以及设计、施工过程中留下的一些缺陷，致使现有公路的结构和使用功能日益退化，影响了公路的使用寿命，导致了交通通行能力和交通服务质量下降，这种情况容易引起交通事故。公路养护管理工作涵盖了体制机制、养护工程、规费征收、路产保护、队伍建设、行业稳定等众多领域。加强公路养护管理工作对保持公路基础设施良好技术状况、保障路网整体效能发挥、服务经济社会发展和人民群众安全便捷出行等具有十分重要的意义。

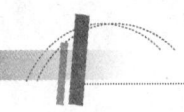

20 世纪 70 年代初期，在西方发达国家经历了大规模的公路建设之后，巨大公路养护需求、养护资金短缺和公众对快速安全出行要求的提高，使西方发达国家公路养护管理部门遇到了前所未有的新问题。他们投入巨大的人力、物力和财力，实施了系统的、科学的研究，开发了新的检测技术、检测装备、科学的决策理论、决策方法，以及基于全寿命的养护设计技术和新型养护材料，建立了现代养护决策制度体系。通过新技术的广泛应用，改变了传统的公路养护模式，缓解了公路养护的压力，使公路养护走上了可持续发展的道路。

我国公路建设在快速发展的同时，重载交通和交通量的快速增长及快速出现的路面大中修养护需求，使我国公路养护管理部门承受了巨大的压力。国外经验表明，大规模公路建设之后将是更大规模的公路养护。这一规模在我国高速公路上表现得尤为突出，在已通车 5 万多千米的高速公路中，早期（1988—1993 年）修建的公路已经基本达到了路面设计寿命，许多区间和路段需要实施大中修养护甚至改扩建工程。预计在不久的将来，高速公路的路面大中修养护里程将分别达到每年 7000 千米和 8000 千米，国省干线的发展趋势也是一样，并将长期维持在这一水平之上，每年的大中修养护里程将超过养护总里程的 15%～20%。为此，公路管理部门不得不面对长期、繁重的养护任务。早期，我国在公路养护方面，无论是理念、模式、技术还是装备，都远远滞后于公路养护的需要，其主要表现是：

（1）公路评价与养护决策以传统的经验方法为主，缺乏面向损坏、基于原因的养护计划性，由此造成大量的养护资金浪费。

（2）长期公路养护资金需求与养护费用投入缺乏科学的规划。

（3）公路养护管理缺乏科学的监管手段，路面技术状况的检测方法落后，关键指标由人工检测。

（4）养护管理缺乏现代化的制度保障体系，新技术、新装备、新方法无法得到有效实施。

经过"十三五"期间的努力，全国公路养护水平大幅提升，路网结构显著优化，养护管理、安全保障能力显著提升，应急保障能力显著增强，依法行政能力显著提高，行业服务和文明建设成效显著。面对经济社会发展的新形势，以及广大人民群众出行的新需求，公路养护管理还存在一些短板和问题：公路出行服务水平有待提升，养护工程市场机制尚不健全；公路事权主体责任不清晰、管理主体分散多元等体制性问题有待解决；普通国省道、农村公路养护管理资金保障机制尚不健全，资金供需矛盾突出；养护精细化程度不高，公路管理信息化、智能化水平偏低，高素质技术型、复合型人才缺乏等。这些矛盾和问题，有的是历史遗留的，有的是发展过程中新形成的，制约和影响了公路养护的可持续发展，

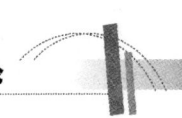

急需通过改革创新、转型发展来解决。公路养护科学决策模式是我国公路养护管理的实际需要，也是公路发展的必然趋势。通过现代公路养护决策模式研究与实施，将有力推进我国公路养护管理的科学化、现代化和规范化建设，改变以往的传统模式，促进公路养护的科技进步。

第三节　公路养护管理的主要任务和工程分类

一、养护管理的主要任务

公路养护与管理的任务，就是运用先进的技术和科学的管理方法，合理地分配和使用养护资金，通过养护维修使公路在使用年限内经常保持完好状态，并有计划地改善公路的技术指标，以提高公路的服务质量，最大限度地发挥公路的运输经济效益。公路养护的目的与基本任务见表1-1。

表1-1　公路养护的目的与基本任务

序号	目的与基本任务
1	经常保持公路及其设施处于完好状态，及时修复损坏部分，保障行车的安全、舒适与畅通
2	采用正确的技术措施，提高养护工作质量，延长公路的使用年限
3	防治结合，治理公路存在的病害与隐患，以提高公路的抗灾能力
4	对原有技术标准过低的路段和构造物及沿线设施进行分期改善和增建，逐步提高公路的使用质量和服务水平

二、公路养护工程的分类与作业内容

公路养护工程按其工程性质、规模大小、复杂程度不同，各国通常都有不同的分类方法。我国对公路养护分为小修保养工程、中修工程、大修工程和改建工程。

1. 小修保养工程

小修保养工程是指对公路及其沿线设施经常进行维护保养和修补其轻微损坏部分的作业。它通常是由养护工区（站）在年度小修保养定额经费内，按月（旬）安排计划，经常进行的工作。

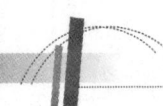
2. 中修工程

中修工程是指对公路及其沿线设施的一般性损坏部分进行定期的修理加固，以恢复公路原有的技术状况的工程。它通常是由基层公路管理机构按年（季）安排计划并组织实施的工作。

3. 大修工程

大修工程是指对公路及其沿线设施的较大损坏进行周期性的综合修理，以全面恢复到原技术标准的工程。它通常是由基层公路管理机构或在其上级机构的帮助下，根据批准的年度计划和工程预算来组织实施的工作。

4. 改建工程

改建工程是指对公路及其沿线设施因不适应现有交通量增长和载重需要而提高技术等级指标，显著提高其通行能力的较大工程项目。它通常是由省级公路管理机构或地（市）级公路管理机构根据批准的计划和设计预算来组织实施或招标完成的工作。

公路养护工程的分类与作业内容见表 1-2。

表 1-2 公路养护工程的分类与作业内容

工程项目	小修保养工程	中修工程	大修工程	改建工程
路基	保养： 1. 整理路肩、边坡，修剪路肩、分隔带草本，清除杂物，保持路容整洁 2. 疏通边沟，保持排水系统畅通 3. 消除挡土墙、护坡上滋生的有碍设施功能发挥的杂草，修理伸缩缝，疏通泄水孔，及时清除松动石块 小修： 1. 小段开挖边沟、截水沟或分期铺砌边沟 2. 清除零星塌方，填补路基缺口，轻微沉陷、翻浆的处理 3. 桥头接线或桥头、涵顶跳车的处理 4. 修理挡土墙、护坡、护坡道、泄水槽、护栏和防冰雪设施等的局部损坏 5. 局部加固路肩	1. 局部加宽、加高路基，或改善个别急弯、陡坡、视距 2. 全面修理、接长或个别添建挡土墙、护坡、护坡道、泄水槽、护栏及铺砌边沟 3. 清除较大塌方，大面积翻浆、沉陷处理 4. 整段开挖边沟、截水沟或铺砌边沟 5. 过水路面的处理 6. 平交道口的改善 7. 整段加固路肩	1. 在原路技术等级内整段改善线形 2. 拆除、重建或增建较大挡土墙、护坡等防护工程 3. 大塌方的清除及善后处理	整段加宽路基，改善公路线形，提高技术等级

工程项目	小修保养工程	中修工程	大修工程	改建工程
路面	保养： 1. 清除路面泥土、杂物，保持路面整洁 2. 排除路面积水、积雪、积冰、积砂，铺防滑料、灭尘剂或压实积雪维持交通 3. 砂土路面刮平，修理车辙 4. 碎砾石路面匀、扫面砂，添加面砂，洒水润湿，刮平波浪，修补磨耗层 5. 处理沥青路面的泛油、拥包、裂缝、松散等病害 6. 水泥混凝土路面日常清缝、灌缝及堵塞裂缝 7. 路缘石的修理和刷白 小修： 1. 局部处理砂石路的翻浆变形，添加稳定料 2. 碎砾石路面修补坑槽、沉降，整段修理磨耗层或扫浆铺砂 3. 桥头、涵顶跳车的处理 4. 沥青路面修补坑槽、沉陷，处理波浪、局部龟裂、啃边等病害 5. 水泥混凝土路面板块的局部修理	1. 砂土路面处理翻浆，调整横坡 2. 碎砾石路面局部路段加厚、加宽，调整路拱加铺磨耗层，处理严重病害 3. 沥青路面整段封层罩面 4. 沥青路面严重病害的处理 5. 水泥混凝土路面严重病害的处理 6. 水泥混凝土路面接缝材料的整段更换 7. 整段安装、更换路缘石 8. 桥头搭板或过渡路面的整修	1. 整段用稳定材料改善土路 2. 整段加宽、加厚或翻修重铺碎砾石路面 3. 翻修或补强重铺铺装、简易铺装路面 4. 补强、重铺或加宽铺装、简易铺装路面	1. 整线整段提高公路技术等级，铺筑铺装、简易铺装路面 2. 新铺碎砾石路面 3. 水泥混凝土路面病害处理后，补强或改造为沥青混凝土路面
桥梁、涵洞、隧道	保养： 1. 清除污泥、积雪、积冰、杂物，保持桥面清洁 2. 疏通涵管、桥下河槽 3. 伸缩缝养护，泄水孔疏通，钢支座加润滑油，栏杆油漆 4. 桥涵的日常养护 5. 保持隧道内及洞口清洁 小修： 1. 局部修理、更换桥栏杆和修理泄水孔、伸缩缝、支座和桥面的局部轻微损坏 2. 修补墩、台及河床铺底和防护坞工的微小损坏 3. 涵洞进出口铺砌的加固修理 4. 通道的局部维修和疏通修理排水沟 5. 清除隧道洞口碎落岩石和修理坞工接缝，处理渗漏水	1. 修理、更换木桥的较大损坏构件及防腐 2. 修理更换中小桥支座、伸缩缝及个别构件 3. 大中型钢桥的全面油漆除锈和各部件的检修 4. 永久性桥墩、台侧墙及桥面的修理和小型桥面的加宽 5. 重建、增建、接长涵洞 6. 桥梁河床铺底或调治构造物的修复和加固 7. 隧道工程局部防护加固 8. 通道的修理与加固 9. 排水设施的更换 10. 各类排水泵站的修理	1. 在原技术等级内加宽、加高、加固大中型桥梁 2. 改建、增建小型桥梁和技术性简单的中桥 3. 增改建较大的河床铺底和永久性调治结构物 4. 吊桥、斜拉桥的修理与个别索的调整更换 5. 大桥桥面铺装的更换 6. 大桥支座、伸缩缝的修理更换 7. 通道改建 8. 隧道的通风和照明、排水设施的大修或更新 9. 隧道的较大防护、加固工程	1. 提高公路技术等级，加宽、加高大中型桥梁 2. 改建、增建小型立体交叉 3. 增建公路通道 4. 新建渡口的公路接线、码头引线 5. 新建短隧道工程

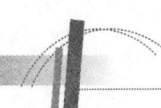

续表

工程项目	小修保养工程	中修工程	大修工程	改建工程
沿线设施	保养： 标志牌、里程碑、百米桩、界碑、轮廓标等埋置、维护或定期清洗 小修： 1. 护栏、隔离栅、轮廓标、标志牌、里程碑、百米桩、防雪栏栅等修理、油漆或部分添置更换 2. 路面标线的局部补划	1. 全线新设或更换永久性标志牌、里程碑、百米桩、轮廓标、界碑等 2. 护栏、隔离栅、防雪栏栅等的全面修理更换 3. 整段路面标线的划设 4. 通信、监控、收费、供配电设施的维修	1. 护栏、隔离栅、防雪栏栅等增设 2. 通信、监控、收费、供配电设施的更换	1. 整段增设防护栏、隔离栅等 2. 整段增设通信、监控、收费、供配电设施
绿化	保养： 1. 行道树、花草的抚育、抹芽、修剪、治虫、施肥 2. 苗圃内幼苗的抚育、灭虫、施肥、除草 小修： 1. 行道树、花草缺株的补植 2. 行道树冬季刷白	更新、新植行道树、花草，开辟苗圃等	—	—

三、高速公路的养护工作

高速公路的养护工作，根据高速公路的特点，可分为维修保养、专项工程和大修工程。

1. 维修保养

维修保养是为保持高速公路及其附属设施的正常使用功能而安排的经常性保养和修补其轻微损坏部分的作业。

2. 专项工程

专项工程是对高速公路及其附属设施的一般性磨损和局部损坏进行定期修理、加固、更新和完善的作业。

3. 大修工程

大修工程是指高速公路及其附属设施已达到其服务周期时，所必须进行的应急性、预防性、周期性的综合修理，使之全面恢复到原设计的状态，或由于水毁、地震、交通事故、

风暴、冰雪等造成的高速公路及其附属设施的重大损坏，为保证其正常使用而及时进行的修复作业。

高速公路养护工程的具体内容见表1-3。

表1-3 高速公路养护工程的具体内容

项目＼内容	维修保养	专项工程	大修工程
路基	1. 整修路肩、边坡，修剪路肩杂草，清除挡墙、护坡、护栏、集水井和泄水槽内的杂物 2. 疏通边沟和修理路缘石 3. 小段开挖、铺砌边沟 4. 清除路基塌方，填补缺口 5. 局部整修挡墙、护坡、泄水槽圬工 6. 加固路肩	1. 全面修理挡墙、护坡、泄水槽，铺砌边沟和路缘石 2. 清除大塌方、大面积翻浆 3. 整段增设边沟、截水沟 4. 局部软土地基处理	1. 拆除、重建或增建较大的挡土墙、护坡等防护工程 2. 重大水毁路基的恢复 3. 整段软土地基处理
路面	1. 清除路面上的一切杂物 2. 排除积水、积雪、积冰，铺防滑、防冻材料 3. 水泥混凝土路面接缝的正常养护 4. 处理沥青路面和水泥混凝土路面的局部、轻微病害 5. 处理桥头跳车 6. 日常巡视和定期调查	1. 处理路面严重病害 2. 沥青路面整段罩面	1. 周期性或预防性的整段路面改善工程 2. 黑色路面整段加铺面层 3. 水泥混凝土路面板整段更换或改善 4. 重大自然灾害造成的路面损坏的修复
桥梁、涵洞、隧道	1. 清除污泥、积雪、杂物，保持结构物的整洁 2. 清除立交桥下和隧道涵洞中的污泥杂物 3. 伸缩缝清理修整、泄水槽疏通、部分栏杆油漆 4. 局部更换栏杆、扶手等小构件 5. 局部修理泄水槽、伸缩缝、支座和桥面 6. 维修防护工程 7. 涵洞整修 8. 疏通排水系统 9. 日常巡视和定期调查	1. 更换伸缩缝及支座 2. 桥墩、桥台及隧道衬砌局部修理 3. 桥梁河床铺底及调治构造物的修复 4. 排水设施整段修理或更新 5. 承载能力检测 6. 金属构件全面除锈、油漆	1. 增建小型立体交叉或通道 2. 整段改善大、中桥梁 3. 隧道衬砌全面改善

续表

项目 \ 内容	维修保养	专项工程	大修工程
绿化	路树花草的抚育管理和补植	1. 开辟苗圃 2. 更新树种、花木、草皮 3. 增设公路绿色小品和公路雕塑	
沿线设施	1. 对标志、标线和集水井、通信井等设施的正常维修养护和定期检查 2. 对护栏、隔离栅和标志局部油漆和更换 3. 路面标线局部补划	1. 全面修理护栏、隔离栅和各种标志 2. 整段重划路面标线 3. 整段钢质沿线设施定期油漆 4. 通信和监控设施修理	整段更换沿线设施

第四节　公路养护的方针和技术政策

一、公路养护的方针

根据交通运输部颁发的《"十三五"公路养护管理发展纲要》，落实五大发展理念。当前公路养护工作的指导方针是：改革攻坚、养护转型、管理升级、服务提质。

公路养护工作的目标是：实现更为安全畅通的公路网络以及公众满意的服务体系和高效可靠的保障体系。

二、公路养护的技术政策

基于上述方针，公路养护的技术政策见表 1-4。

表 1-4　公路养护的技术政策

序号	技术政策
1	预防为主、防治结合。要根据历年积累的技术经济资料和当地具体情况，通过科学分析，预做防范，消除导致公路损毁的因素，增强公路设施的耐久性和抗灾能力。特别要做好雨季的防护工作，以减少水毁损失
2	因地制宜、就地取材。在养护中应尽量选用当地天然材料和工业废渣，充分利用原有工程材料和工程设施，以降低养护成本

续表

序号	技术政策
3	常年养护、科学养护。要推广应用国内外先进的养护技术和科学的管理方法，改善养护生产手段，提高养护技术水平，并做到常年养护不松懈
4	重视综合治理，保护生态平衡、路旁景观和文物古迹，防止环境污染，注意少占农田
5	全面贯彻执行《公路桥梁养护管理工作制度》，加强桥梁的检查、维修、加固和改善，逐步消灭危桥
6	公路的改善提高应符合国家有关公路技术改造的方针、政策和《公路工程技术标准》（JTG B01—2014）的规定，施工时应注重社会效益，保障公路畅通
7	加强以路面养护为中心的全面养护，大力推广和发展公路养护机械化

在采取公路养护工程的技术措施时，应遵循的原则见表 1-5。

表 1-5　公路养护的技术原则

序号	遵循原则
1	认真开展路况调查，分析公路技术状况，针对病害产生的原因和后果，采取有效、先进、经济的技术措施
2	加强养护工程的前期工作及各种材料试验和施工质量检验与监理，确保工程质量
3	推广路面、桥梁管理系统，逐步建立公路数据库，使病害监控与决策科学化，让有限的资金发挥最大的经济效益
4	推广 GBM[①]工程，实施公路的科学养护与规范化管理，研究、推广先进合理的公路养护作业形式
5	认真做好公路交通情况调查工作，积极开发并采用自动化观测和计算机处理技术，为公路规划、设计、养护、管理、科研及社会各方面提供全面、准确、连续、可靠的交通情况信息资料
6	提高养护机械化水平，管好、用好现有的养护机具设备，积极引进、改造、研制新型养护机械
7	加强对交通设施（包括标志、标线、通信、监控等）、收费设施、服务管理设施等的设置、维护、更新工作，保障公路应有的服务水平

三、公路的预防性养护技术

1. 定义

公路的预防性养护是公路养护的一种新的理念，是指公路养护部门在路基、路面、桥涵、隧道以及其他公路设施的结构良好或病害、损毁发生初期，即对其进行养护，延缓公路病害、损毁的发生或进一步扩大，从而达到延长公路使用寿命、保持公路完好率、提高公路质量和服务水平、降低公路寿命成本、延长中修或大修期限目的的作业方式。

---

① GBM：G 代表公路，B 代表标准化，M 代表美化。

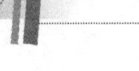

2. 原则

公路预防性养护，必须遵循"治早治小，及时主动"的原则。合理地确定预防性养护的时机，全面调查和科学评价公路技术状况，加强日常小修保养，及时采取中修措施，制订适当的年度养护计划，合理控制大、中修的比例，采取正确的技术措施治理病害和消除隐患，提高养护质量，以确保公路在设计年限内的正常使用或延长公路的使用年限。

3. 程序

公路预防性养护，应定期对公路技术状况进行检测和调查，掌握公路的使用状况，必须严格按照程序依次进行：数据采集（检测）→数据整理分析和评价→提出建议方案→批准立项→设计→施工。

4. 范围

全国、各省干线公路路基、路面、桥涵、隧道以及其他沿线设施应进行预防性养护。

对于预防性养护技术，应根据国内多个省市经验汇总，并参考国外资料确定相关预防性养护技术的种类、使用条件及使用年限等情况。路面、路基、桥涵预防性养护技术的适用性见表 1-6—表 1-9。

表 1-6　沥青路面预防性养护技术的适用性

序号	技术种类	适用条件	预处理	使用年限/年
1	灌缝、封缝	原路面基层和横断面良好，柔性基层沥青路面建成后 2~4 年，复合路面（下卧层为水泥混凝土层）。表面病害可能包括：中度纵、横向原始裂缝，伴随裂缝处的轻微扩展裂缝和松散，状态良好的补丁或没有修补	无	1~2
2	雾封层	原路面基层和横断面良好。轻度纵、横向裂缝，轻度松散	填缝	2~3
3	碎石封层	原路面基层和横断面良好。表面可见病害为：轻微松散，中度纵、横向裂缝伴随缝处轻度松散，轻到中度磨光，少量状态良好的修补	无论单层、双层封层，都需对裂缝先进行填缝处理	2~3
4	稀浆封层	原路面基层良好，横断面均匀。表面病害包括：轻到中度车辙、表面不规则，轻到中度的松散	包括：填缝、唧泥处处治、大的坑槽部位的修补	2~4

续表

序号	技术种类	适用条件	预处理	使用年限/年
5	微表处	原路面基层良好，横断面均匀。表面病害包括：中度纵、横向裂缝，车辙，少量表面不规则，抗滑能力低，轻到中度的松散	包括：填缝、唧泥处治、大的坑槽部位的修补	2～4
6	（超）薄层罩面	原路面断面整齐，基层尚好，仅有少量轻微病害。表面病害包括：中度松散，中度纵、横向裂缝，中度疲劳开裂或中度块裂	包括：清理和填缝，修补轻度基层病害，填补路面表面空洞，清除粘结差或泛油的修补位置	3～5
7	就地热再生	下层状况较好，但上层有病害。表面病害包括：严重松散，纵、横向裂缝结合轻度松散，少量块裂，中度以下车辙等	无	3～5

注：表中所列使用年限是在交通量相对较大路段上，根据国外经验取值。

表 1-7　水泥混凝土路面预防性养护技术的适用性

序号	技术种类	适用条件	预处理	使用年限/年
1	接缝重灌缝	病害发展相对缓慢的路面优先考虑，如果独立应用，只针对有轻度纵、横向裂缝且无其他病害的路面	无	1～2
2	缝隙填封	病害发展相对缓慢的路面优先考虑，如果独立应用，只针对有轻度纵、横向裂缝且无其他病害的路面	无	2～3
3	压浆	路面表面病害以接缝处错台为主，未出现中度、重度唧泥，错台量不超过5～6mm	钻孔	2～3
4	部分、全深修补	路面整体状况尚好，只有局部需要修补	移除板块上部1/3厚度（部分深度）或全厚度（全深度）的混凝土和钢筋	2～3
5	重布传力杆	只用于状况尚好或较好的路面，没有严重病害，在接缝或裂缝处只有极少甚至没有碎裂，裂缝处宽不超过5mm，错台不超过3mm。	无	2～3

续表

序号	技术种类	适用条件	预处理	使用年限/年
6	金刚石研磨	现有路面基层良好、断面均匀。表面病害包括：接缝和裂缝张开不超过 5mm，轮迹磨耗不超过 5mm，中度到重度磨光，不超过 1/4 的表面剥落	其他常规维修方法	2～3
7	铣刨和磨削	原路面整体状况较好，但表面局部不平整，或表面抗滑性能低	无	3～5

注：表中所列使用年限是在交通量相对较大路段上，根据国外经验取值。

表 1-8　路基预防性养护技术的适用性

序号	技术种类	适用条件
1	植草	边坡稳定，坡长较短，坡面冲刷轻微，边坡坡度缓于 1:1，且宜于草类生长的土质路堤或路堑边坡以及经改良的边坡。经常浸水或者长期浸水的路堤边坡，种草不宜成活和生长，不宜采用
2	浆砌片石	边坡较稳定，坡长较长，坡面冲刷，边坡坡度陡于 1:1，经常浸水或者长期浸水的路堤边坡
3	干砌片石	边坡稳定，坡长较短，坡面冲刷轻微
4	注浆加固	路基局部轻微塌陷，或出现局部不均匀下沉时
5	完善排水设施	排水不通畅，路面雨后积水等路段

表 1-9　桥涵预防性养护技术的适用性

序号	技术种类	适用条件	预处理
1	伸缩缝更换	原有伸缩缝失效	清除原伸缩缝
2	裂缝填封	混凝土表面出现细微裂缝（0.1mm 左右）	裂缝边缘清理
3	修补表面缺陷	混凝土表面麻面，局部孔洞等	缺陷表面清理、凿除
4	碳纤维加固	混凝土局部抗拉强度不足	缺陷处凿除
5	粘贴钢板加固	混凝土局部抗拉强度不足，或提高几个构件间的协同受力效果	对加固构件进行卸荷
6	加大截面加固	混凝土局部受压能力不足	表面凿毛

第五节　公路养护管理的发展方向

国家范围的公路网综合养护与管理是一项工作范围广、项目复杂、技术对策多样化、生命周期全过程持续投入资金的多层次决策系统工程。随着绿色环保、安全共享、可持续发展理念的提出，公路养护与管理技术也向技术先进化、决策科学化、管理规范化等方向发展，逐步从单向技术决策与管理转变为最大限度发挥交通基础设施综合功能和保值增值的公路养护管理。

1. 检测体系现代化

公路交通基础设施的各个部分在使用年限内，会出现损坏、性能降低、性能缺失等现象。很多项目的检查、监测、检测等，如路基路面状况、桥涵构造物状况、交通工程及沿线设施状况、公路绿化等，都需要各类路网数据的统一接入和按需调用。加强检测体系现代化建设，可为交通运输经济运行分析、路网规划、养护管理、应急管理、公共服务等业务提供数据支撑。例如，路面表面状况的检测包括路面损坏、道路平整度、沥青路面车辙、路面表面构造等的检测，采用了路面检测车自动检测与数据上传共享处理；桥梁结构和表面损坏实现桥梁检测车检测；通过预埋高精度、长寿命传感器件并建立数据采集分析系统，逐步实现大型、特大型桥梁在役全过程的健康监测，保证其运营安全；通过前方数字图像获取、辨识等技术，逐步实现对交通工程及沿线设施状况、公路绿化等的检查和分析；通过使用地质雷达和超声波等技术，实现对结构物内部隐蔽缺陷的检测。

2. 评价方法先进化

通过各种先进技术手段对公路交通基础设施的技术状况进行检测，对检测数据进行大数据分析后，建立公路交通基础设施不同性能方面的评价模型，并对其技术状况做出科学的评价，为制订合理的预防性养护方案及养护维修对策提供科学依据，并为制订生命周期内公路网养护投资规划提供基础。

3. 养护决策科学化

公路养护决策在公路生命周期内是一个系统工程。目前常用到的决策方法可以分为决策树法、排序法、数学规划优化方法、人工智能优化方法和近似优化方法。这些方法的应用极大地提高了公路网养护决策的科学化水平和路网的服务水平。公路具体工程项目养护技术方案的决策有些比较简单，如绿化维护、交通标识更换等；大多数养护技术方案的决策是一个非常复杂的问题，如旧桥梁维修与加固方案的确定、旧路面养护维修方案的确定、特殊地质条件下路基病害维修方案的确定等。确定养护维修技术方案的前提是技术状况的检测和评价、设施目前的状态、损坏的原因和程度、需要达到的维修目标、现有维修技术水平和力量、养护维修资金的约束以及其他非技术因素。因此，养护技术方案的决策也需要不断提出新的决策方法和思路。从宏观层面上讲，科学决策就是要解决公路网的养护资金需求测算和优化分配。一方面是实现养护资金和养护目标的匹配，不同的养护目标，必须要有相应的养护资金来保障；另一方面是使有限的资金得到科学的安排，发挥其最大的效益。

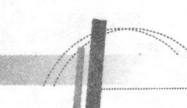

4. 养护技术现代化

通过运用现代信息、装备、材料技术，构建覆盖养护决策、养护实施、养护评价等重点环节的养护技术支撑体系，推动技术更新，实现公路养护技术的现代化。公路养护技术的进步带动了养护机械化的发展，公路养护机械化的发展又促进了公路养护技术的进步。用于大中修养护工程的大型养护机械设备正朝集成、连续、智能的方向发展；用于小修保养作业的小型养护机械设备朝着实用、多用、小型的方向发展。例如，沥青路面养护中的机械设备，从小面积快速修复工具，发展到大面积就地热再生设备、路面裂缝灌缝系列设备、路面破碎机械、桥梁加固工作平台、交通工程设施维护工作平台、路基边坡整治工程机械、公路绿化专用设备、公路养护作业安全隔离与警示设备与设施等。养护机械设备的现代化极大提高了公路养护的效率和质量，收到了良好的经济效益和社会效益。随着时间的推移，公路养护机械将会继续向养护机械装备专业化、标准化、系列化的方向发展，以保障养护工程质量，提高养护生产效率，降低劳动强度，改善劳动环境。

在公路养护材料和工艺技术方面，性能良好的新材料不断在公路养护中得到应用。例如，在材料方面，开发了桥梁加固的高强混凝土和其他高强加固材料（碳纤维等）；在工艺方法方面，开发了体外预应力方法在桥梁加固中的应用等；在路面养护技术方面，开发了微表处材料与技术、超薄磨耗层材料与技术、胶体类灌缝材料与技术、路面再生技术等。

5. 养护管理规范化

公路养护和管理工作也是一个系统工程，高效有序的管理组织是公路养护管理水平的具体体现。公路养护管理不仅应遵循本行业的法律法规和技术规范，同时应将公路养护管理过程中可能涉及的其他法律问题纳入管理工作中。因此，公路养护管理应建立一套完整、规范的管理组织与标准化运行体系。

在管理组织方面：建立机制灵活、运行效率高的管理体制；建立符合技术规律和规范规程的管理流程和管理方法，提高管理工作的效率。在一个法治社会中，各项管理工作必须有法可依，在制订管理工作制度过程中，必须考虑该项管理工作范围内可能涉及和出现的法律问题以及相关的解决方法。

在技术方面：建立公路综合养护管理系统，包括公路网基础设施检测技术规范、基础资料和检测资料数据库、设施性能评价方法及技术标准、设施性能预测方法、养护技术对策及决策方法、路网养护规划方法等。该系统的运行将大大提高养护管理的工作效率和科技含量。

在理念方面：在公路养护和管理工作中，树立可持续发展、安全、环保、人性化的理念。发展循环经济，顺应节能减排的总体要求，以推进公路材料循环利用为重点，加快发

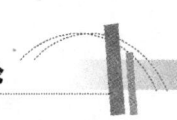

展绿色低碳公路养护技术和工艺，降低养护能耗，促进绿色低碳养护产业快速发展。例如，资源节约和材料循环利用技术有路面再生技术应用、废旧橡胶的利用、垃圾分类处理等；低碳节能技术有常温拌合铺装技术、温拌沥青技术、节能照明、绿色能源等。公路养护中更注重环保材料（无毒、无污染、节能）的使用，养护工作过程中更注重研究和采用环保的施工工艺、技术措施和组织方法，施工过程中产生的废弃料得到符合环保要求的处理等。此外，公路养护施工过程中出现的安全事故屡见不鲜，安全问题越来越受到重视。因此，施工过程中的作业安全和交通安全非常重要，除严格执行安全施工的规定外，还应提高施工安全性的施工组织方法和技术措施，提高公路养护的安全水平。公路养护管理工作中，在工程机械设备设计、管理工作组织设计、施工作业方法等方面要更加体现人性化。

6. 养护管理信息化

养护管理信息化是通过信息系统建设，以及配套装备与技术应用，形成涵盖自动化数据采集技术、数据传输与接收技术、数据处理与分析技术、公路技术状况评价技术、养护需求分析技术、GIS 与可视化集成展示技术等各关键环节的成套技术体系，为路基路面、桥隧、设施等资产养护的科学决策提供技术支持，实现高效管理、科学养护的目的。公路基础数据库可管理所有公路资产基础数据、检测数据、监测数据、养护数据、评价数据、决策数据、计划数据和工程数据等。公路资产管理系统，可实现公路基础设施的评价与决策、日常管理和养护工程管理三个层次的功能，其核心为基于全寿命周期费用最低目标的公路资产养护投资决策，即如何花最少的钱达到预期服务目标。区域公路网智能养护系统可做到日常养护闭环化、路政管理精细化、应急事件快速响应。智能养护可根据行业发展需求，以现代信息技术为手段，逐步建立集装备、材料、硬件、管理等为一体的"智能养护技术体系"。

第二章 公路工程中的路基养护

第一节 路基养护概述

路基和路面是公路工程的主要结构物，而路基是路面的基础，与路面共同承担行车荷载，其强度和稳定性是保证路面结构稳定、路用性能良好的基本条件。因此，为了保证公路的正常使用品质，必须对路基进行合理的养护和维修，使之经常处于良好状态，以避免路基发生严重的病害。

一、路基养护的内容

路基工程的基本技术指标有路基高度、路基宽度、路基边坡及排水系统等，所以路基的养护工作也是紧紧围绕这几方面进行的。

为了保证路基的坚实和稳定，保证排水性能良好，各部分尺寸和坡度符合规定，及时消除不稳定的因素，并尽可能地改善路基的技术状况，必须及时对路基进行养护、维修与改善。路基养护工作的主要内容包括以下几方面。

（1）维修、加固路肩及边坡。

（2）疏通、改善、铺砌排水系统。对于边沟、截水沟、排水沟以及暗沟（管）等排水设施，应及时排除堵塞，疏导水流，保持水流畅通，并结合地形、地质、纵坡、流速等情况，综合考虑铺砌加固。

（3）维护、修理各种防护构造物及透水路堤，管理保护好公路两旁用地。公路沿线的防护构造物包括护坡、护面墙、石笼、植树、铺草皮、丁坝、顺坝以及各种类型的挡土墙，要保证这些构造物完整无损，发挥其对路基的防护与加固作用。

（4）清除塌方、积雪，处理塌陷，逗号检查险情，预防水毁。

（5）观察、预防、处理滑坡、翻浆、泥石流、崩塌、塌方及其他路基病害，及时检查各种路基的险情并向上级报告，加强水毁的预防与治理。

（6）有计划地局部加宽、加高路基，改善急弯、陡坡和视距，以逐步提高其技术标准和服务水平。

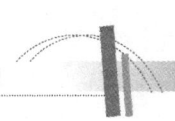

二、路基养护的基本要求

路基养护的基本要求见表 2-1，要通过日常的和定期的检查，发现问题，分析原因，采取养护、维修措施。

表 2-1　路基养护的基本要求

项目	基本要求	附注
路肩	①横坡适度，边缘顺直；②表面平整、清洁、无杂物；③保持无车辙、坑槽、隆起、沉陷、缺口	—
边坡	①边坡稳定；②平顺无冲沟；③坡度合乎规定	—
排水系统	①保持无杂草、无淤泥；②纵坡适度，水流畅通；③进出口良好	包括边沟、截水沟、排水沟及暗沟等
防护构造物	①保持构造物完整无损；②砌体伸缩缝填料良好；③泄水孔无堵塞	包括挡墙土墙、护坡及防冲刷、防雪、防沙设施等
路基病害	①对翻浆路段应及时处理，并尽快修复；②对塌方、滑坡、水毁、泥石流、沉陷等情况，应做好防护抢修，尽量缩短阻车时间	—

在养护工作中，要特别注意保持路基排水系统处于完好状态，因为水是造成多种病害的重要因素。应及时总结治理路基失稳的成功和失败的经验，针对具体路段，制订出具体的、切合实际的、有效的预防和维修措施，使日常养护和维修工作系统化、规范化，从而逐步提高管理养护水平。

第二节　路肩及边坡的养护

一、路肩的养护

路肩位于行车道外缘至路基边缘的地带，由路缘带、硬路肩和保护性土路肩组成，如图 2-1 所示。路肩的功能：一是保护路面；二是停置临时发生故障、事故的车辆；三是提供侧向余宽，显示行车道外侧边缘，引导视线，增加行车的安全舒适性；四是增加挖方弯道地段的视距；五是为设置交通安全设施（标志、防护栅等）或埋设地下管线及养护作业提供场地。

1. 硬路肩的宽度

如图 2-1 所示，高速公路、干线一级公路的右侧硬路肩宽度 S 一般统一为 3m，最小值统一为 1.5m；当通过小客车为主时，右侧硬路肩宽度都可为 2.5m，路缘带宽度 e 为 0.5m；具有离散功能的一级公路同二级公路一样。

高速公路和作为干线的一级公路右侧硬路肩宽度 S 小于 2.5m 时，应设置紧急停车带，如图 2-2 所示。紧急停车带宽度 W 应为 3.5m，有效长度 L 不应小于 40m，间距不宜大于500m，T 为渐变长度 20.5m。

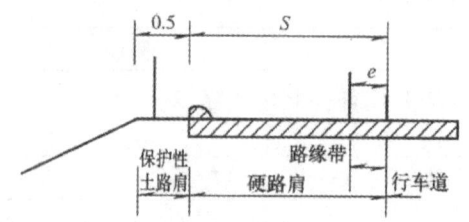
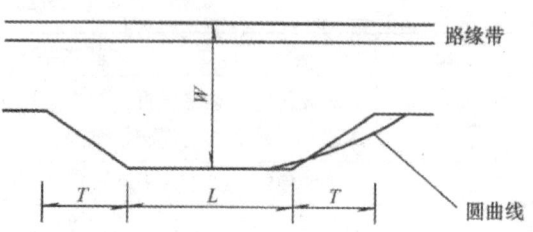

图 2-1　路肩示意图（单位：m）　　　　　　图 2-2　紧急停车带示意图
S—硬路肩宽度　e—路缘带宽度　　　　　W—紧急停车带宽度　L—紧急停车带长度
　　　　　　　　　　　　　　　　　　　　　　　　T—渐变长度

2. 路肩养护

高等级公路路肩，如图 2-3 所示，应根据设计要求铺设沥青混凝土或水泥混凝土的面层，并铺砌路肩边缘带，此时路肩的养护工作将转变成同类型路面的养护工作。

路肩松软，多因水的作用，所以路肩的养护与维修工作的重点就是减少或消除水对路肩的危害。路面范围的地表水通过路肩排出，因此必须经常保持路肩的横坡平整顺适。高速公路路肩与路面横坡相同。路肩过高妨碍路面排水时，应铣刨整平，达到规定要求。

在冬季，对于路用防滑料或其他养路材料，应根据路肩和地形条件，堆放在合适的位置，也可布置在护坡边底下。

对于因路肩湿软而经常发生啃边病害的路段，可在路肩内缘铺设排水盲沟，从而及时排出由路肩下渗的积水。盲沟的构造可采用无纺布包裹双壁波纹塑管的形式，这种盲沟施工便捷，造价低廉。

车辆在高等级公路上行驶，如果出现故障，都要停在紧急停车带进行检查、修理。特别是对于重型车辆，当它停下来使用千斤顶进行修理时，常常要给停车带的沥青路面留下难以恢复的千斤顶坑迹；同时，在修车过程中，个别车辆会在停车带上漏下柴油，侵蚀沥青混凝土路面，造成停车带沥青路面松散。随着时间的推移，这些被腐蚀的地方就会发展成坑槽。这种情况长期存在，既影响停车安全，又影响路肩的排水功能，并且会使路面水渗入基层或底层，进而影响路面质量。所以，要及时对停车带上的坑迹和腐蚀进行处理，确保路肩表面平整，横坡适度，边缘顺直。高等级公路的路缘石如有损坏，应及时进行修补。公路路肩维修工程示例如图 2-4 所示。

图 2-3　高等级公路路肩

图 2-4　公路路肩维修工程示例

二、边坡的养护

边坡，包括路堑边坡和路堤边坡，其主要作用是保证路基稳定、行车安全及景观的舒适。边坡坡度对边坡的稳定十分重要，确保路基边坡坡度为一个合理的数值是路基设计和养护的重要内容之一。

1. 边坡坡度

边坡坡度的大小，取决于边坡的土质、岩石的性质及水文地质条件等自然因素和边坡的高度。在陡坡或填挖较大的路段，边坡稳定不仅影响到土石方工程量和施工过程的难易，而且是路基整体稳定性的关键。

影响路堤边坡坡度的因素有：填料种类、边坡高度以及路堤的类型。影响路堑边坡稳定的因素较为复杂，除了路堑深度和坡体土石的性质之外，地质构造特征、岩石的风化和破碎程度、土层的成因类型、地面水和地下水的情况、坡面的朝向以及当地的气候条件等都会影响路堑边坡的稳定性。土质（包括粗粒土）路堑边坡，则应考虑边坡高度、土的密实程度、地下水和地面水的情况、土的成因及生成时代等因素。

2. 边坡养护和维修

边坡养护和维修的工作重点是保持稳定性，即边坡应保持平顺、坚实、无裂缝。一般来说，影响边坡稳定的因素有工程地质、水文地质、地面排水条件、地貌和气候因素。常见的边坡病害有崩塌、落石、滑坡、坡面冲刷、坍塌和剥落。边坡坍塌、落石清理示例如图 2-5 所示。

对于石质路堑边坡，应经常注意边坡坡面岩石风化发展情况，以及边坡上的危岩、浮石的发展情况。发现问题，及时采取适当的措施处理，如抹面、喷浆、勾缝、灌浆、嵌补、锚固。对于土质路堑边坡、碎落台、护坡道等，当经常出现缺口、冲沟、沉陷、塌落或受洪水、边沟流水冲刷及浸水时，应根据水流、土质等情况，选用种草、铺草皮、栽灌木丛、铺柴束、篱格填石、投放石片笼、干砌或浆砌片石护坡等措施进行防护加固。

（a）边坡坍塌　　　　　　　　　　（b）边坡落石清理

图 2-5　边坡坍塌、落石清理示例图

边坡如发生坍塌需要修整时，不能在边坡上贴土修补，而应在毁坏的地段上从下到上先挖成土台阶，再分层填土夯实，夯实后的宽度稍超出原来的坡面，以便最后切出边坡。

目前土工合成材料常用于边坡防护，用于临时防护和永久防护的土工合成材料主要是土工织物。有关技术规范对土工合成材料的性能提出了具体要求。

第三节　排水设施的养护

路基排水的主要作用是将路基范围内的土基湿度降低到一定限度以内，使路基常年处于干燥状态，确保路面具有足够的强度和稳定性。路基排水设施分为地面排水设施和地下排水设施。地面排水设施通常有边沟、泄水槽、排水沟、跌水及急流槽、拦水带等；地下排水设施有明沟、暗沟、盲沟、有管渗沟、洞式渗沟及防水隔离层等。

路基排水系统能否正常工作，直接影响到路基的稳定性。因此，必须对排水设施进行经常性的、预防性的养护和维修，确保其功能完好、排水顺畅。同时根据实际使用情况，要不断改善路基排水条件。

对边沟、截水沟、排水沟以及暗沟（管）等排水设施，在春融前，特别是汛期前，应全面进行检查疏浚，雨中必须上路巡查，及时排除堵塞、疏导水流，保持水流通畅，并防止水流集中冲坏路基。暴雨后应进行重点检查，如有冲刷、损坏，须及时修理加固，如有堵塞应立即清除。当路堤边坡出现冲沟或缺口时，宜选用与原路基相同的填料填筑夯实，路堑段应将截水沟内的积水引至坡外。

在养护工作中，要针对现有排水系统不完善的部分逐步加以改进、完善，充分发挥各种排水设施的功能。例如，对积水的边沟，应将水引至附近低洼处；对疏松土质或黏土上的沟渠，需结合地形、地质、纵坡、流速等实际情况，综合考虑加固。

对有中央分隔带的路面，要确保中央分隔带的排水畅通无阻。对于设有集中排水设施的中央分隔的集水井、横向排水管，应经常清游及维修，保持排水畅通。

雨季前后应对拦水缘石及泄水槽进行检查维修，保持其完好，连接处应平顺无裂缝。对未设置拦水缘石及泄水槽的路段，宜通过养护手段逐步完善。

若高速公路的路面局部积水，应针对积水原因，及时采取清扫、整平路面及增设排水设施等相应措施。雨后应采取措施，排除高速公路互通立交区内的积水。所有从排水设施中排出的水，不得冲毁农田或其他建筑物，还应注意不能污染环境。

如发现渗沟、盲沟出水口处长草、堵塞，应进行清除和冲洗。排水沟杂草清理示例如图2-6所示。对有管渗沟应经常检查疏浚，以保证管内水流通畅。如发现反滤层淤塞失效，则应翻修，并剔除其中较小颗粒的砂石，以保证其孔隙顺利排水。如位置不当，则应另建渗沟或盲沟。

图 2-6　排水沟杂草清理

使用针刺无纺布作反滤层是一项新技术。针刺无纺布的规格可选用 $200\sim300g/m^2$。选用时，应注意无纺布的有效孔径要小于渗流中颗粒的粒径。

第四节　防护工程的养护

路基防护与加固工程，按其作用不同，可分为坡面防护、冲刷防护和支挡建筑物三类，如图2-7所示。

一、坡面防护工程的养护

1. 植物防护

植物防护的方法有种草、铺草皮和植树。采用植物覆盖层对坡面进行防护，工序简单，

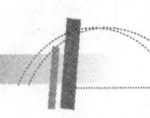

效果较好。它可以减缓地面水流速度，调节表层水温状况，植物根系深入土层，在一定程度上对表层土起到固结作用。植物防护适用于适宜植物生长的土质边坡。

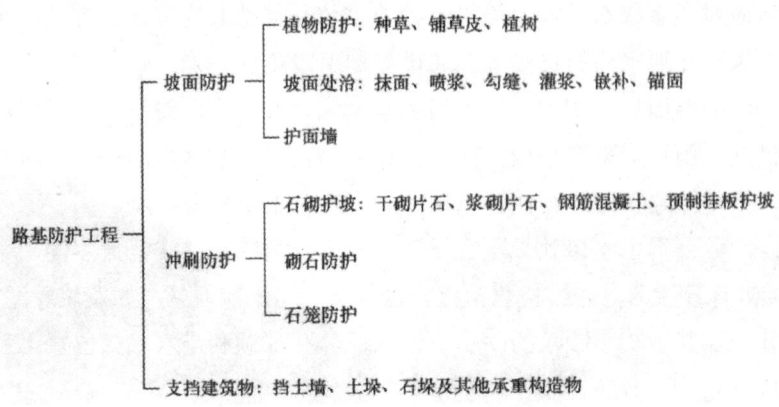

图 2-7 路基防护工程分类示意图

（1）种草

土质路堤、路堑有利于草类生长的边坡，此外，河面较宽、主流固定、流速小、路线与水流向接近平行、路堤边坡段受季节性浸水或冲刷轻微、土质适于草类生长的也可种草。坡面上的土质不宜种草时，可铺一层 5～10cm 厚的种植土，然后再种草。经常浸水或长期浸水的路堤边坡，不宜采用种草防护的方法。边坡上的防护种草已扎根时，可以允许受暂时性的缓慢流水（0.4～0.6m/s 的流速）的作用。坡面种草防护示例如图 2-8（a）所示。

草籽的选用：应根据当地的土壤和气候条件，选用易于生长、根部发达、叶茎低矮或有匍匐茎的多年生的草种。最好采用几种草籽混合播种，从而利用植物中的优胜劣汰的办法促使草的生长。

（2）铺草皮

坡度不陡于 1:1.5，且浸水时水流速度在 0.6m/s 以下的坡面，用平铺草皮护坡；坡度陡于 1:1.5，且浸水时水流速度在 1.5m/s 以下的坡面，可用叠铺草皮防护。

铺草皮前，应将边坡表层土挖松整平，在不适于草类生长的土质边坡上，应铺一层 6～10cm 厚的种植土，然后再铺设草皮。铺草皮工作宜在春、秋季或雨季进行，若在气候干燥季节铺草皮，应及时浇水至草皮扎根为止。当边坡上有地下水流出时，应注意使铺设的草皮不阻塞地下水的出口，以免影响边坡稳定。

（3）植树

在路基斜坡上和沿河堤之外河漫滩上植树，能加固路基和河岸，并使水流速度降低，防止和减少水流对路基或河岸的冲刷。林带又可以防风、防沙和防雪，还可以美化路容，调节气候。

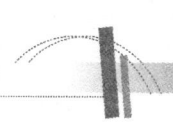

植树的形式：可以是带状的或条形的，也可以是连续的，即将树植满整个防护区域。树种的选择：宜选用适合当地土质、气候、生长迅速、根系发达、枝叶茂盛、成活率高的乔木类或不怕水淹的灌木类。植树宜在春、秋季或雨季进行，如果在干燥季节植树，要经常浇水，直至树木成活。应检查植树成活的情况，如有缺株需及时补种。坡面植树防护示例如图2-8（b）所示。

（a）坡面种草防护

（b）坡面植树防护

图2-8　坡面植物防护

2. 坡面处治

易风化的软质岩石或破碎岩石路堑边坡，常受自然条件的影响而剥落破坏，且用植物防护有困难，对此，可选用抹面、喷浆、勾缝、灌浆和嵌补等方法进行处治，以保证路基的稳定。

（1）抹面

抹面防护适用于易风化而表面较完整、尚未剥落的岩石边坡。选用混合材料涂抹坡面，能防止表层岩石风化的进一步发展。但必须注意，抹面仅起到防护层作用，不能承受荷载，故边坡必须是稳定的。施工时要注意：抹面前，须对被处治坡面进行清理，并将坡面上的坑洼用小石块嵌补填平，然后用水洒湿坡面，使灰浆与坡面结合良好。抹面应均匀，灰浆稍干即进行穷拍，直至表面出浆为止，并应进行洒水养护。

（2）喷浆

喷浆防护是将灰浆均匀地喷射在岩层表面上，使之形成一个保护层。这是防治坡面风化破坏的一种措施，适用于易风化但还是较完整的岩石路堑边坡。这种方法施工简便，效果较好，但水泥用量较大。

施工时，通常采用重力喷浆法，即将浆桶置于高处，在接近桶底处开一小洞连接胶皮管，借助重力作用使灰浆喷出，所用的机具设备较简单。施工要点如下：

① 喷浆前应对坡面进行清理，并用水冲洗干净。

② 喷浆材料，可用纯水泥浆或水泥砂浆，也可采用水泥石灰砂浆。

③ 喷浆厚度视坡面岩石风化程度而定，一般为2cm左右，需较厚者可以分层喷射，

喷浆后应洒水养生。

（3）勾缝

勾缝适用于较坚硬的、不易风化的、节理裂缝多而细的岩石路堑边坡，用来防止雨水沿裂缝浸入岩层内部造成病害。

（4）灌浆

灌浆适用于较坚硬的、裂缝较大且较深的岩石路堑边坡，借砂浆的粘结力把裂开的岩石粘结为一体，维护边坡的稳定。

（5）嵌补

嵌补防护可用浆砌石块或水泥混凝土嵌补，适用于补平岩石坡面中较深的局部凹坑，以防止坡面继续破损碎落，维护边坡的稳定。

（6）锚固

锚固防护适用于岩石边坡的层理或构造面倾向于路基并有可能顺层面下滑的情况。这种方法是垂直于岩面坡面钻洞，将钢筋直穿至稳定基岩内，然后向洞内灌入水泥砂浆，使钢筋串联岩层，阻止岩层下滑。

3. 护面墙

护面墙适用于边坡较陡（边坡坡度在的情况），软质岩层节理裂缝较发育，易于风化的路堑边坡。护面墙一般不承受墙后土体的侧压力，所防护的岩面边坡应无滑动或滑坍现象，路堑应符合边坡稳定的要求。

（1）坡面清理

在铺砌前应对坡面进行清理，将松动的石块予以清除。

（2）基础

护面墙的基础应置于坚固地基之上，并埋入冰冻线以下 0.25m。如果地基承载力不足，应进行加固，或采用拱形结构跨过。

（3）墙身

护面墙每隔 10～15m 设置 2cm 宽伸缩缝一道，其内填上沥青麻絮。每隔 2～3m 交错设置泄水孔。单级护面墙高度不宜超过 10m。护面墙较高时，应分级修筑，每级高度 6～10m，并设不小于 1m 宽的平台。墙背每 3～6m 高设一道耳墙，耳墙宽度 0.5～1.0m。护面墙的构造如图 2-9 所示。

护面墙的厚度是随边坡轮廓而变化，底厚度要稍大于顶宽。顶部需用厚土夯实或砂浆抹平，以防止水浸入。

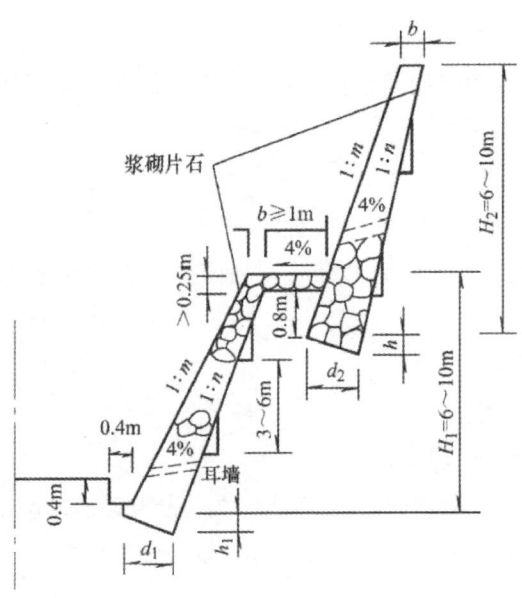

图 2-9 护面墙的构造示意图

二、冲刷防护工程的养护

沿河路基和桥头引道，直接受到水流的冲刷和淘空，为了维护路基坚固、稳定，必须采取措施予以防护。冲刷防护有两种类型，一种是直接防护，以加固岸坡为主要措施；另一种为间接防护，以改变水流方向、降低流速为主要措施。

直接防护除包括植物防护、坡面防护外，还有石砌防护、抛石防护、石笼防护（见图 2-10）、浸水挡墙防护（见图 2-11）等方法。间接防护包括各种导流与调治构造物，如丁坝、顺坝及拦河坝等，也可以将河沟改道，引导水流排至路基以外。

图 2-10 石笼防护示例

图 2-11 浸水挡墙防护示例

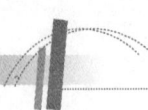

1. 石砌护坡

石砌护坡用于因水流冲刷的河岸和路基，可分干砌和浆砌两种，此外还有钢筋混凝土预制挂板护坡。

（1）干砌片石

干砌片石能保护边坡免受地表水的侵害及河水的冲刷，可用于土质边坡，边坡坡度一般为 1:1.5～1:2。水流速度在 1.5m/s 以下，对所防护的边坡本身应该是稳定的。

（2）浆砌片石

浆砌片石护坡用于水流流速较大（在 1.5m/s 以上），波浪作用较强，以及可能有流水冲击作用时的防护加固工程。

（3）钢筋混凝土预制挂板护坡

这类护坡适用于严重冲刷地段。预制板尺寸为边长 0.5～1.0m 的正方或长方形，厚 0.2～0.4m。安放后，用钢筋套钩将板与板相互勾连，以加强整体性。

2. 抛石防护

抛石防护主要用于防护水下部分的边坡和坡脚，避免或减少水流对护坡的冲刷及淘刷，也可用于防止河床冲刷。

3. 石笼防护

石笼防护用于防护河岸或路堤边坡，同时也可作为加陡边坡，减少路基占地宽度，以及加固河床，减少淘刷的措施。在缺少大块石料时，用较小石块（5～20cm）填塞于钢丝笼或竹木笼内，一般可适用于流速为 4～5m/s 的水流中。有漂石冲击的河流不宜采用石笼防护，因为铁丝易被磨坏。

三、挡土墙的养护

挡土墙是用来支撑天然边坡或人工填土边坡以保持土体稳定的建筑物，如图 2-12 所示，在公路工程中，它广泛应用于支撑路堤或路堤边坡、隧道洞口、桥梁及河流岸壁等。

挡土墙除进行日常养护检查其有无损坏外，每年应在春秋两季各进行一次定期检查，北方冰冻严重地区尤应注意，主要检查挡土墙在冰冻融化后墙身及基础的变化情况，以及冰冻前所采取的防护措施的效果。另外，在反常气候、地震或重型车辆通过等特殊情况发生后应进行及时检查，发现裂缝、断裂、倾斜、鼓肚、滑动、下沉或表面风化、泄水孔堵塞、墙后积水、周围地基错台、空隙等情况，应查明原因，并观察其发展情况，采取相应的修理、加固等措施。对检查和修理加固情况，应做好工作记录，设立技术档案备查。

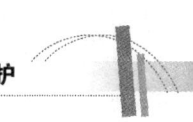

图 2-12　挡土墙护坡示例

挡土墙发生裂缝、断裂并且已停止发展时，可将缝隙凿毛，清除碎渣和杂物，然后用水泥砂浆堵塞。水泥混凝土或钢筋混凝土挡土墙的裂缝也可用环氧树脂粘合。

挡土墙发生倾斜、鼓肚、滑动或下沉时，可选用下列加固措施：

（1）锚固法

锚固法适用于水泥混凝土或钢筋混凝土挡土墙。

采用高强钢筋制作锚杆，将其穿入预先钻好的孔内，用水泥砂浆灌满锚杆插入岩体的部位，固定锚杆，待砂浆达到一定强度后，对锚杆进行张拉，然后用锚头固紧，如图 2-13 所示。

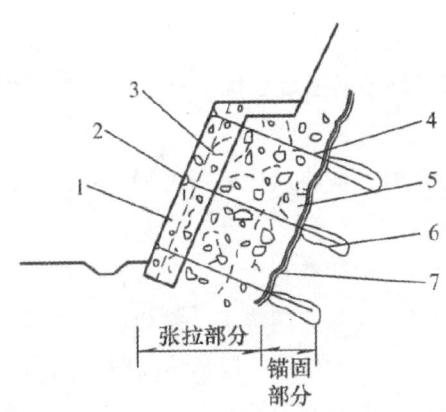

图 2-13　锚固法加固挡土墙

1—现浇混凝土　2—锚头　3—原墙体　4—预应力筋
5—墙后　6—灌入水泥浆　7—锚固岩基的推算线

（2）套墙加固法

在原墙外侧加宽基础，加厚墙身，如图 2-14 所示。施工时，应挖除一部分墙后填土，减小土压力，同时应注意新旧基础和墙身的结合。方法是凿毛旧基础和旧墙身，必要时设置钢筋锚栓或石榫，以增强联结。墙后的填土必须分层填筑并夯实。

（3）增建支撑墙加固法

在挡墙外侧，每隔一定间距，增建支撑墙。支撑墙的基础埋置深度、尺寸和间距应通过计算确定，如图2-15所示。

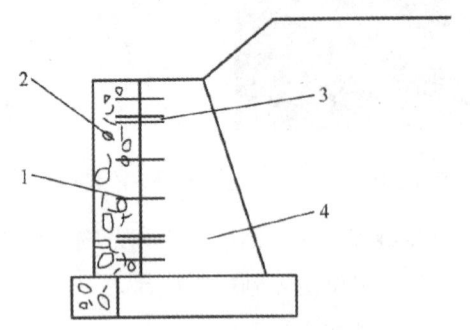

图2-14　套墙加固法示意图

1—锚筋锚栓　2—套墙　3—连系石榫　4—原挡墙

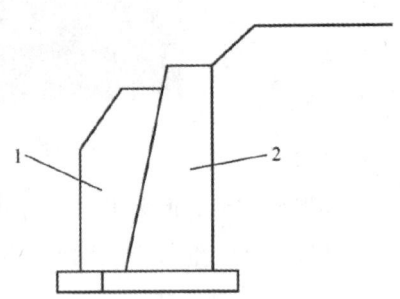

图2-15　支撑墙

1—支撑墙　2—旧挡墙

原挡土墙损坏严重，采用以上加固方法不能达到设计强度要求时，则应考虑将损坏部分拆除重建。为防止不均匀沉降，新旧挡墙之间应设置沉降缝，并应注意新旧挡墙接头协调。

挡土墙的泄水孔应保持畅通，如有堵塞，应及时疏通。如无法疏通，应另行选择适当位置增设泄水孔，或在墙后沿挡墙增做墙后排水设施。一般可增设盲沟将水引出路基以外，以防止墙后积水，引起土压力增加或冻胀。

挡土墙表面出现风化剥落时，应将风化表层凿除，喷涂水泥砂浆保护层。当风化剥落严重时，应将风化部分拆除重砌。

锚杆式及加筋挡土墙，应经常注意有无变形、倾斜或肋柱、挡板损坏、断裂。如有损坏，应及时修理、加固或更换。对暴露的锚头、螺母、垫圈应定期涂刷防锈漆，同时应经常检查锚头螺母是否松动、脱落，如松动、脱落应及时紧固和补充。

浸水挡土墙，除平时经常检查其有无损坏外，应在洪水期前后详细观察、检查。汛前检查的目的是确定其作用、效果，是否完整稳定，能否承受洪水的袭击和拟采取的防护、加固措施；汛后检查的目的是观察其有无损坏，如有损坏，应及时修理和加固。

浸水挡土墙受洪水冲刷，出现基础被淘空，但未危及挡土墙本身的情况时，可采取抛石加固或用块（片）石将淘空部分塞实并灌浆。当挡墙本身出现损坏，如松动、下沉、倒塌、开裂时，应按原样修复。

第五节 特殊地区的路基养护

特殊地区的路基包括黄土地区路基、沙漠地区路基、多年冻土路基、盐渍土地区路基以及泥石流、泥沼及软土地区路基等。

一、黄土地区的路基养护

黄土主要分布在昆仑山、秦岭、山东半岛以北的干旱和半干旱地区，其中以黄土高原的黄土沉积最为典型。

1. 常见病害

黄土具有疏松、湿陷、遇水崩解、膨胀等特性，常见的病害有：

1）坡面在多次干湿循环后，出现裂缝、小块剥落、小型塌方、大小沟、陷穴。

2）边沟被水冲深、蚀宽，使路肩、边坡脚受到破坏。

3）边坡土体受积水浸润后发生滑坍，或在地下水及地面水的综合作用下，形成泥流。

2. 防护与加固

黄土边坡防护与加固的措施见表 2-2。

表 2-2 黄土边坡防护与加固的措施

措施	图示	说明
边坡坡面拍实	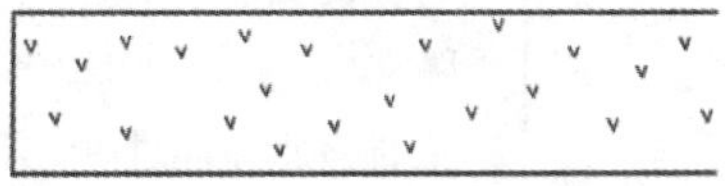	1. 适用于土质疏松的边坡 2. 用三棱板拍打密实，或用小轻碾自坡顶沿坡面碾实
种草或铺草皮	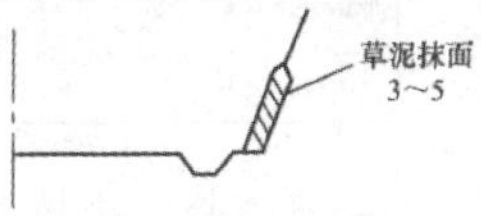 草泥抹面 3～5	1. 适用于边坡缓于 1:1，草皮能就地取材，且雨量多，适宜草类生长的地区 2. 阴雨天施工为宜
草泥抹面	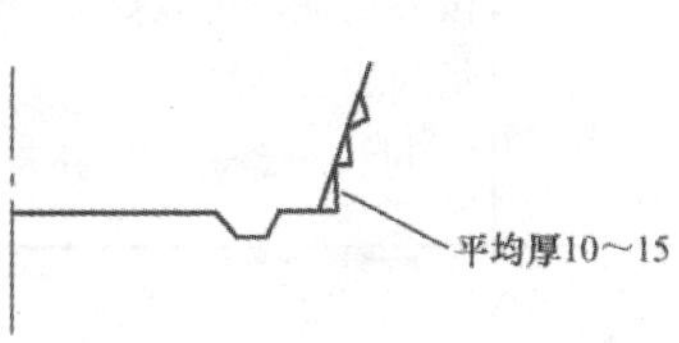 平均厚10～15	1. 适于年降雨量较小，冲刷不太严重的地区，边坡缓于 1:1 2. 采用较黏的土，其配合比为每立方黏土掺入切碎的草 10～12kg 3. 为增强草泥与边坡的连接，在边坡上打入一些木楔，其间距为 30～40cm

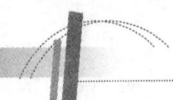

续表

措施	图示	说明
三合土、四合土抹面		1. 适宜于雨雪量大，任何坡度边坡 2. 材料配合比，三合土：石灰：细砂：黄土=1:2:5（质量比） 四合土：石灰：黄土：细砂：炉渣=1:3:5:9（质量比）
土护墙		1. 适于坡脚已破坏的地段 2. 修筑方法与挡土墙相同
浆砌片石护墙		适用于坡脚易被水冲刷、坡面剥落严重、坡脚已破坏、边坡含有夹砂层的地段
格状防护		1. 适用于土质疏松及多雨地区，边坡缓于1:1.5 2. 木桩应垂直坡面打入（用柳条或树枝编栅排）
腰土桥		1. 设置在两侧冲沟的沟头之间，即冲沟的分水岭处 2. 无水流，不需设泄水构造物 3. 施工比较简单，工程量少 4. 当有被冲沟溯流侵蚀的危险时，需对冲沟头进行处理，如修堤坝、种草、植树等
跨越冲沟土桥		1. 设在冲沟的中上游，沟窄而浅，无不良地质现象 2. 底部有水流通过时，需设置泄水孔或泄水构造物，构造物形式有石拱涵、砖拱涵、木涵、土拱等
半土桥		1. 在谷坡或山坡的半土桥相当于山坡上的砌石路堤，可以提高路线标准，减少挖方数量和边坡高度 2. 可作公路养护补路基缺口之用

二、沙漠地区的路基养护

我国沙漠地区主要分布在北方干旱、半干旱地区。由于气候比较干燥，雨量稀少，风

沙大，地表植被均稀疏、低矮，边坡或路肩容易被风蚀，或整个路基被风积沙掩埋。沙漠地区路基的养护往往需要大量的防护材料，因此在养护中要把备料工作做好。

1. 沙漠路基病害的防治措施

（1）路基两侧原有的沙障、石笼、风力加速堤或用黏土覆盖的植被、防沙栅栏及防沙设置的一切设施，如有被淹埋、倾倒、损坏和失效的情况，应拔高、扶正或修理补充。

（2）路基的砌石护坡或草格防沙设施，如有塌方破坏，应及时修理，保持完好状态。

（3）必须维护路基两侧现有植物的正常生长，并有计划地补植防沙树木和防护林。

（4）路基边坡上出现的风蚀、空洞、坍缺，应予填实并加做护坡。

（5）路肩上严禁堆置任何材料或杂物，以免造成沙丘。对公路上的积沙，应及时清除并运到路基下风侧 20m 以外的地形宽阔处摊撒平顺。

2. 沙质路基的防护措施

（1）柴草类防护

① 层铺防护：采用龙草、稻草、芦苇、沙蒿、野麻或其他草类，将其基秆砍成 30～50cm 的短节，从坡脚开始向上每层按 5～10cm 厚度层铺、灌沙、捣实。当采用沙蒿等带有根系的野生植物时，可将其根茎劈开，并使根系向外，按上述方法进行层铺。沙蒿可用 10 年以上，其他多为 35 年，材料用量大。

② 平铺植物束成笆块：采用各种枝条、芦苇、芨芨草等，将其扎成直径 5～10cm 的束把，或编织成笆块，沿路基坡脚向上平铺，以桩钉固定，可用 5～10 年，材料用量大。

③ 平铺或叠铺草皮，以 40cm×50cm 为一块挖取草皮，其厚度约为 10～15cm，沿路基坡脚向上错缝平铺或叠铺。一般可用 3～5 年，如能成活，可起永久稳固边坡作用。

（2）土类防护

① 黏土防护：采用塑性指数大于 7 的黏土，用于边坡时，厚度为 5～10cm；用于路肩时，厚度为 10～15cm。为增加抗冲蚀强度，避免干裂，可掺 10%～15% 的砂或 20%～30% 的砾石（体积分数）。

② 盐盖防护：可将盐盖打碎成 5cm 的碎块，予以平铺（松软的盐盖可直接平铺而形成硬壳）。

（3）砾、卵石防护

① 平铺砾、卵石防护：分平铺、整平、夯实等步骤进行。用于边坡时，厚 5～10cm；用于路肩时，厚 10～15cm。

② 格状砾、卵石防护：用于边坡时，厚 5～7cm；用于路肩时，厚度为 10～15cm。先用 10cm 以上的卵石在边坡上做成 1m×1m 或 2m×2m 并与路肩边缘成 45°角的方格，格

内平铺粒径较小的砾石。路肩平铺砾石，应进行整平并夯（或拍）实。

（4）沥青防护

① 平铺沥青砂：采用10%～20%热沥青与90%～80%的风积沙混合，直接在边坡上平铺、拍实。

② 直接喷洒沥青或渣油：采用高标号沥青、渣油，熬热后洒在边坡上，然后撒一薄层风积沙。

三、多年冻土地区的路基养护

冻结状态保持二年或二年以上的土（岩），称为多年冻土。在兴安岭和青藏高原的高寒地区分布有成片的多年冻土，天山、阿尔泰山及祁连山等地区也有零星分布的多年冻土。多年冻土往往含有大量水分或夹有冰层，并有一些不良的物理地质现象。多年冻土易引起的路基病害主要有：路堑边坡坍塌；路基底发生不均匀沉陷；由于水分向路基上部集聚而引起冻胀、翻浆；路基底的冰丘、冰堆往往使路基鼓胀，引起路基、路面的开裂与变形，而融化后，又发生不均匀沉陷。针对其病害的不同情况，可以采取以下措施：

（1）防雪设施应维护原状态，对倒毁残损的设施，应修理加固或补充，使其发挥防雪作用。

（2）多年冻土地区地面水无法下渗，容易形成地表潮湿或积水，宜将积水引向路基以外排出，避免危害路基。

（3）疏浚边沟、排水沟，要防止破坏冻层。若导致冻土融化，将产生边坡坍塌。

（4）养路用土或砂石材料，不宜在路堤坡脚或路堑坡顶20m以内采掘，防止破坏冰土，影响路基稳定。

治理冰冻方法有以下几种：

（1）将路基上侧的泉水，夹层、透水层的渗水，从保温暗沟导流出路外。如含水层尚有不冻结的下层含水层，可将上层水导入下层含水层中排除。

（2）提高溪旁路基的高度，使其高于涎流冰面50cm以上。涎流冰是指在寒冷气候条件下，地下水或地面水漫溢到地面或路面上，自下而上逐层冻结，形成涎流冰，东北地区常称为"冰湖"。当受地形或纵坡限制，不能提高路基时，可在临水一侧路外缘点，或在路侧溪流初结冰后，从中凿开一道沟，用树枝杂草覆盖加铺土或雪保温，使水流沿水沟流动，避免溢流上路。也可将溪流改至远离公路的地方通过。

（3）在多年冻土区，可在公路上侧远处开挖与路线相平行的深沟，以截断活动层泉流。在冬季使涎流冰聚集在公路较远处，保障公路不受涎流冰的影响。

（4）根据涎流冰的数量，在公路外侧修筑储水池，使涎流冰不上公路。

（5）多年冻土地区的路基养护，应采取"保护冻土"的原则，做到"宜填不宜挖"，除

满足不同地区、气候、水文、土壤等路基填筑的最小高度外，另加 50cm 保护层。路基填方高度不宜小于 1m。

四、盐渍土地区的路基养护

1. 盐渍土地区路基的常见病害

当地表 1m 内含有容易溶解的盐类，如 $NaCl$、$MgCl_2$、$CaCl_2$、Na_2SO_4、$MgSO_4$、$NaCO_3$、$NaHCO_3$ 等的含量超过 0.3%时即属盐渍土。我国西北、东北的干旱气候地区及沿海平原地区分布着大面积的盐渍土，其含量通常是 5%～20%，有的甚至高达 60%～70%。由于土中含有易溶盐，土的物理、力学性质和筑路性质发生变化，引起诸多路基病害。盐渍土在干旱季节和干旱地区，因盐类的胶结和吸湿保湿作用，有利于路基稳定。但一旦受到雨水、冰雪融化的淋溶，含水量急增，则会出现湿化坍塌、溶陷、路基发软的情况，致使路基强度降低，丧失稳定，甚至失去承载力。盐渍土地区路基容易出现下列病害：道路泥泞；路基翻浆及冻胀病害严重；受水浸时，强度显著下降，发生沉陷；硫酸盐发生盐胀作用，使土体表面结构破坏和疏松，以致发生路面被拱裂以及路肩、边坡被剥蚀等现象。

2. 盐渍土地区路基养护的主要技术措施

（1）排水沟要保持 0.5%～1%的纵坡；在低矮平坦、排水困难的地段，应加宽加深边沟或在边沟外增设横向排水沟，其间距不宜大于 500m，沟底应有向外倾斜 2%～3%的横坡。

（2）加深加宽边沟的弃土，可堆筑在边沟外缘，形成护堤，以保护路基不被水淹。

（3）盐湖地区用盐晶块修筑的路基表面，原来没有覆盖层或有而失散了的，宜用砂土混合料进行覆盖和恢复。路肩出现车辙、坑凹、泥泞时，应清除浮土，洒泼盐水湿润，再填补碎盐晶块整平夯实，然后用砂土混合料覆盖压实。

（4）秋冬季节或春融时期，路肩容易出现盐胀隆起，甚至翻浆的情况，对隆起的应予铲去，使地面水及时排出；翻浆的路肩按本章 2.6 节所述方法进行治理。

（5）边坡经受雨水或化雪冲融后出现的沟槽、溶洞、松散等，可采用盐壳平铺或黏土掺砾铺上拍紧，防止疏松。

（6）防止边坡水土流失，应结合当地的植物生长情况，种植一些耐盐性的树木或草本植物（如红杨、甘草、白茨之类），以增强边坡稳定。

（7）在含盐边坡地区，对高等级的公路，为防止路肩吹蚀、泥泞以及防止水分从路肩部分下渗而造成路面沉陷，其路肩可考虑采用下列加固措施：①用粗粒渗水材料掺在当地土内封闭路肩表层；②用沥青材料封闭路肩；③就地取材，用 15cm 厚的盐壳加固。

（8）对硫酸盐盐渍土路基，为处治边坡疏松、风蚀和人畜踩踏而造成的破坏，可根据需要和可能，用卵石、砾石、黏土或盐壳平铺在路堤边坡上。

五、其他特殊地区的路基养护

1. 泥石流地段的路基养护

泥石流是一种爆发性的含大量泥沙石块的洪流。其对路基的危害主要是通过堵塞、淤埋、冲刷、撞击等造成的；也可通过压缩、堵塞河道使水位壅升，以致淹没上游沿河路基，或者迫使主河槽改道、冲刷，造成间接水毁。我国泥石流主要分布在西南、西北及华北的山区，华南、台湾及海南岛等地山区也有零星分布。川藏公路泥石流灾害示例如图 2-16 所示。对泥石流病害，应通过访问、测绘、观测等方式获得第一手资料，掌握其活动规律。对泥石流可以采取以下措施进行防治：

图 2-16　川藏公路泥石流灾害示例

（1）植树造林、封山育林。对流泥、流石的山坡，特别是在分水岭、山坡、洪积扇上及沟谷内，在春秋两季，应进行大量植树造林，铺植草皮。树木以生长快、根系多的柳树等品种为宜。铺草皮要先修整边坡，铺后要用木锤拍紧、拍平，使接缝紧密。但草皮只能预防坡面冲刷、剥蚀，因此，对滑动没有停止的边坡不宜种植。同时应控制放牧，不允许在同一坡面上伐树采挖草皮，以防止造成新的泥石流。

（2）平整山坡，填充沟缝，修筑梯阶、土埂，以控制水土流失，防止滑坡发展。

（3）修筑排水及支挡工程，如修筑截水沟、边坡渗沟等排水工程，以及设置支撑挡墙加固沟头、沟底、沟坡，以稳定山坡。

（4）在地质条件好的上游，分级修建砌石或混凝土挡渣坝，以起到沉积、拦阻泥石的作用。坝址宜选在有充分停淤的沟谷狭窄处，基础要设置在可靠的地基上。沉积在坝后的泥石，要随时清除。

（5）对于小量的泥石流，应在路肩外缘设置碎落台或修建拦渣挡墙，并随时清除冲积的泥石。

（6）采用桥梁或涵洞跨越泥石流，但要考虑淤积的问题。涵洞加排导沟示例如图 2-17

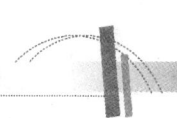

所示。

（7）采用明洞及隧道。明洞及隧道一般用于路基通过堆积区，且泥石流规模大、经常发生、危害严重而采取其他措施有困难时的情况下。

（8）设置渡槽。

（9）设置排导设施，如排洪道、急流槽、导流堤等。排洪道平面、断面形式分别如图 2-18、图 2-19 所示。

图 2-17　涵洞加排导沟

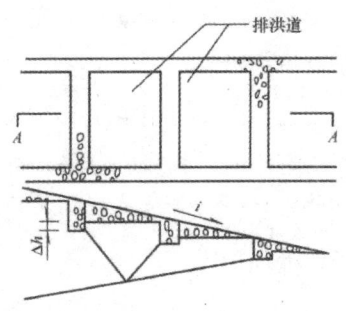

图 2-18　排洪道平面

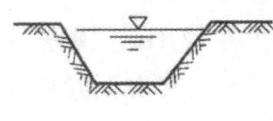

（a）梯形

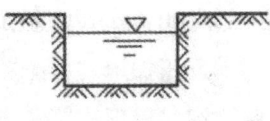

（b）矩形

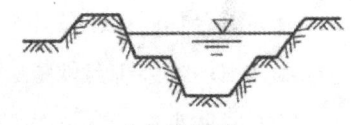

（c）台阶形

图 2-19　排洪道断面形式

（10）设置滞流及挡截措施，如谷坊坝、挡渣坝、停淤场等。谷坊坝的结构形式及各部名称如图 2-20 所示。

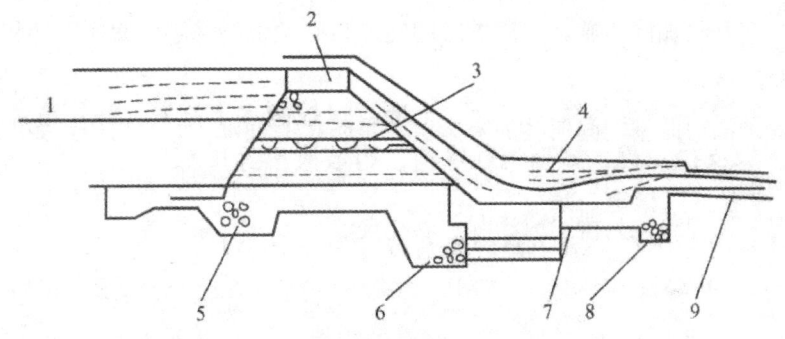

图 2-20　谷坊坝的结构形式及各部名称

1—泄水孔　2—导水墙　3—现体　4—消力池　5—上底槛　6—下底槛　7—护梗　8—消力槛　9—海漫

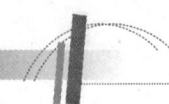

2. 泥沼及软土地带的路基养护

我国东北的大、小兴安岭、长白山、三江平原、松辽平原等地及青藏高原和西北地区的湖盆桂地、高寒地均分布有泥沼；在内陆湖塘盆地、江河湖海沿岸和山河洼地则分布有近代沉积的软土。泥沼、软土地带的路基，多因地面低洼、降水充足、地下水位高、含水饱和、透水性小、压缩性大、抗剪强度低，在填土荷载和行车荷载下，容易出现沉降、冰冻膨胀、弹簧、沉陷、滑动、基底向两侧挤出淤泥等病害。路基损坏的整治，应针对病害情况，采取下列措施：

（1）处理沉降，可用填筑土石来恢复标高，使路基与两端衔接平顺。

（2）治理膨胀、弹簧、沉陷，可打石灰桩，通过石灰吸收水分来防止溶冻翻浆。

（3）对滑动、基底挤出淤泥，可采用支挡设施，如在坡脚打木桩、做干砌块石挡墙等办法，予以治理加固。

（4）路基两侧的下边坡，宜种柳、枫、杨等亲水性、根系发达的树，以增强路基抵抗冲刷和浸蚀的能力。

（5）综合加固：①砂井与反压护道并用；②反压护道和砂垫层并用；③反压护道与片石齿墙并用；④柴排与砂垫层并用；⑤反压护道与换土并用。

（6）降低水位，视情况加深两侧边沟，以促进路基土渗透固结。

3. 透水路堤的养护

透水路堤的边坡，应保持稳定和完好，若发现有冲塌缺陷，应选用与原来相同的材料填补加固。透水路堤伸出路基坡脚以外部分，应经常清理，保持原有的宽度，防止边坡土坍落，淤塞石缝。压力透水路堤上游的路基护坡，应保持高出洪水位 1 m，雨季后检查若高度不足，应采取补救加固措施。上游护底的铺砌，必须保持平顺、密实无游积，如发现松动变形，需及时修补。

透水路堤顶面与路基之间所铺的隔离层，是防止毛细水上升的措施，如路基出现发软变形，证明隔离层失去作用，应进行翻修恢复。透水路堤在养护加固中，如遇不能清除游塞阻水的情况，则应改建为桥梁或涵洞，以利宣泄。

4. 沿河路堤护岸的养护

护岸设施，应在洪水期前后观察其作用和效果，检查是否完整稳固。当护岸受到洪水冲刷与波浪、漂浮物等冲击损坏时，应采取抛石加固措施，其方法是用坚硬的石料堆成 1:1～1:2 的坡度，抛石体厚度不小于石块尺寸的 2 倍。

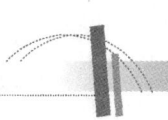

六、土工织物在路基工程养护中的应用

土工织物系指用于土工建筑物中的合成纤维制品。土工织物与土工薄膜同为合成纤维，但前者在构造上是透水的，而后者在设计上的要求是渗透性尽量小或者不透水。两者可以结合使用，也可独立使用，以满足使用要求为原则。

1. 土工织物的分类

土工织物的类型有：编织型；纺织型；无纺型（包括化学粘合型、热粘合型、针织机缝合型）；专用土工织物（包括带状织物、席垫、网织品、土工格栅、成型塑料片/块）；组合型土工织物等。

（1）编织型

由一系列单丝（或丝股）或纱经纬交织而成的平面结构，厚度 0.1～1.0mm，具有较高的抗拉强度和较大的渗透系数。

（2）纺织型

目前的纺织型土工织物是由两组平行的细丝或纱交织而成，可为平纹，斜纹和缎纹，厚度约为 0.5mm，多丝、细纱。原纤维纺织型一般厚度为 3～5mm，具有质地稳定、强度较高的特点。

（3）无纺型

将连续丝纤维或短纤维按定向排列或任意排列形成的薄片粘合在一起所形成的织物，包括化学粘合型、热粘合型、针织机缝合型等。

（4）专用土工织物

① 带状织物：由几厘米的条带制成的很粗的纺织型组合物。

② 席垫：由粗而硬的曲形丝，在交织处粘合而成，厚度约1～2cm。

③ 网织品：由两组平行的压制条带以一定角度交叉并在交织点粘合的制品。

④ 土工格栅：由一个或两个垂直方向拉成带孔的塑料板。

⑤ 成型塑料片/块：按要求的截面形状所制成的尖瓦棱形、蜂巢形等结构，它通过压制、模制而成。

（5）组合型土工织物

由几种土工织物，如几层编织、纺织的制品，通过缝合、针刺、热合、化学粘合等方法而组合在一起的织物。例如，将席垫、网制品或成型的塑料片以一层或两层土工织物作为滤层而形成一种预制的排水结构物制品。

2. 土工织物的特性与功能

（1）特性

了解特性，是正确选用土工织物的一个关键。

1）物理特性：主要指纤维的粗细、密度、质量、孔径大小、孔隙率及孔眼分布等，特别是孔径大小，孔隙率影响其透气性、透水性。

2）力学特性：主要指抗拉强度（经、纬）、断裂强度、顶破强度、穿刺强度、耐磨强度、摩擦系数、压缩和延伸率等。其中抗拉强度是主要指标，其值一般通过 5cm×10cm 或 5cm×20cm 试件的拉力试验得到。

3）水力学特性：主要指透水性、吸湿性、缩水性、产生淤塞或管涌的水力坡降等。

4）环境特性：主要指耐酸、耐碱、耐腐蚀、抗老化等性能。

5）抗自然因素特性：主要指在不同季节抵抗高温（如产生膨胀发软等）和低温（如产生收缩或变脆）及水（如雨季的抗潮湿能力）等的能力。

（2）功能

了解功能，是正确选用土工织物的另一个关键。土工织物的功能主要有：①隔离作用；②排水反滤作用；③加筋作用；④防冲作用；⑤模板作用。

3.土工织物的应用示例

土工织物在公路养护工程中的应用示例见表 2-3，土木布护坡防护工程示例如图 2-21 所示，土工格栅护坡防护工程示例如图 2-22 所示。

表 2-3　土工织物在公路养护工程中的应用示

应用	图示	应用	图示
提高路堤整体稳定性。在软土地基上隔垫，可使荷载均匀地传递给土基，避免局部损坏，适用于软弱路基路段	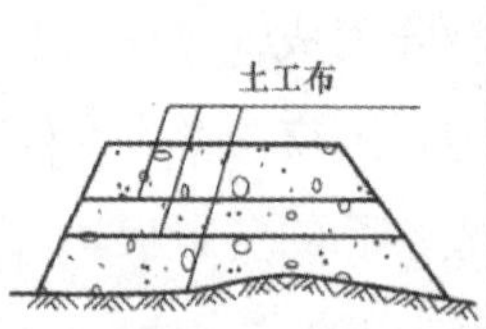 土工布	用于路面中，提高受重复荷载的能力。土工布的可压缩性和弹性能起到消震作用，改善受力状态	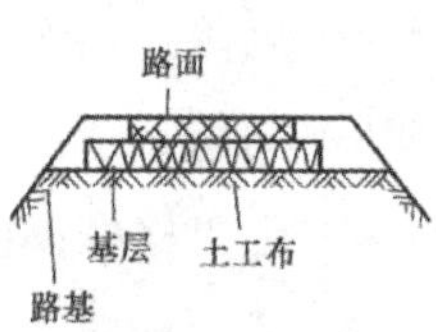 路面 基层　土工布 路基
用于施工便道及应急公路	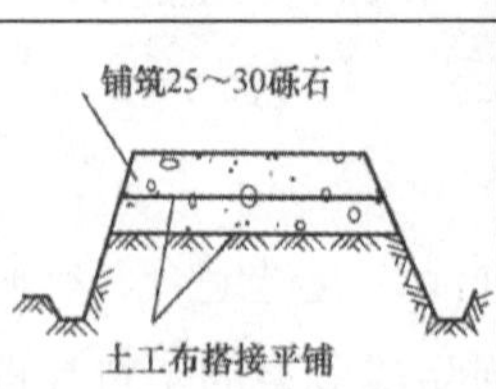 铺筑25～30砾石 土工布搭接平铺	用于特松软土基的路堤，并加以护坡，有利排水。在基底铺垫土工布并沿边坡折起，以致覆盖堤身，可提高基底刚性	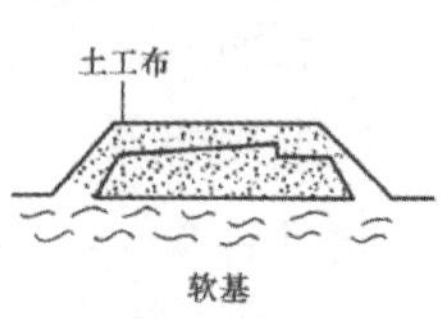 土工布 软基

续表

应用	图示	应用	图示
双层或多层土工布用于提高强度和稳定性，有利于减少路面疲劳裂纹。刚性基层上用土工布对防止反射裂纹有利	基层 黑色面层 基层上的土工布 基层下的土工布	用于排水夹层和竖向排水，加速固结，适用于泥炭饱和淤泥地带地基处治	土工布 泥炭
用于分隔带排水	公路 土工布 公路 土工布 排水管	用于公路路肩排水	路面 路肩 基层 土工布 土工布
用于排水管时，作滤网层以利排水、土粒不流失、水管不被泥沙淤塞	土工布滤层 土工布缝口 排水管	用于排水沟的隔层	土工布包裹 排水盲沟 带渗孔盲沟
用于钻孔桩浇筑混凝土时，作套袋，能减少混凝土消耗，使混凝土不易稀释并改善与土的接触条件	地下水涌入 混凝土 土工布套袋	用于挡土墙中的排水	挡土墙泄水孔 土工布与砂砾袋过滤层

图 2-21　土木布护坡防护工程示例

图 2-22　土工格栅护坡防护工程

第六节　几种路基病害的处理

路基是路面的基础，其强度和稳定性是保证路面结构稳定、路用性能良好的基本条件。路基的各种病害及破损都是由路基的强度和稳定性不足引起的，而影响路基强度和稳定性的因素有两方面：一方面是自然因素与地质条件，其中最主要的影响因素是温度和湿度；另一方面是人为因素，包括设计、施工和养护。而路基建成后，其质量将主要取决于路基的养护水平。

一、路基常见病害及成因

1. 边坡常见病害及成因

边坡病害是路基最常见的病害之一，通常有崩塌、落石、滑坡、坡面冲刷、剥落和泥石流等。

（1）崩塌

公路边坡崩塌是较常见病害，它危害严重，经常阻断交通。崩塌是岩体突然而猛烈地从陡峻的斜坡上崩离翻滚跳跃而下的现象。崩塌可发生在高峻的自然山坡上，也可发生在高陡的人工路堑边坡上。发生崩塌的物体一般为岩石，但某些土坡也会发生崩塌。公路边坡崩塌灾害示例如图 2-23 所示。

图 2-23　公路边坡崩塌灾害示例

崩塌的规模有大有小：由于岩体风化、破碎比较严重，边坡上经常发生小块岩石坠落，这种现象称为碎落；一些较大岩块的零星崩落称为落石，规模巨大的崩塌也称山崩。

崩塌与滑坡的明显区别是：崩塌发生急促，破坏体散开，并有倾倒、翻滚现象；而滑坡体一般总是沿着固定滑动面整体地、缓慢地向下滑动。

公路路堑开挖过深，边坡过陡，或由于切坡使软弱结构面暴露，都会使边坡上的岩体失去支撑，在水流冲刷或地震作用下引起崩塌。

1）崩塌的种类。崩塌按形成机理可划分为滑移式崩塌、倾倒式崩塌、错断式崩塌三类。

① 滑移式崩塌。这类崩塌的形成机理是崩塌首先沿已有的层面或其他结构面产生滑移，一旦崩塌体重心滑出坡外，这类崩塌就会发生。滑移式崩塌断面如图 2-24 所示。

② 倾倒式崩塌。这类崩塌的形体多是柱状和板状岩体，其形成机理是岩体在失稳时绕根部一点发生转动性倾倒，一旦岩体重心偏离到坡外，岩体就会突然崩塌。此处不稳定岩体在强烈震动或者遇有长时间暴雨的情况下，容易失稳产生倾倒式崩塌。倾倒式崩塌断面如图 2-25 所示。

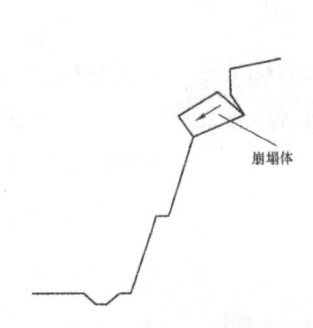

图 2-24　滑移式崩塌断面示意图

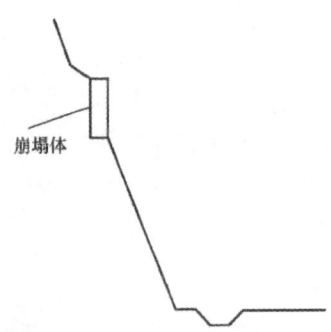

图 2-25　倾倒式崩塌断面示意图

③ 错断式崩塌。这类崩塌多为直立柱状或板状岩体，在失稳时不是发生倾倒，而是在自重作用下，下部与稳定岩体没完全断开的部分沿图 2-26 中虚线所示位置发生错断。不稳定岩体是否会发生崩塌，关键在于没有断开的部分在自重作用下最大剪应力是否大于岩石的允许抗剪强度，一旦最大剪应力大于岩石的允许抗剪强度，错断式崩塌就会突然发生。长期风化作用、强烈的振动以及特大暴雨的动静水压力都会促使和诱发这类崩塌的发生。

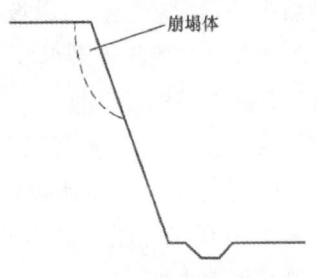

图 2-26　错断式崩塌断面示意图

2）防治崩塌的措施：

① 路基上方的危岩及危石应及时检查清除，特别在雨季前要细致检查。如有威胁行车安全的路段，可根据地形和岩层情况，采用嵌补、支顶的方法予以加固。

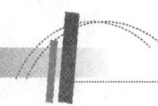

② 在小型崩塌或落石地段，应尽量采取全部清除的办法；如由于基岩破坏严重，崩塌、落石的物质来源丰富，则宜修建落石平台、落石槽等拦截构筑物。

③ 由于存在软弱结构面而易引起崩塌的高边坡，可根据情况采用支挡墙或支护墙等措施，以支撑边坡，并防止软弱结构面张开或扩大。

④ 对因受河水冲刷而易形成崩塌的边坡坡脚，河岸要做防护工程。

⑤ 在可能发生崩塌的地段，必须做好地面排水措施。

（2）落石

这是岩石碎块的一种剥落现象，其范围较剥落严重。产生原因是：路堑边坡较陡（大于 45°），岩石破碎和风化严重，在振动及水的侵蚀和冲刷下，块状碎屑沿坡面向下滚动。

（3）滑坡

路基山坡土体或岩体，由于长期受地面水、地下水活动的影响，其结构被破坏，逐渐失去支撑力，在自重力作用下，整体地沿着一定软弱面（或带）向下滑动，这种地质现象称之为滑坡，如图 2-27 所示。滑坡一般是缓慢的，可延续相当长的时间。但坡度较陡时，也会突然下滑。

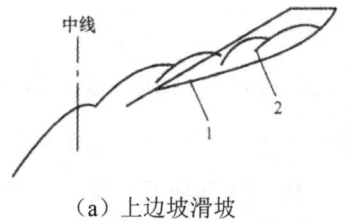

（a）上边坡滑坡   （b）穿过下边坡的滑坡

图 2-27　路基滑坡病害示意图

1—滑坡面　2—滑坡体

发育完整的滑坡，一般包括后缘环形滑坡壁、与滑坡毗邻的封闭滑坡洼地、微向后倾的滑坡台阶、滑动面与滑床，以及各种类型的滑坡裂缝和滑坡面等，如图 2-28 所示。掌握这些形态要素，有助于识别滑坡和判断滑坡的稳定性。

1）滑坡的分类。按滑坡的组成物质，滑坡主要有以下三类：

① 岩石顺层滑坡。这类滑坡的滑动面为岩体中比较软弱的岩层面或软弱夹层面，上部岩体沿滑动面顺坡向下滑动，如图 2-29 所示。图中虚线所示的滑体在施工过程中已滑走，上部还残留未滑动的岩体，下部滑面平整光滑。

② 花岗岩残积层滑坡。花岗岩边坡风化严重，加上降雨量充沛，边坡坡面遭受降雨的强烈冲刷，坡面冲沟发育，花岗岩残积层沿原花岗岩的构造节理向坡下滑动产生滑坡。

③ 砂页岩残坡积层滑坡。这类滑坡大多是砂岩、页岩、凝灰岩、泥质千枚岩、板岩的残坡积层，多为粉质黏土夹碎石层，厚度为 20m 以上。

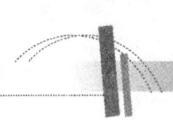

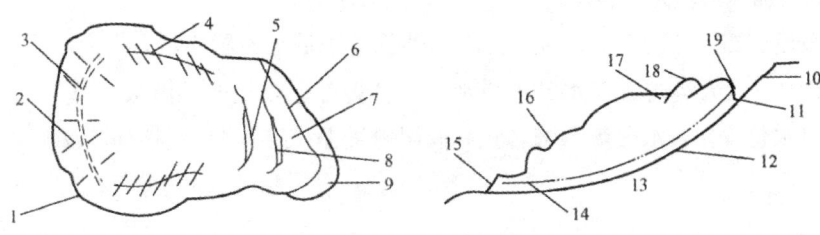

图 2-28　滑坡形态示意图

1—滑坡界　2—扇形裂缝　3、16—鼓胀裂缝　4—剪切裂缝　5、17—拉张裂缝
6、11—主裂缝　7、19—滑坡洼地　8、18—滑坡台阶　9、10—滑坡壁
12—滑动面　13—滑坡床　14—滑动带　15—滑坡舌

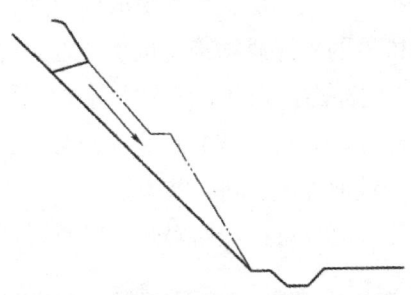

图 2-29　岩石顺层滑坡断面图

2）滑坡形成的主要原因。

① 地质因素，包括具有蓄水构造、聚水条件、软弱面（或带）以及向路基倾斜的岩层山坡等地质条件。遇到以下情况就有可能发生滑坡：

a. 山坡表层为渗水的土或岩层，下层为不透水土或岩层（形成隔水层），且岩层向路基倾斜。在这种情况下，当有地下水经常活动时，表层土（或岩层）就会沿隔水层滑动造成滑坡。

b. 山坡岩层软硬交错，且其软弱面向路基倾斜，由于风化程度不同或地下水侵蚀等原因使岩层可能沿某一软弱面向下滑动。

c. 当路线穿过软硬不均的岩石断开地带，而断开地带又为地下水集中活动地区时，开挖路堑容易引起滑坡。

② 水文影响。水是促进滑坡的重要条件，表现情况有以下几方面：

a. 大量雨水渗入滑坡体内，使土体潮湿软化，增加土体重量，降低土的强度，从而加速滑坡的活动。

b. 地下水是引起滑坡的主要条件之一。地下水量增加，侵蚀滑坡面，降低滑坡面的抗

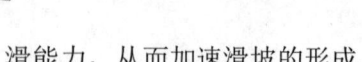

滑能力，从而加速滑坡的形成。

c. 排水设施布置不合理。例如，在渗水性强的边坡上设置天沟，沟内没有铺设防水层，当地面水集中流入天沟内时，水分大量渗入土体内部，以致产生滑坡。

d. 溪河水位涨落，水分渗入坡体内，润湿滑坡面，或河水冲刷滑坡坡脚，减弱支撑力，引起坡体下滑。

e. 边坡上的灌溉渠道或水田，没有进行适当处理，渗漏严重，使土体潮湿软化，增加土体自重，降低土的强度，从而导致滑坡。

3）坡面冲刷。

花岗岩残积层，炭质、泥质页岩，砂岩残积层，都有不同程度的坡面冲刷问题。特别是花岗岩残积层的坡面冲刷问题更为严重。花岗岩残积层，在高温多雨的条件下，岩石风化迅速，形成一定厚度的残积层。残积层颗粒的组成以细砂、中砂、粗砂为主，含少量黏土颗粒，从结构上看为颗粒松散的砂泥质结构，抗水性差。这种残积物高边坡抗冲刷性能很差，易形成密集的鸡爪状纵向冲沟，其中下部被冲刷成直径1～5m、深5～7m的落水洞，上下落水洞相连，坡面支离破碎，雨季大量坡面冲刷物流向公路，堵塞排水沟，严重地覆盖路面，增加养护维修投资。坡面冲刷再进一步发展可能导致边坡坍塌。考虑花岗岩残积层坡面侵蚀的形态特征和发展阶段，可把花岗岩残积层的坡面侵蚀分类，见表2-4。

表2-4　花岗岩残积层的坡面侵蚀分类

分类标准	侵蚀形态特征					
类型	片蚀		沟蚀				坍塌
	溅蚀	面蚀	细沟侵蚀	浅沟侵蚀	切沟侵蚀	冲沟侵蚀	坍塌

4）剥落。

这是指边坡表层土或风化岩表面，在湿热的作用下，表面发生胀缩，从而引起零碎薄层从边坡上脱落下来的现象。其处理方法有以下几种：

① 搞好排水，不使地面或地下水侵蚀路基边坡。

② 加固边坡，如种草、铺草皮或植树。

③ 对于风化的软质岩层，可干砌或浆砌片石护墙。

④ 整修边坡，及时清除可能滑塌的土石方。

⑤ 对裂缝较多的岩层，可用喷浆法，防止岩石剥落及风化。

5）泥石流。

① 泥石流的成因类型

a. 水流冲刷山坡滑落物质而形成。山坡或沟岸泥沙由于重力作用而不断地坍塌、碎落或滑坡而落入沟道，在暴雨的冲击下形成泥石流。这种形式中最严重的是大型滑坡堵断沟

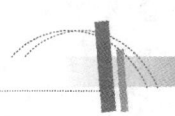

道，水流直接由滑坡体上流过或形成溃决，或者在暴雨时滑坡体中的饱和水与滑坡体一涌而下，形成强大的泥石流。

b. 由水流冲刷河床而形成。水流直接冲动沟底泥沙而形成泥石流是指当河床表面有风化层，沟谷中发生洪水时，水流将风化层冲走，使下部细粒泥沙发生溃决性冲刷，形成大规模的泥石流。

c. 由滑坡直接演变为泥石流。滑坡在高速滑动过程中，土体被液化而形成泥石流。

d. 融冻泥石流。这是指高山地区山坡由于融冻作用而产生向下滑动的液化土体。

e. 矿山废渣。由于水流冲刷或滑塌而形成泥石流。

② 泥石流的防治方法。泥石流对路基的危害主要是通过堵塞、淤埋、冲刷、撞击等方式造成的。公路防治泥石流应以预防为主，采取综合治理的方法来减轻泥石流的危害。防治泥石流的工程措施有以下几方面：

a. 对流泥、流石的山坡来说，在春秋两季，应大量植树造林、铺植草皮。

b. 在泥石流形成区的上侧修筑截水沟、排水沟，把水引出去，以减少或消除洪水冲击。

c. 在泥石流形成区，采用平整山坡，填实沟缝，修筑梯阶、土埂和支撑挡墙，加固沟头和沟底等方法，控制水土流失，防止滑坡发展。

d. 对于小量的泥石流而言，可在路肩外缘修建拦渣挡墙，并在每次雨后及时清除淤积的泥石，勿使挡墙失去作用。

e. 可采用排洪道、急流槽、导流堤等措施将泥石流顺利排走，防止其掩埋道路、堵塞桥涵。

f. 滞流及拦截措施。滞流措施是在泥石流沟中修筑一系列低矮的拦挡坝，其作用是拦蓄部分泥沙、石块等固体物质，减弱泥石流的规模；固定泥石流河床，防止沟床下切和谷坡坍塌，减缓河床纵坡，降低流速，防止或减轻泥石流对路基及其附属构造物的破坏。常用的滞流建筑物主要是谷防坝。拦截措施主要是修建拦渣坝或停游场，将泥石流中的固体物全部拦住，只许余水过坝。

泥石流严重地点，养护部门应做到：加强巡视检查，观察其变化动态，尽力采取防治措施；发生泥石流后，要集中人力、机械尽快清除堆积物，维持交通安全，根据掌握的资料，提出整治办法，及时报请上级处理。

前文所述为公路边坡病害的类型、特征以及形成机理和地质、气候条件。边坡病害还与公路选线设计、施工方法、施工质量、治理措施等密切相关。

① 地质条件不良地段的深挖方是崩塌落石的重要原因。岩石边坡的设计坡度较大，设计高度较高，这样在地质条件较差、岩石不稳定时易产生崩塌落石。

② 切坡过多破坏了原有的平衡使边坡病害形成并不断发展。切坡过多破坏了原有的植被及其力学平衡，又设计成高陡边坡，使水动力强度增大，这是造成坡面冲刷侵蚀、水土

流失、坍塌、滑坡的重要原因。

③ 施工方法不当，质量不高，留下后患。采用大爆破，会使原本节理裂隙发育的岩体发生松动，裂隙张开、宽度扩大。加上施工质量不高，岩质边坡施工不规范，坡面不平，岩体参差不齐，施工后期对危岩、浮石未进行清理，使大多数高陡边坡上残留大量危岩，给行车安全带来后患。

④ 治理措施不力，边坡病害继续发展。应查清病害形成条件、产生原因，本着"综合治理、彻底根治、不留后患"的原则进行处治，如治理不彻底，边坡病害可能继续发展。

2. 高填方路基常见病害及成因

高填方路基是以边坡的总高度大于 20m（土质边坡）和 12m（碎石、砾）为界限划分的。高填方路基常见的病害有沉陷、排水不畅、路堤冲刷损坏等。

（1）沉陷

高填方路基施工完工后，随着时间的延长与荷载的作用，路基在垂直方向上常会产生较大的变形和沉陷。沉陷按反映在路面上的结果，可分为不均匀下沉、局部沉陷、整体下沉三种类型；按路基沉陷的产生部位可分为路堤沉陷和地基沉陷两类。高填方路基的沉陷有时并不只是沉陷，常常在沉陷的同时，要伴随着路基纵横向开裂或边坡滑动。高填方路基的沉陷不仅与边坡高度有关，而且也与路基填料的性质、边坡坡度、地基性质、水文状况、路基施工方法等因素有关。高填方路基沉陷灾害示例如图 2-30 所示。

图 2-30　高填方路基沉陷灾害示例

高填方路基沉陷的形成原因有以下几方面：

① 设计因素

因条件限制公路路线必须通过复杂山区时，设计上应按照 JTGD30—2015《公路路基设计规范》要求认真地对高填方路基进行特殊设计。对于未进行高路堤的稳定性验算，而按一般路基进行设计，且施工工艺、填料等未做特殊要求说明的路段，在工程施工过程中或工程完工后，高填方路基将会有较大整体下沉或局部沉陷，以致影响公路的正常使用。

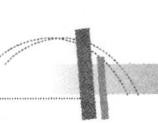

② 施工因素

a. 路基填筑工艺。高填方路基的填料在分层填筑时，应按照 JTGF10—2006《公路路基施工技术规范》要求的厚度进行铺筑。若随意将铺筑厚度加厚，压实机具不按规定的碾压遍数压实，则压实度达不到《公路路基施工技术规范》规定的要求，当填筑到路基设计标高时，必然会产生累计的沉降变形，在重复荷载与填料自重作用下产生下沉。

b. 工程机械与碾压工艺。高填方路基施工中，应按要求配备相应的整平和碾压机具，并按《公路路基施工技术规范》进行操作。未按要求的压实工艺进行碾压，路基的压实度不均匀，压实度达不到规定要求，将会导致高填方段的路基产生较大的沉降变形。

c. 施工质量管理。工程施工中，工地现场人员的责任心不强、技术管理力度不够、施工现场混乱，会使工程质量降低，造成施工过程中的隐患。

③ 工程地质

在工程地质不良、泥沼软基地段填筑路堤，由于地表土密度小、压缩变形大、承载能力低，当路堤填料不断增加时，原地面土容易发生压缩沉降和挤压移位，地基的压缩变形使路堤随之沉降或开裂。

④ 路基填料

如果路堤填料土质差，填料中混进了种植土、腐殖土或泥沼等劣质土，由于这类土中有机物含量多、抗水性差、强度低等特性的作用，路堤将出现塑性变形或沉陷破坏。尤其是膨胀土，其遇水膨胀软化，风干收缩开裂，工程稳定性差，用作填料时随着土中水分挥发，收缩开裂尤为严重，对路堤的整体结构危害极大。

⑤ 路基排水

路基排水的任务是把路基工作区的土基含水量降低到一定的范围内。土基含水量过大、排水不良会引起土质松软，强度降低，边坡坍塌，路堤沉陷或滑动，也会产生冻害。

（2）排水不畅

路基、路面、中央分隔带排水不畅，会导致路基进水，路基局部沉陷，路面结构早期损坏。在少雨、缺水季节修成的高填方路基，由于难以保证其最佳含水量，难以达到压实度要求，土的孔隙大，等到雨季来临时，如排水不完善，雨水必然浸入路堤，造成路基浸水和软化，引起路基下沉塌陷。

（3）路堤冲刷损坏

高填方路堤，如果不是全防护，裸露部位就容易被暴雨冲刷，造成病害。当路堤被冲刷得较严重时，如果不能彻底处理，则会给后期施工留下隐患，易造成边部、边坡局部开裂、局部滑塌等现象。

3. 路基水毁及其成因

公路特别是山区公路的水毁，形形色色，各式各样，有水毁滑坡，有坡面冲沟、坍塌、泥石流，也有淤塞涵洞、掏挖路基、冲垮桥梁等。路基水毁灾害示例如图2-31所示。公路水毁虽然形式多样，但其形成原因往往只有以下几方面：

（1）自然因素

自然因素作用是公路水害产生的一个重要原因。地球自身的内、外应力的作用和各种气候条件的综合作用，为公路水害的发生创造了条件。引发或诱导公路水害的自然因素，主要有地质构造、地形地貌、气象三个方面。

图2-31 路基水毁灾害示例

① 地质构造原因。公路水害的成因和活跃程度受地质构造的影响。断裂构造存在着一定的构造带且风化强烈，为泥石流、塌方、滑坡等灾害提供了充分的固体物质。泥岩、页岩经强烈风化后，又为这些灾害提供了细颗粒物质，从而造成桥涵淤塞、河床抬高，引发路基垮塌等多种病害。

② 地形地貌原因。公路的地形高低悬殊，山坡陡峭，在重力和水力作用下，松散及稳定性差的物料易形成垮塌和水土流失，这为各种公路水害的产生和发展提供了条件。如果山体植被稀少，自然横坡较大，局部性暴雨强度较大、频率高，河床比降①大，公路水害程度也大。因此，地形地貌因素是公路水害发生的又一重要原因。

③ 气象原因。雨季降雨集中，一次降雨量大，易为公路水害的形成提供充足的水分条件。松散的固体堆积物在强降雨的作用下，含水量达到饱和时，黏结性、凝聚力迅速降低，在强降雨形成的地面径流冲击下，固体堆积物的力平衡很快被破坏，各种塌方、滑坡、泥石流等常见水害便随之发生。因此，气象因素是公路水害发生的原因之一。

（2）环境的破坏

环境的破坏是公路水害产生的直接原因。公路沿线的经济建设，沿线土地开发和不合理的人类活动，破坏了自然生态平衡，破坏了山体的稳定性。公路建设本身就是对自然状态的山体稳定边坡的破坏，无论是挖方还是弃土堆置，都会不同程度地诱发滑坡、崩塌、泥石流等灾害。

森林的过量采伐，使植被覆盖率降低，也会导致公路水害的发生。陡坡开荒、过度放牧不仅加剧了坡面的侵蚀，也加速了各种灾害的活动。根据调查和观测，泥沙和石屑在干

---

① 河床比降是指在任意河段上，河床落差与其长度之比。

燥状态下的稳定静止角度为 35°，潮湿状态下的稳定静止角度只能达 25°。因此在自然坡度超过 25° 的坡面上开荒种地，雨水的作用使小块土体移动，对坡面土的侵蚀由弱变强，坡面被侵蚀冲刷的沟底逐年扩大，陡坡边坡上的土、小石块、石屑等在侵蚀冲刷中被大量带走，淤积边沟或汇入沟中，在桥梁涵洞以及沟谷的入口处淤塞河道，并抬高河（沟）床，河（沟）床使洪水流向发生改变，冲毁路基，毁坏桥涵，冲刷河岸或坡脚，从而造成公路垮塌等灾害。所以，要注意恢复并保护公路生态环境，主要措施有以下几方面：

① 在公路沿线山坡上植树造林，建立以防护林为主的生物治理，并辅以与水土保持工程相结合的综合治理措施。

② 对于公路修建开挖后的高大边坡应采取单元水土保持措施，采取种植根系发达、生长速度快的树木，以及增加植被等措施实施生态保土，增加水土涵养，减少地面径流对坡面的冲刷，从而增强坡面稳定性。

③ 禁止在公路边坡开荒和毁林开荒，保护好坡面植被，增强山坡地的水土保持能力。

④ 加强公路沿线以及沿线河流两岸坡耕地的治理，采取坡改梯田和退耕还林相结合的手段。

⑤ 预防并制止过度放牧。

（3）养护原因

养护措施不力是公路水害程度加重的又一重要原因。公路养护部门要搞好日常养护，事前将各种事故隐患消灭于萌芽状态，事后及时采取恢复措施，清除公路路基塌方，清理边沟，掏挖堵塞涵洞，这样才能将水害程度降至最低，有效保障公路畅通。

（4）施工方面

提高公路本身防灾抗灾能力，就是提高公路建设质量，从根本上减少公路水害的发生。

4. 路基冻胀与翻浆及其成因

潮湿地段的路基在冰冻过程中，土基中的水分不断地向上移动聚集，引起路基冻胀。春融时，路基湿软，强度急剧降低，加上行车的作用，路面发生弹簧、鼓包、冒浆、车辙等现象，这称为翻浆。路基翻浆灾害示例如图 2-32 所示。

图 2-32 路基翻浆灾害示例

（1）翻浆的分类分级

翻浆的发生，不仅会破坏路面，妨碍行车，严重的还会中断交通，对国民经济建设、国防战备都具有一定的危害，并增加公路养护的工作量。

路基中水分来源不同，并以不同形式存在于路基土中。为了针对各种来源的水分所引起的翻浆而采取相应的措施进行根治，有必要把翻浆按水分的存在形式进行分类，如表2-5所示。根据翻浆高峰时期路面变形破坏程度，将翻浆路段分为三级，如表2-6所示。

表2-5　路基工程翻浆的分类

序号	翻浆类型	导致翻浆的水分来源
①	地下水类	受地下水的影响，土基经常潮湿，导致翻浆。地下水包括上层滞水，潜水、层间水、裂隙水、泉水、管道漏水等。潜水多见于平原区，层间水、裂隙水、泉水多见于山区
②	地面水类	受地面水的影响，使土基潮湿，导致翻浆。地面水主要指季节性积水，也包括路基、路面排水不良而造成的路旁积水和路面渗水
③	土体水类	因施工遇雨或用过湿的土填筑路堤，土基原始含水量过大，在负温度作用下使上部含水量增加，导致翻浆
④	气态水类	在冬季强烈的温差作用下，土基中水主要以气态形式向上运动并聚集于土基顶部和路面结构层内，导致翻浆
⑤	混合水类	受地下水、地面水、土体水或气态水等两种及两种以上水类综合作用产生的翻浆。此类翻浆需要根据水源主次定名，如地下水、地面水类等

表2-6　路基工程翻浆的等级

翻浆类型	路面变形破坏程度
轻型	路面龟裂、湿润，车辆行驶有轻微弹簧
中型	大片裂纹，路面松散，局部鼓包，车辙较浅
重型	严重变形，翻浆冒泥，车辙很深

（2）翻浆发生的过程

秋季由于降水或灌溉的影响，地面水下渗、地下水位升高，使路基水分增多，为冬季水分积聚提供了必要条件。冬季气温下降，路基上部的土开始冻结，此时，土孔隙内的自由水在0℃首先冻结，形成冰晶体。当温度继续下降时，与冰晶体接触的土颗粒表面的薄膜水（弱结合水在-0.1～-10℃时冻结）受冰的结晶力的作用，移动到冰晶体上面冻结。因此，该部分土粒表面的水膜变薄，破坏了原来的吸附平衡状态，产生剩余分子引力，将吸取邻近土粒的薄膜水。同时，当水膜变薄时，薄膜水内的离子浓度增加，产生渗透压力差。在分子引力和渗透压力差的共同作用下，薄膜水就从水膜较厚处向水膜较薄处移动，并逐层向下传递。在温度为0～-3℃（或-5℃）的条件下，当未冻区有充足的水源供给时，水

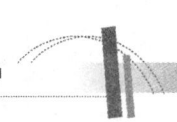

分发生连续移动，使路基上部大量聚冰。

如果冻结线在某一深度停留时间较长，水分有充分的聚积时间，当水源供给充足时，便在冻结线附近形成聚冰层。聚冰层通常只出现在路基上部的某一深度范围内，一般有 5～30cm 厚。聚冰层可能有一层或多层。凡聚冰层所在之处即是路基土含水量最大之处。

冻胀是翻浆过程中的一个阶段。土基下部的水向上积聚并冻结成冰，就会形成冻胀。过大的冻胀会使柔性路面产生鼓包、开裂，使刚性路面出现拱起、错台或断板。

沥青路面的公路，由于路面材料的导热系数远大于路肩土，所以路面下的土首先冻结，于是不单是路基下部水分，路肩、边坡下尚未冻结的土中的水分都向路面下已冻结区的土中聚集，因此路面下聚集水分特别多，加重了聚冰层的形成。

待到来年春季化冻时，由于路面结构层的吸热和导温性较强，路面下的路基先于路肩下的路基融化，于是路基下残余未化的冻土形成凹槽，化冻后的水分难以排出，路基上部处于过湿状态。当融化至聚冰层时，路基湿度更大，有时甚至超过液限。这样，路基在化冻过程中强度显著降低，以至丧失承载能力，在行车荷载作用下发生弹簧、开裂、鼓包、车辙，严重时泥浆外冒，路面大面积破坏，这就形成了翻浆。

（3）影响翻浆的因素

影响公路翻浆的主要因素有土质、温度、水、路面、行车荷载、人为因素等。其中土质、温度、水三者的共同作用是形成翻浆的三个自然因素。

① 土质。粉性土是最容易翻浆的土，这种土的毛细水上升较高，在负温度作用下水分聚流严重，而且土中的水分增多时土强度降低幅度大而快，容易丧失稳定。黏性土的毛细水上升虽高，但上升速度慢，因此，只有在水源供给充足，并且在土基冻结速度缓慢的情况下，才能形成比较严重的翻浆。当粉性土和黏性土含有大量腐殖质和易溶盐时，更易形成翻浆。砂土一般情况下不会发生翻浆，这种土毛细水上升高度小，在冻结过程中水分聚流现象很轻，同时，这种土即使含有大量水分，也能保持一定的强度。

② 温度。一定的冻胀深度和一定冷量（冬季各月负气温的总和）是形成翻浆的重要条件。在同样的冻结深度和冷量的条件下，冬季负气温作用的特点和冻胀速度的大小对形成翻浆的影响很大。例如，初冻的时候气温较高或冷暖交替出现，温度处于 0～-3℃（-5℃）时间较长，冻结线长期停留在路面下较浅处，就会使大量水分聚流到距路面很近的地方，产生严重翻浆。

③ 水。翻浆过程就是水在路基土中转移、变化的过程。路基附近的地表积水及浅的地下水，能提供充足的水源，是形成翻浆的重要条件。秋雨及灌溉会使路基土的含水量增加，使地下水位升高，加剧翻浆的程度。

④ 路面。路面结构与类型对翻浆也有一定的影响。例如，在比较潮湿的土基上铺筑沥青路面后，由于沥青面层透气性较差，路基土中的水分不能通畅地从表面蒸发，使水分滞

积于土基顶部与基层，导致路面失稳变形，以致出现翻浆。

⑤ 行车荷载。公路翻浆是通过行车荷载的作用最后形成和暴露出来的。当其他条件相同时，在翻浆季节，交通量越大，车辆轴载越重，则翻浆越为严重。

⑥ 人为因素。下列情况都将加剧翻浆的形成：

a. 设计时对翻浆的因素考虑不周。路基设计高度不够，特别是低洼地带，路线没有避开不利的水文地质地带，缺乏防治翻浆的措施，以及路面结构组合不当，厚度偏薄等。

b. 施工质量有问题。填筑方案不合理，不同土质填料混杂填筑，或采用大量的粉质土、腐殖土、盐渍土、大块冻土等劣质填料，或分层填筑时压实度不足。

c. 养护不当。排水设施堵塞，路拱有反向坡，路面、路肩积水，对翻浆估计不足，且无适当的防护措施。

二、路基工程典型病害的防治技术要点

1. 滑坡的防治技术要点

滑坡的类型很多，且成因复杂，在防治和处理滑坡时，要针对各种不同情况采取不同的防治措施。公路上的滑坡多发生于路基边坡，这是因为修筑公路破坏了地貌自然的平衡。因此，防治滑坡的措施应以排水疏导为主，再配合抗滑支撑措施，或上部减重措施，维持边坡平衡。其主要方法有以下几种。

（1）地面排水

滑坡体以外的地面水，应予拦截引离；滑坡体上的地面水要注意防渗并尽快汇集引出。各种地面排水措施的适用条件以及布置、设计与施工原则见表 2-7。

表 2-7　滑坡排水措施

名称	适用条件	布置及设计施工原则
环形截水沟	滑体外	截水沟应设在滑坡可能发展的边界 5m 以外，根据需要可以设置数条，分段拦截地表水，向一侧或两侧的自然沟系排出。在坡度陡于 1:1 的山坡上，常采用陡坡排水槽来拦截山坡上方的坡面径流，沟槽断面以满足排泄坡面径流为准。如土质渗水性强，应采用黏性土、石灰三合土或浆砌片石铺砌防渗层
树枝状排水系统	滑体内	结合地形条件，充分利用自然沟系作为排水渠道，汇集并旁引坡面径流于滑坡体外排出。排水沟布置应尽量避免横切滑体，主沟宜与滑移方向一致，支沟与主沟斜交处 30°～45°。如土质松软，可将土夯成沟形，上铺黏性土或石灰三合土加固。通过裂缝处，可采用搭叠式木质水槽或陶管、混凝土槽，钢筋混凝土槽，以防山坡变形拉断水沟，使坡面水集中下渗

续表

名称	适用条件	布置及设计施工原则
明沟与渗沟相配合的引水工程	滑体内的泉水或湿地	目的在于排除山坡上层滞水和疏干边坡土体含水。埋入地下部分类似集水渗沟，露出地面部分是排水明沟
平整夯实自然山坡坡面	滑体内	如山坡土质疏松，坡面水易于阻滞下渗，应对坡面整平夯实，填塞裂缝，防止坡面径流汇集下渗
绿化工程（植树、铺种草皮）	山坡滑体内	绿化工程是配合表面排水的一项有效措施，特别对渗水严重的黏性土滑坡和浅层滑坡，效果显著。在滑坡面种植灌木及阔叶果树，可疏干滑体水分，树木根系还能起加固坡面土层的作用。铺种草皮可滞缓坡面径流流速，防止冲刷，减少下渗，避免坡面泥土淤塞沟槽

（2）地下排水

排除滑坡地下水的工程措施，应用较多的是各式渗沟，包括以下几种：

① 支撑渗沟。支撑渗沟用以支撑不稳定的滑坡体，兼起排除和疏干滑坡体内地下水的作用，适用深度（高度）为 2～10m。

支撑渗沟有主干和分支两种。主干平行于滑动方向，布置在地下水露头处或因土中水而坍塌的地方；支沟应根据坡面汇水情况合理布置，可与滑坡移动方向成 30°～45°交角，并可伸展到滑坡范围以外，以起到挡截地下水的作用，如图 2-33 所示。

② 边坡渗沟。当滑坡前缘的路基边坡有地下水均匀分布或坡面大片潮湿时，可修建边坡渗沟，以疏干和支撑边坡，同时，也能起到截阻坡面径流和减轻坡面冲刷的作用。

边坡渗沟的平面形状有垂直的、分支的及拱形的。分支渗沟的主沟主要起支撑作用，而支沟则起疏干作用。分支渗沟可以互相连接成网状布置，如图 2-34 所示。

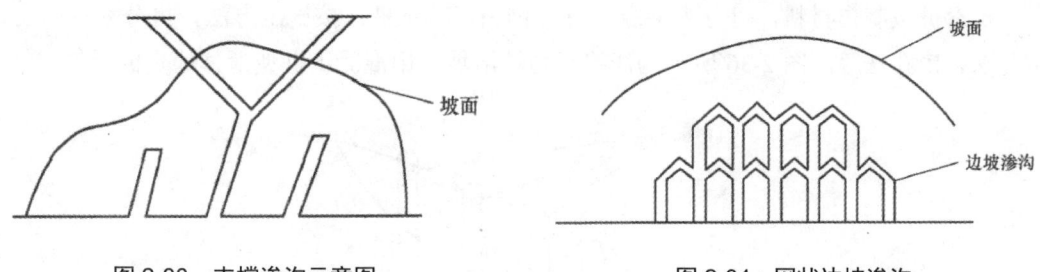

图 2-33　支撑渗沟示意图　　　　图 2-34　网状边坡渗沟

③ 截水渗沟。当有丰富的深层地下水进入滑坡体时，可在垂直于地下水流的方向上设置截水渗沟，以拦截地下水，并排出滑坡体外，如图 2-35 所示。

（3）减重

减重就是在滑坡体后缘挖除一定数量滑坡体面使滑坡稳定下来。这种措施适用于推动式滑坡，即一般滑动面不深，滑床上陡下缓，滑坡后壁或两侧有岩层外露或土体稳定不可

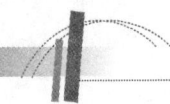

能再发展的滑坡。减重主要是减小滑体的下滑力，但不能改变其下滑趋势，所以减重常与其他措施配合使用。

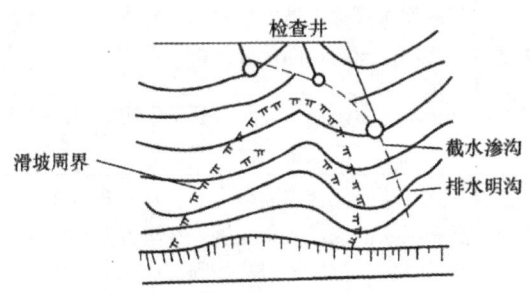

图 2-35　截水渗沟平面布置

（4）支挡工程

支挡工程分如下几类：

① 抗滑垛。抗滑垛一般用于滑体不大，自然坡度平缓，滑动面位于路基附近或坡脚下部较浅处的滑坡。片石垛可用片石干砌或石笼堆成，主要是依靠片石垛的自重增加抗滑力的一种简易抗滑措施。

② 抗滑挡土墙。在滑坡下部修建抗滑挡土墙，是整治滑坡常用的有效措施之一。对于大型滑坡，抗滑挡土墙常作为排水、减重等综合措施的一部分；对中、小型滑坡，抗滑挡土墙常与支撑渗沟联合使用。抗滑挡土墙的优点是山体破坏少，稳定滑坡收效快。抗滑挡土墙一般多采用重力式结构，其尺寸应经计算确定。

③ 抗滑桩。抗滑桩是一种用桩的支撑作用稳定滑坡的有效抗滑措施，一般适用于非塑性体层和中厚层滑坡前缘，以及使用重力式支撑建筑物圬工量过大、施工困难的场合。

抗滑桩按制作材料，可分为混凝土桩、钢筋混凝土桩；按施工方法，可分为打入法、钻孔法、挖孔法等。图 2-36 所示为浅路堑边坡滑坡，用混凝土桩使滑体稳定的示例。

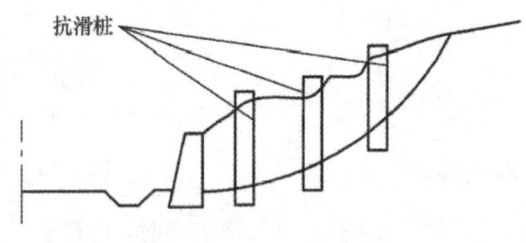

图 2-36　抗滑桩示意图

2. 翻浆的防治技术要点

防治翻浆的基本途径是：防止地面水、地下水或其他水分在冻结前或冻结过程中进入路基上部；在化冻期，可将聚冻层中的水分及时排出或暂时蓄积在透水性好的路面结构层中；改善土基及路面结构；采用综合措施防治。

为了便于应用，现将各种防治翻浆的措施列于表2-8。

表2-8　翻浆的防治措施

编号	措施种类	适用翻浆类型	翻浆等级	适用地区或条件	使用说明
1	路基排水	①②⑤	轻、中、重	平原，丘陵，山区	适用于一切新旧道路
2	提高路基	①②③⑤	轻、中、重	平原、洼地、盆地	新旧路均可用，必要时也可与3、4、5、6、7、9任一类组合细
3	砂（砾）垫层	①②③④⑤	中、重	产砂、砾地区	新、旧路均可用，主要作垫层或与2、4类组合应用
4	石灰土结构层	①②③④⑤	轻、中、重	缺少砂、石地区	新旧路均可用，作基层或垫层，或与3、5类措施组合应用
5	煤渣石灰土结构层	①②③④⑤	中、重	缺少砂、石但煤渣供应有保证地区	新旧路均可用，作基层或垫层，或与4类措施组合应用
6	透水性隔离层	①⑤	中、重	产砂、石地区	适用于新路
7	不透水性隔离层	①②③⑤	中、重	沥青、油毡纸、塑料薄膜供应有保证地区	多用于新路
8	盲沟	①⑤	轻、中、重	坡腰或横向地下水出露地段，地下水位高的地段	新、旧路均可使用
9	换土	①②③⑤	中、重	产砂（砾）或水稳性好的材料地区	适用于新、旧路
10	无纺布土工膜	①②④⑤	轻、中、重	平原区、丘陵区、山区	适用于新、旧路，可与1～9任何一类组合使用

注：翻浆类型及其编号①②③④⑤见表2-5。

（1）做好路基排水，提高路基

良好的路基排水可以防止地面水或地下水浸入路基，使路基土体保持干燥，从而减轻冻结时水分聚流的来源，这是预防和处理地面水类和地下水类翻浆的首要措施。

提高路基是一种效果显著、简便易行、比较经济的常用措施。增大路基边缘至地下水或地面水位间距离，使路基上部土层保持干燥，在冻结过程中不致因过分聚冰而失稳。

提高路基的措施适用于取土方便的路段，并宜采用透水性良好的土填筑路基。路线通

过农田地区时，为了少占耕地，应与路面设计综合考虑，以确定合理的填土高度。在重冰冻地区及粉性土地段，在提高路基时还要与其他措施，如砂垫层、石灰土等配合使用。

（2）铺设隔离层

隔离层设在路基顶面以下 0.5～0.8m 处，其目的在于阻断毛细水上升通道，保持上部土基干燥，防止翻浆发生。地下水位或地面积水较高，又不宜提高路基时，可铺设隔离层。隔离层按使用材料可分为两类：

1）透水性隔离层。透水性隔离层采用碎石、砾石、粗砂或炉渣等做成，其厚度一般为10～20cm。为了防止撤塞，应在隔离层上面和下面铺设 1～2cm 泥炭、草皮防淤层。隔离层底部应高出地面水 20cm 以上，并向路基两侧做 3%～4% 的横坡。隔离层边坡接头的地方，要用大块碎卵石铺进 50cm。

2）不透水隔离层。不透水隔离层分不封闭式和封闭式两种，前者适用于一般路段，用以隔断毛细水；后者适用于地面排水有困难或地下水位高的路段，用以隔断毛细水和横向渗水。不透水隔离层所用的材料可有以下几种：

① 直接喷洒厚度为 2～5mm 的沥青。

② 沥青含量为 8%～10% 的沥青土或沥青含量为 6%～8% 的沥青砂，厚度一般为 2.5～3cm。

③ 2～3 层油毡或塑料薄膜（在盐渍土地区不能使用）。

④ 复合土工膜，一布一膜或两布一膜。

3）隔离层的适用条件及注意事项

①隔离层对新旧路翻浆均可采用，特别适用于新路。

②不透水隔离层适用于不透水路基，在透水路面下只能设透水隔离层。

（3）设置路肩盲沟或渗沟

1）路肩盲沟。为及时排除春融期间路基中的自由水，达到疏干路基上部土体的目的，可在路肩上设置横向盲沟。盲沟适用于路基土透水性较好的地下水类翻浆路段。

盲沟布置应与路中心线垂直，如路段纵坡大于 1%，则宜与路中心线成 60°～70° 的交角（顺下坡方向），两边交错排列，一般 5～6m 设置一道，深为 20～40cm，宽为 40cm 左右。

2）排水渗沟。为了降低路基的地下水位，可在边沟下设置盲沟或有管渗沟。为了拦截并排除流向路基的层间水，可采用截水渗沟。

近年来，开发了一种新型的加筋软式透水管。透水管内衬经磷酸防腐处理并涂敷 PVC 的高强度弹簧硬钢丝，在钢丝圈外紧接纺织三层高强尼龙和特殊纤维制成的滤布和透水层。管体坚固耐用，具有较好的透水、过滤与排水性能，耐酸碱，施工简便，尤其适于各种复杂地形，替代传统的盲沟和渗沟施工时可取得较好效果。

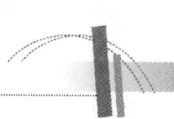

（4）换土

对因土质不良造成翻浆的路段，可在路基上部换填水稳性好、冰冻稳定性好、强度高的粗颗粒土，以提高土的强度和稳定性。

用换土法治理翻浆路段，应突出抓一个"早"字，一经发现翻浆苗头，立即进行开挖，此时用较少的工作量，可取得较好的效果。

换土适用于路基标高受到限制，不能加高路基，且附近有砂性土的路段。

（5）路面结构设计

1）铺设砂（砾）垫层。砂（砾）垫层是用砂砾、粗砂或中砂做成的垫层，具有较大的空隙，能隔断毛细水的上升，化冻时能蓄水、排水，冻融过程中体积变化小，可减小路面的冻胀和变形，而且还具有一定的强度，能将荷载进一步扩散，从而可减小路基的应力和应变。

砂（砾）垫层的厚度可按蓄水原则或排水原则设置。蓄水原则是指春融期间，路基化冻后的过量水分能全部集中于砂垫层中。根据蓄水的需要并考虑砂（砾）垫层被污染后降低蓄水能力的情况，经调查研究得出砂（砾）垫层的经验厚度：中湿路段为 0.15～0.20m；潮湿路段为 0.2～0.3m。排水原则是将春融期汇集于砂垫层中的水分通过路肩盲沟排走。砂垫层厚度应由路面强度及砂（砾）垫层构造和施工要求决定，一般为 0.1～0.2m。

2）铺设水泥稳定类、石灰稳定类或石灰工业废渣类基（垫）层。这类基（垫）层具有较好的板体性、水稳性和冻稳性，可以提高路面的整体强度，起到减缓和防止路基冻胀和翻浆的作用。但在重冰冻地区潮湿路段，石灰土不宜直接采用，必须与其他措施配合应用，如在石灰土下铺设砂垫层等。有关材料的要求及施工规定，可参考 JTG/JF20—2015《公路路面基层施工技术细则》。

3）设置防冻层。高级和次高级路面结构层的总厚度除满足强度要求外，还应满足防冻层厚度要求，以避免路基内出现较厚的聚冰带，从而防止产生导致路面开裂的不均匀冻胀。防冻层厚度可分别按相应路面设计规范的有关规定确定。

（6）翻浆路段的养护

翻浆现象是水分在四季都发生变化的过程。秋季，水分开始聚积；冬季，水分在路基中重分布；春季，水分使路基上部过分潮湿；夏季，水分蒸发、下渗，路基处于干燥状态。因此，在各个季节里，应根据各自不同的现象，采取适当的养护措施，加强预防性的防治工作，以防止或减轻翻浆病害。

1）秋季养护。秋季养护的中心内容是排水，应尽可能防止水分进入路基，保持路基处于干燥状态，以减少冬季冻结过程中由于温差作用向路面下土层聚流的水分。秋季养护是一项最根本的措施，所以要做好下列工作：

① 随时整修路面、路肩、边坡。路面应维护好路拱和平整度，如有裂纹、松散、车辙、

坑槽、搓板等病害，应及时处理，避免积水。

② 路肩应保持规定的排水横坡，边坡要保持规定坡度，要拍压密实，防止冲刷和坍塌阻塞边沟，造成积水。

③ 修整地面排水设施，保证地面排水通畅。

④ 检查地下排水设施，保证地下水能及时排出。

2）冬季养护。冬季养护的中心内容，是采取措施减轻路基水分在温差作用下向路基上层聚积的程度，同时要防止水分渗入路基。所以，冬季养护要做好下列工作：

① 及时清除翻浆路段的积雪。雪层导温性能差，具有保温作用，将减缓路基土冻结速度，使冻结线长期停留在路面下很近地方，路基下层水分有机会大量聚积到路基上层，致使翻浆加重。因此应十分注意除雪工作。

② 经常上路检查，发现路面出现裂缝、坑槽等要及时修补，融化雪水要及时排除。

③ 在往年发现有翻浆而尚未根治的路段以及发现翻浆苗头的路段，应在翻浆前做好准备工作，包括准备好抢防的用料。

3）春季养护。春季是翻浆的暴露时期，在天气转暖的情况下，翻浆发展很快，养护工作中心内容是抢防。当路面出现潮湿斑点、松散、龟裂时，表明翻浆已开始露头。对鼓包、车辙或大片裂缝，行车颠簸，路基发软等现象，应采取相应抢防措施。

路面坑洼严重的路段，除横向外，还应顺路面边缘加修纵向小盲沟或渗水井。渗水井的大小以不超过 40cm 为宜，间距应根据实际情况确定，沟或渗水井的深度应至路面底层以下。

4）夏季养护。夏季是翻浆的恢复期，这时养护的中心内容是修复翻浆破坏的路基、路面，采取根治翻浆的措施。要查明翻浆的原因，对损坏路段的长度、起始时间、气温变化、表面特征、养护情况等进行调查分析，做出记录，确定治理方法和措施。

3. 高填方路基沉陷的处治技术要点

高填方路基于施工和工程完工后在自然环境影响和重复荷载作用下，产生整体下沉、局部沉陷、不均匀沉陷。严重时，影响公路的正常使用，降低了公路的等级。因此，为了更好地发挥公路的正常使用，对高填方路基出现的严重病害，必须采取行之有效的处理办法，使路基处于良好的技术状态。下面介绍几种处治措施，以供处理路基病害时参考。

（1）换土复填法

因填土质量不符合要求，路基出现下沉但面积不大且深度不深时，采用换土复填方法是一种快捷的方法。此法是将原路基出现病害部分的土挖去，更换新的且符合规范要求的土，一般宜采用级配较好的砂砾土，或塑性指数满足规范要求的粉质黏土。回填时，挖补

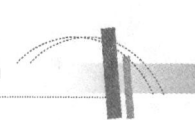

面积要扩大，且逐层挖成台阶状，由下往上，逐层填筑，碾压密实，压实度要求高出原路压实度的 1%～2%。需要时，可结合土工合成材料进行施工。这种方法只要掌握好路基的填筑方法即可，没有复杂的技术要求。

（2）固化剂法

在处理高填方路基的下沉中，如果更换路基填料受到限制，且填筑料数量不大时，可在原填料中掺入一定量的固化剂。

固化剂作为一种特殊的建筑材料，其不同的物理性质和化学组成决定了不同的类别、特点和固化方法。路用材料固化剂从形态上看，可分为固态和液态两大类；从化学构成上看，可分为主固化剂和助固化剂两大部分。其中，固体粉状固化剂中的主固化剂以石灰、石膏、水泥为主，助固化剂采用高聚物（如聚丙烯酰胺、聚丙烯酸）或含有活性基因的有机化合物。液态固化剂中的主固化剂多采用水玻璃，助固化剂则采用各种无机盐（如碳酸镁、碳酸钙等）。固体粉状固化剂与土混合加压，适用于表层或浅层土的固化；液态固化剂在使用时，采用特殊工艺将浆液注入土中使之与土固结，适用于深层土的固结。

目前，固化剂的种类很多，在公路工程中使用时，可根据路用土的种类与固化剂的成分、类型选用。各种固化剂的性能与使用方法可参照有关资料。

（3）粉喷桩法

处理 10m 以内路基下沉病害时，采用粉喷桩加固技术是较为理想的一种方法。粉喷桩处理软弱地基土时会发生的一系列物理、化学反应，从而在原地基中形成强度、刚度较大的桩体，同时也使桩周土体性质得到改善，桩体与桩间土体形成复合地基共同承担外荷载。

使用粉喷桩加固路基前应认真调查路基病害的情况，认真做好粉喷桩施工的设计（桩径、桩距、固化剂掺入量、桩身强度等），施工中要严格掌握固化剂掺入量、粉喷桩龄期、土样含水量、混合料搅拌的均匀性，着重抓好施工中的以下几个环节：

① 严格按粉喷桩施工规范施工。严格掌握钻机的就位、钻进、停钻、提升、停喷、重复的工艺流程。

② 做好粉喷桩的质量控制。粉喷桩处理软基属隐蔽工程，通常是昼夜施工，必须做好粉喷桩的质量控制，内容包括桩距、桩位检查，逐桩控制喷粉量、桩长等。

（4）灌浆法

灌浆法是利用液压、气压或电化学原理，将注浆液均匀地注入地层中，使浆液通过充填、渗透和挤密等方式占据土粒间或岩石裂缝中的空间，人工控制一定时间后，浆液将原来松散的土粒或裂隙胶结成一个整体，形成一个结构新、强度大、防水性能高和化学稳定性良好的"结石体"。灌浆法已在我国煤炭、水电、冶金、建筑、交通和铁道等部门广泛使

用，并取得了良好的效果。

由于浆液的扩散能力与灌浆压力的大小密切相关，所以不同填料及形态的路基，采用多大压力灌浆，主要取决于路基的密实度、强度和初始应力、钻孔深度、灌浆位置及灌桩次序等因素。而这些因素又难于准确预知，因此必须通过现场试验来确定灌浆压力。水泥浆液在不同地质条件和不同灌浆压力条件下，在地下流动的形式不同。当灌浆压力较低时，路基填料渗透性较好，水泥浆在中等程度的情况下以渗流的方式渗入路基土的孔隙，这时认为路基原结构未受扰动和破坏，灌浆量及浆液扩散半径常用线性渗流理论求解。当压力逐渐加大，其他条件不变时，浆液的流动由线性转变为紊流。在紊流条件下的灌浆量与浆液扩散半径常用紊流理论求解。上述两种情况总称为渗流注浆法，适用于碎石、砂卵土填筑的路基。对于黏性土填筑的路基来讲，由于其渗透性很小，通过渗入灌浆法难以奏效。当灌浆压力提高到一定程度时，会发现单位时间注浆量明显上升，实际上黏性土路基已在注浆孔周围发生径向劈裂，浆液沿裂隙流入土体，并将土体切割成不规则的块体，在块体之间形成互相穿插的脉状水泥结石，黏性土又受到充填浆液的压缩，形成一种复合型岩土，从而提高路基的强度和刚度。这种方式称为劈开式或胀裂式灌浆。

用渗入式灌注碎石路基，灌注压力可由小到大，压力控制在 0.5～1.5MPa 即可。黏性土类路基适合采用劈裂法，常用注浆压力范围为 1.0～4.0MPa。

① 布孔原则及方法。根据路基的强度要求，结合固结灌浆的特点、路基形态等因素考虑，遵循既要充分发挥灌浆孔的效率，又有保证浆液留在路基有效范围以内的原则来布孔。布孔时还应考虑路基实际情况。若全幅灌浆，应采用等距离梅花形方格网布孔，中间孔浅，边缘孔较深，孔间距以 2.0m 为宜。

② 成孔钻机选型。成孔必须是干法钻进，钻进时绝对不允许加水，因此应尽量选用小型潜孔钻。该钻优点是成孔较好、进度快、易搬动、操作简单、钻进成本低，尤其对碎石类路基来说作用更为显著，宜广泛推广。

③ 注浆花管。注浆花管应根据钻机钻孔的孔径与孔深而定，根据简单易行的方法选用。一般来说，注浆结束后注浆花管很难拔出，如果强行拔出，则会破坏路基。因此，注浆结束后将注浆花管作为非预应力锚杆留在路基内，可以起到管架的作用，对于提高路基强度有很大好处，尤其对高填方路堤边坡的稳定效果更佳。

④ 灌浆施工的方法。灌浆施工参数主要包括灌浆压力、浆液浓度、灌浆量、灌浆次序等内容。如何选择和控制灌浆压力和浆液浓度等因素，是灌浆施工中首要解决的问题。灌浆压力是保证灌浆质量的重要因素之一。如果压力过小，浆液射流达不到预计范围内，扩散半径小，易形成空白区；如果压力过大，则会破坏路基原结构，抬升路面或冲垮边坡，还会使浆液沿路基薄弱部位冲出路基，达不到灌注目的。因此，在大范围灌注前，应先做

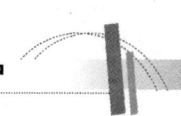

试验，根据注浆段的路基类型，结合单孔注浆量选择合适的注浆压力。浆液浓度通常以水灰比 1:1 为宜。在密实较好的黏土路基中，可适当增大水量，使稀浆更容易且充分地进入黏土路基中。

灌浆次序是指灌孔的受注顺序，一般以三次序灌注为好。应事前根据灌浆孔平面图，设计好灌浆顺序。第一、二灌次孔以单孔注浆量为控制标准，第三灌次为加压灌注。灌浆结束应以设计的终孔压力和平均单孔注浆量为双重控制标准。路基孔隙率由路基压实度确定。

单孔灌注量=排距×孔距×孔深×路基孔隙率

第三章　公路工程中的公路隧道养护

隧道工程随着公路建设规模的逐渐扩大，隧道里程逐年增加，公路养护工程已经相对成熟，而隧道工程的养护起步较晚，养护技术不够完善，本章结合 JTGH12—2015《公路隧道养护技术规范》，详细介绍了养护的具体内容、养护的标准、养护的分类等。

第一节　隧道养护等级

一、隧道养护等级的划分

隧道养护工作范围包括：洞身、洞门、路面和两端路堑、防护措施、排水系统、洞口减光设施以及通风、照明、标志、标线、监控、消防、防冻、消声等设施的检查、保养、维修和加固。

根据公路等级、隧道长度和交通量的大小，公路隧道养护分为三个等级，分级标准按表 3-1 和表 3-2 执行。

表 3-1　高速公路、一级公路隧道养护分级表

单车道年平均日交通量 /[pcu/（d•ln）]	隧道长度			
	$L>3000$	$3000 \geqslant L>1000$	$1000 \geqslant L>500$	$L \leqslant 500$
$\geqslant 10001$	一级	一级	二级	二级
$5001 \sim 10000$	一级	一级	二级	二级
$\leqslant 5000$	一级	二级	二级	三级

表 3-2　二级及二级以下公路隧道养护分级表

年平均日交通量/[pcu/d]	隧道长度			
	$L>3000$	$3000 \geqslant L>1000$	$1000 \geqslant L>500$	$L \leqslant 500$
$\geqslant 10001$	一级	二级	三级	三级
$5001 \sim 10000$	二级	二级	三级	三级
$\leqslant 5000$	二级	三级	三级	三级

二、隧道技术状况的评定

公路隧道技术状况的评定应包括隧道土建结构、机电设施、其他工程设施技术状况评定和总体技术状况评定，如图 3-1 所示。公路隧道技术状况评定应采用分层综合评定与隧道单项控制指标相结合的方法，先对隧道各检测项目进行评定，然后对隧道土建结构、机电设施和其他工程设施分别进行评定，最后进行隧道总体技术状况评定。

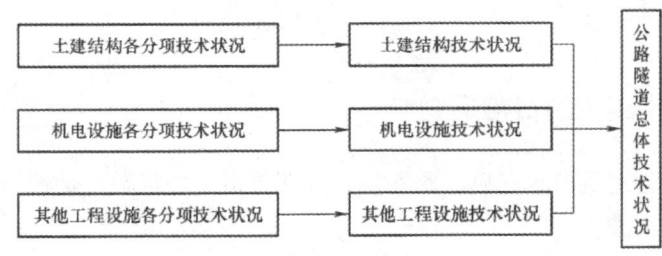

图 3-1　公路隧道技术状况评定

公路隧道总体技术状况评定应分为 1 类、2 类、3 类、4 类和 5 类，评定类型及养护对策如表 3-3 所示。

表 3-3　公路隧道总体技术状况评定类型

技术状况评定类型	评定类型描述		养护对策
	土建结构	机电设施	
1 类	完好状态。无异常情况，或异常情况轻微，对交通安全无影响	机电设施完好率高，运行正常	正常养护
2 类	轻微破损。存在轻微破损，现阶段趋于稳定，对交通安全不会有影响	机电设施完好率较高，运行基本正常，部分易耗部件或损坏部件需要更换	应对结构破损部位进行检测或检查，必要时实施保养维修；机电设施进行正常养护，应对关键设备及时修复
3 类	中等破损。存在破坏，发展缓慢，可能会影响行人、行车安全	机电设施尚能运行、部件和软件需要更换或改造	应对结构破损部位进行重点监测，并对局部实施保养维修；机电设施需进行专项工程
4 类	严重破损。存在较严重破坏，发展较快，已影响行人、行车安全	机电设施完好率较低，相关设施需要全面改造	应尽快实施结构病害处治措施；对机电设施应进行专项工程，并应及时实施交通管制
5 类	危险状态。存在严重破坏，发展迅速，已危及行人、行车安全	—	应及时关闭隧道，实施病害处治，特殊情况需进行局部重建或改建

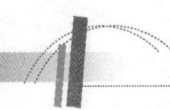

隧道总体技术状况评定等级应采用土建结构和机电设施两者中最差的技术状况类别作为总体技术状况的类别。

第二节　隧道土建结构的养护

土建结构养护工作应包括日常巡查、清洁、结构检查与技术状况评定、保养维修和病害处治等内容。

一、隧道土建结构的日常巡查

日常巡查应对隧道洞口、衬砌、路面是否处在正常工作状态、是否妨碍交通安全等进行检查，包括下列内容：

① 隧道洞口边仰坡是否存在边坡开裂滑动、落石等现象。

② 隧道洞门结构是否存在大范围开裂、砌体断裂、脱落等现象。

③ 隧道衬砌是否存在大范围开裂、明显变形、衬砌掉块等现象。

④ 是否存在地下水大规模涌流、喷射，路面出现涌泥沙或大面积严重积水等威胁交通安全的现象。

⑤ 隧道路面是否存在散落物、严重隆起、错台、断裂等现象。

⑥ 隧道洞顶预埋件和悬吊件是否存在断裂、变形或脱落等现象。

日常巡查频率宜不少于 1 次/d，雨季、冰冻季节和极端天气，应增加日常巡查频率。隧道日常巡查可与路段日常巡查一起进行。日常巡查可采用人工与信息化手段相结合的方式。在日常巡查中，发现路面有妨碍通行的障碍物或其他异常情况时，应视情况予以清除或报告，并做好记录。记录方式可以文字记录为主，并配合摄像等手段。

二、隧道内的清洁

1.隧道清洁的等级及频率

隧道清洁应综合考虑隧道养护等级、交通组成、结构物脏污程度、清洁方式及效率和环境条件等因素确定清洁方案和频率。按照养护等级，隧道清洁维护频率宜不低于表 3-4 和表 3-5 的规定。

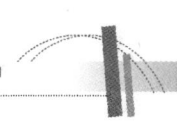

表 3-4　高速公路、一级公路隧道清洁频率

清洁项目	养护等级		
	一级	二级	三级
路面	1 办 d	2 次/周	1 次/旬
内装饰、检修道、横通道、标志、标线、轮廓线	1 次/月	1 次/2 月	1 次/季度
排水设施	1 次/季度	1 次/半年	1 次/半年
顶板	1 次/半年	1 次/年	1 次/2 年
斜井	1 次/半年	1 次/年	1 次/2 年
侧墙、洞门	1 次/2 月	1 次/季度	1 次/半年

表 3-5　二级及二级以下公路隧道清洁频率

清洁项目	养护等级		
	一级	二级	三级
路面	1 次/周	2 次/半月	1 次/月
内装饰、检修道、横通道、标志、标线、轮廓线	1 次/季度	1 次/半年	1 次/年
排水设施	1 次/半年	1 次/年	1 次/年
顶板	1 次/年	1 次/2 年	1 次/3 年
斜井	1 次/年	1 次/2 年	1 次/3 年

2. 隧道内路面

（1）应保持干净、整洁，两侧边沟不应有残留垃圾等物品。

（2）高速公路和一级公路宜以机械清扫为主，清扫时应防止产生扬尘。

（3）路面被油类物质或其他化学品污染时，应采取措施清除。

3. 隧道的顶板、内装饰、侧墙和洞门清洁

（1）应保持干净、整洁，无污垢、污染、油污和痕迹。

（2）顶板、内装饰和侧墙的清洁宜以机械作业为主，以人工作业为辅。

（3）采用湿法清洁时，应防止路面积水和结冰，并应注意保护隧道内机电设施的安全，防止水渗入设施内。清洗用的清洁剂，可根据实际效果选择确定，宜选用中性清洁剂。清洁剂应冲洗干净。

（4）采用干法清洁时，应避免损伤顶板、内装饰和侧墙，以及隧道内机电设施。清洁时应采用必要的降尘措施。对不能去除的污垢，可用清洁剂进行局部特别处理。

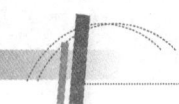

（5）隧道内没有顶板和内装饰时，应根据需要对洞壁混凝土进行清洁。

（6）洞门的清洁应按照侧墙要求执行。

4. 隧道排水设施的清理和疏通

（1）保持无淤泥、排水通畅。

（2）在汛前、汛中和讯后以及极端降水天气后，应对排水设施进行检查和清理疏通。在冰冻季节，应增加排水沟的清理频率。

（3）对于纵坡较小的隧道或隧道的洞口区段，应增加清理和疏通的频率；对于窨井和沉沙池，应将其底部沉积物清除干净。

5. 隧道的标志、标线和轮廓标清洁

（1）所有标线标志应保持完整、清晰、醒目。

（2）当标志、标线和轮廓标表面有污秽，影响其辨认性能时，应及时进行清洗。清洗标志、标线和轮廓标时，应避免损伤其表面覆膜或涂层等。

6. 隧道横通道

隧道横通道内应定期清除杂物和积水。

7. 斜井、检修道及风道

斜井、检修道及风道等辅助通道应定期清除可能损伤通风设施或影响通风效果的异物。

三、隧道结构检查

1. 土建结构检查的一般规定

土建结构检查应包括经常检查、定期检查、应急检查和专项检查，并应满足下列要求：

（1）经常检查应对土建结构的外观状况进行一般性定性检查。

（2）定期检查应按规定频率对土建结构的技术状况进行全面检查。

（3）应急检查应在隧道遭遇自然灾害、发生交通事故或出现其他异常事件后对遭受影响的结构进行详细检查。

（4）专项检查应根据经常检查、定期检查和应急检查的结果，对于需要进一步查明缺损或病害的详细情况的隧道，进行更深入的专门检测、分析等工作。

2. 土建结构经常检查

根据公路隧道养护等级，土建结构经常检查频率应不低于表 3-6 中规定的频率，且在雨季、冰冻季节或极端天气情况下，或发现严重异常情况时，应提高检查频率。

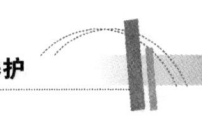

表 3-6　公路隧道结构经常检查频率表

检查分类	养护等级		
	一级	二级	三级
经常检查	1 次/月	1 次/2 月	1 次/季度

通过经常检查，及时发现早期缺损、显著病害或其他异常情况，确定对策措施，经常检查的具体方法如下：

经常检查宜采用人工与信息化手段相结合的方式，配以简单的检查工具进行。应当场填写"公路隧道经常检查记录表"，记录检查项目的缺损类型，估计缺损范围和程度以及养护工作量，对异常情况做出缺损状况判定分类，并提出相应的养护措施。

经常检查以定性判断为主，检查内容和判定标准宜按表 3-7 执行。经常检查破损状况判定分三种情况：情况正常、一般异常、严重异常。

表 3-7　经常检查内容和判定标准

项目名称	检查内容	判定描述	
		一般异常	严重异常
洞口	边（仰）坡有无危石、积水、积雪；洞口有无挂冰；边沟有无淤塞；构造物有无开裂、倾斜、沉陷等	存在落石、积水、积雪隐患；洞口局部挂冰；构造物局部开裂、倾斜、沉陷，有妨碍交通的可能	坡顶落石、积水漫流或积雪崩塌；洞口挂冰掉落路面；构造物因开裂、倾斜或沉陷而致剥落失稳；边沟淤塞，已妨碍交通
洞门	结构开裂、倾斜、沉陷、错台、起层、剥落；渗漏水（挂冰）	侧墙出现起层、剥落；存在渗漏水或结冰，尚未妨碍交通	拱部及其附近部位出现剥落；存在喷水或挂冰等，已妨碍交通
衬砌	结构裂缝、错台、起层、剥落	衬砌起层，且侧壁出现剥落状况，尚未妨碍交通，将来可能构成危险	衬砌起层，且拱部出现剥落状况，已妨碍交通
	渗漏水	存在渗漏水，尚未妨碍交通	大面积漏水，已妨碍交通
	挂冰、冰柱	存在结冰现象，尚未妨碍交通	拱部挂冰，形成冰柱，已妨碍交通
路面	落物、油污、滞水或结冰；路面拱起、坑槽、开裂、错台等	存在落物、滞水、结冰、裂缝等，尚未妨碍交通	拱部挂冰，形成冰柱，已妨碍交通
检修道	结构破损；盖板缺损；栏杆变形、损坏	栏杆变形、损坏；盖板缺损；结构破损，尚未妨碍交通	栏杆局部毁坏或侵入建筑限界；道路结构破损，已妨碍交通
排水设施	缺损、堵塞、积水、结冰	存在缺损、积水或结冰，尚未妨碍交通	沟管堵塞，积水漫流，结冰，设施缺损严重，已妨碍交通

续表

项目名称	检查内容	判定描述	
		一般异常	严重异常
吊顶及各种预埋件	变形、缺损、漏水（挂冰）	存在缺损、漏水，尚未妨碍交通	缺损严重，或从吊顶板漏水严重，已妨碍交通
内装饰	脏污、变形、缺损	存在缺损，尚未妨碍交通	缺损严重，已妨碍交通
标志、标线、轮廓标	是否完好	存在脏污、部分缺失，可能会影响交通安全	基本缺失或严重缺失，影响行车安全

当经常检查中发现隧道存在一般异常情况时，应进行监视、观测或做进一步检查。

当经常检查中发现隧道存在严重异常情况时，应采取措施进行处治。当对其产生原因及详细情况不明时，应做定期检查或专项检查。

3. 定期检查

定期检查的周期应根据隧道技术状况确定，宜每年 1 次，最长不超过 3 年 1 次。当经常检查中发现重要结构分项技术状况评定状况值为 3 或 4 时，应立即开展一次定期检查。定期检查宜安排在春季或秋季进行。新建隧道应在交付使用 1 年后进行首次定期检查。

应通过定期检查，系统掌握结构技术状况和功能状况，开展土建结构技术状况评定，为制订养护工作计划提供依据，并应符合下列规定：

（1）检查需要配合必要的检查工具或设备，进行目测或量测检查。检查时，应尽量靠近结构，依次检查各个结构部位，注意发现异常情况和原有异常情况的发展变化；对有异常情况的结构，应在其适当位置做出标记；此外，检查结果宜量化。

（2）检查内容应按照表 3-8 执行。

表 3-8　定期检查内容

项目名称	检查内容
洞口	山体滑坡、岩石崩塌的征兆及其发展趋势；边坡、碎落台、护坡道的缺口、冲沟、潜流涌水、沉陷、塌落等及其发展趋势
	护坡、挡土墙的裂缝、断缝、倾斜、鼓肚、滑动、下沉的位置、范围及其程度，有无表面风化、泄水孔堵塞、墙后积水、地基错台
洞门	墙身裂缝的位置、宽度、长度、范围或程度
	结构倾斜、沉陷、断裂范围、变位量、发展趋势
	洞门与洞身连接处环向裂缝开展情况、外倾趋势
	混凝土起层、剥落的范围和深度，钢筋有无外露、受到锈蚀
	墙背填料流失范围和程度

续表

项目名称	检查内容
衬砌	衬砌裂缝的位置、宽度、长度、范围或程度，墙身施工缝开裂宽度、错位量
	衬砌表层起层、剥落的范围和深度
	衬砌渗漏水的位置、水量、浑浊、冻结状况
路面	路面拱起、沉陷、错台、开裂、溜滑的范围和程度；路面积水、结冰等范围和程度
检修道	检修道毁坏、盖板缺损的位置和状况；栏杆变形、锈蚀、缺损等的位置和状况
排水系统	结构缺损程度，中央窨井盖、边沟盖板等完好程度，沟管开裂漏水状况，排水沟（管）、积水井等淤积堵塞、沉沙、滞水、结冰等状况
吊顶及各种预埋件	吊顶板变形、缺损的位置和程度；吊杆等预埋件是否完好，有无锈蚀、脱落等危及安全的现象及其程度；漏水（挂冰）范围及程度
内装饰	表面脏污、缺损的范围和程度；装饰板变形、缺损的范围和程度等
标志、标线、轮廓标	外观缺损、表面脏污状况，连接件牢固状况、光度是否满足要求等

检查结果应当场填入"定期检查记录表"，将检查数据及病害绘入"隧道展示图"，发现评定状况值为 2 以上的情况，应做影像记录，并详细、准确地记录缺损或病害状况，分析成因，对结构物的技术状况进行评定。

4. 应急检查

通过应急检查，及时掌握结构受损情况，为采取对策措施提供依据，并应符合下列规定：

（1）应根据受异常时间影响的结构，决定采取的检查方法、工具和设备。

（2）应急检查的内容和方法原则上应与定期检查相同，但应针对发生异常情况或者受异常事件影响的结构或结构部位做重点检查，以掌握其受损情况。

（3）检查的评定标准，应与定期检查相同。当难以判明缺损的原因、程度等情况时，应做专项检查。

（4）检查结果的记录，应与定期检查相同。检查完成后，应编制应急检查报告，总结检查内容和结果，评估异常事件的影响，确定合理的对策措施。

5. 专项检查

通过专项检查，完整掌握缺损或病害的详细资料，为其是否实施处治以及采取何种处治措施等提供技术依据，并应符合下列规定：

（1）检查的项目、内容及其要求，应根据经常检查、定期检查或应急检查的结果有针对性地确定，可按表3-9执行。

表 3-9 专项检查项目

检查项目		检查内容
结构变形检查	公路线性、高程检查	公路中线位置、路面高度、缘石高度以及纵、横坡度等测量
	隧道横断面检查	隧道横断面测量，周壁位移测量（与相邻或完好断面比较）
	净空变化检查	隧道内壁间距测量（自身变化比较）
裂缝检查	裂缝调查	裂缝的位置、宽度、长度、开展范围或程度等
	裂缝检测	裂缝的发展变化趋势及其速度；裂缝的方向及深度等
漏水检查	漏水调查	漏水的位置、水量、浑浊、冻结及原有防排水系统的状态等
	漏水检测	水温、pH 值检查、电导度检测、水质化学分析
	防排水系统	拥堵、破坏情况
材质检查	衬砌强度检查	强度简易测定，钻孔取芯，各种强度试验等
	衬砌表面病害	起层、剥落、蜂窝、麻面、孔洞、露筋等
	混凝土深度检测	采用酚酞液检查混凝土的碳化深度
	钢筋锈蚀检测	剔除检测法、电化学测定法、综合分析判定法
衬砌及围岩状况检查	无损检查	无损检测衬砌厚度、空洞、裂缝和渗漏水等，以及钢筋、钢拱架、衬砌配筋位置及保护层厚度、围岩状况、仰拱充填层密实程度及其下岩溶发育情况
	钻孔检查	钻孔测定衬砌厚度等，内窥镜观测衬砌及围岩内部状况
荷载状况检查	衬砌应力及拱背压力检查	衬砌不同部位的应力及其变化、拱背压力的分布及其变化
	水压力检查	地下水丰富的隧道检查衬砌背后水压力大小、分布及变化规律

（2）检查人员应对有关的技术资料、档案进行调查，并对隧道周围的地质及地表环境等展开实地调查。

（3）对严重不良地质地段、重大结构病害或隐患处，宜开展运营期长期监测，对其结构变形、受力和地下水状态等进行长期观测。监测频率宜取经常检查的频率，当发现监测参数在快速发展变化时，观测频率应提高。

（4）检查完成后，应编制专项检查报告。

6. 土建结构技术状况评定

土建结构技术状况评定应根据定期检查资料，综合考虑洞门、结构、路面和附属设施等方面的影响，确定隧道的技术状况等级。专项检查时，宜按照《公路隧道养护技术规范》规定对所检项目进行技术状况评定。

土建结构技术状况评定应分为 1 类、2 类、3 类、4 类和 5 类，评定类别描述及养护对策见表 3-3。评定应先逐洞、逐段对隧道土建结构各分项技术状况进行状况值评定，在此基

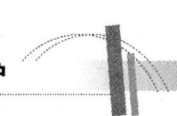

础上确定各分项技术状况，再进行土建结构技术状况评定。

土建结构技术评定方法如下：

（1）土建结构技术状况评分按下式计算

$$JGCI = 100 \times \left[1 - \frac{1}{4} \sum_{i=1}^{n} \left(JGCI_i \times \frac{\omega_i}{\sum_{i=1}^{n} \omega_i} \right) \right] \qquad （3-1）$$

式中　ω_i——分项权重；

　　　$JGCI_i$——分项状况值，值域 0～4。

（2）分项状况值应按下式计算

$$JGCI_i = \max \left(JGCI_{ij} \right) \qquad （3-2）$$

式中　$JGCI_{ij}$——各分项检查段落状况值；

　　　j——检查段落号，按实际分段数量取值。

（3）土建结构各分项权重宜按表 3-10 取值。

表 3-10　土建结构各分项权重

分项		分项权重 ω_i	分项	分项权重 ω_i
洞口		15	检修道	2
洞门		5	排水设施	6
衬砌	结构破损	40	吊顶及预埋件	10
	渗漏水		内装饰	2
路面		15	交通标志、标线	5

（4）土建结构技术状况评定分类界限值宜按表 3-11 规定执行。

表 3-11　土建结构技术状况评定分类界限值

技术状况评分	土建结构技术状况评定分类				
	1 类	2 类	3 类	4 类	5 类
JGCI	JGCI≥85	70≤JGCI<85	55≤JGCI<70	40≤JGCI<55	JGCI<40

（5）对评定划定的各类隧道土建结构应分别采取养护措施

① 1 类隧道应正常养护。

② 2 类隧道或存在评定状况值为 1 的分项时，应按需进行保养维修。

③ 3 类隧道或存在评定状况值为 2 的分项时，应对局部实施病害处治。

④ 4 类隧道应进行交通管制，尽快实施病害处治。

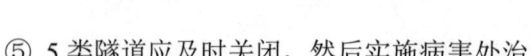

⑤ 5 类隧道应及时关闭，然后实施病害处治。

⑥ 重要分项以外的其他分项评定状况值为 3 或 4 时，应尽快实施病害处治。

四、隧道的保养维修

土建结构的保养维修应包括经常性或预防性的保养和轻微缺损部分的维修等内容，恢复和保持结构的正常使用状况。

应对土建结构经常检查和定期检查发现的一般性异常和技术状况值为 2 以下的状况，进行保养维修。

（一）对有衬砌隧道的检查与养护

1. 衬砌经常检查工作

衬砌是隧道中最重要的结构，它不但承受围岩压力，还受行车荷载的作用。通过各种检查，应将检查结果进行详细记录，同时在现场标以明显的记号。对隧道中出现的各种异常情况，如衬砌开裂、变形，漏水、路面变形等应进行综合分析，查找主要原因，研究治理措施。

2. 隧道衬砌常见病害

（1）衬砌变形、开裂、渗漏水（挂冰）。

（2）衬砌表面腐蚀、剥落及灰缝脱落。

（3）端墙、侧墙、翼墙位移、开裂。

（4）路面拱起、沉陷、错台、开裂。

3. 衬砌变形、开裂治理措施

若发现衬砌背面存在着空隙，造成隧道衬砌变形或开裂，可在衬背压注水泥砂浆，使衬砌受力均匀，有效地利用衬砌强度。

由于衬砌厚度不足、年久变质、腐蚀剥落严重、或裂缝区域较大，影响到衬砌强度，可在衬砌外露面喷射水泥混凝土，其厚度一般为 8～15cm，必要时可加配锚杆及钢筋网。如果建筑限界能满足要求，还可考虑在原衬砌下加筑一层套拱，如图 3-2 所示。

在加筑块石或预制块套拱时，应注意下列事项：

（1）应采用先墙后拱法施工。为加强新旧侧墙的整体性，可在原侧墙上凿锚固孔，埋入钢筋混凝土连系键并填实，再砌新侧墙。

（2）新旧拱圈间应填满水泥砂浆，必要时可加锚固钉连系，如图 3-2 所示。

（3）为保证隧道的净高符合规定，如加套拱后净高不足，可适当降低洞内路面。

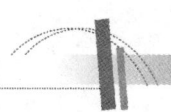

4. 衬砌裂缝稳定时的处理

对已稳定的衬砌裂缝，可采用压注环氧水泥砂浆或水泥砂浆的方法加固。

5. 衬砌表面腐蚀、剥落及灰缝脱落处理

对于衬砌发生表面损坏处理，可先清除表面已松动部分，分段或全面加喷一层水泥砂浆或水泥混凝土保护层，一般喷厚为3～6cm。

6. 端墙、侧墙、翼墙位移、开裂处理

首先，查找出端、侧、翼墙发生位移开裂的原因，进行综合分析后，采取针对性治理措施。

因地基为膨胀性岩层，或承载力不足，而引起墙体局部下沉，可采取下列措施：

（1）扩大基础，提高承载能力

当仅有墙脚内移而不下沉和隧底岩土隆起时，可采用扩大基础提高其承载能力的方法。在隧道内净宽能符合要求的条件下，还可在墙基处增设混凝土支撑以扩大基础，并用钢筋连接，如图3-3所示。

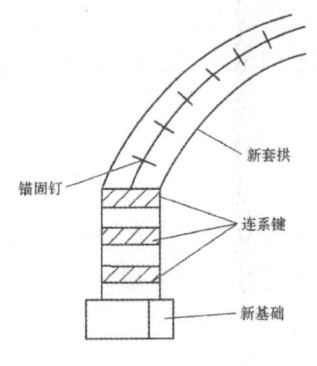

图3-2　衬砌套拱图

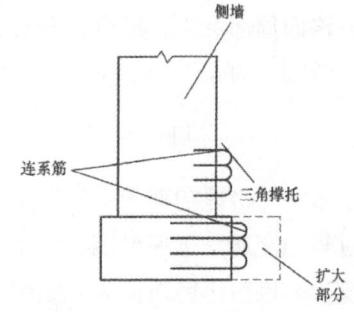

图3-3　钢筋连接图

（2）设置仰拱

隧底围岩软劈下沉或隧底填充上鼓时，可在路面下加设水泥混凝土或钢筋混凝土仰拱，如图3-4所示。边墙基底软弱，可将墙基延伸至坚实稳固的岩层或增设仰拱。若隧底或墙基下由溶洞或其他洞穴而引起衬砌结构开裂时，可加设钢筋混凝土托梁，使墙基与道床设于钢筋混凝土托梁上。

端墙外侧，可采取下列措施：墙背填土改换内摩擦角大的填料；向墙背填土压注水泥浆或化学浆液；完善、修整端墙后的排水系统。

隧道内侧墙外凸（鼓肚），可采取下列措施：向侧墙与围岩之间的填料压注水泥砂浆；用锚杆锚入围岩体内，并用水泥砂浆封固。

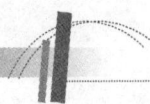
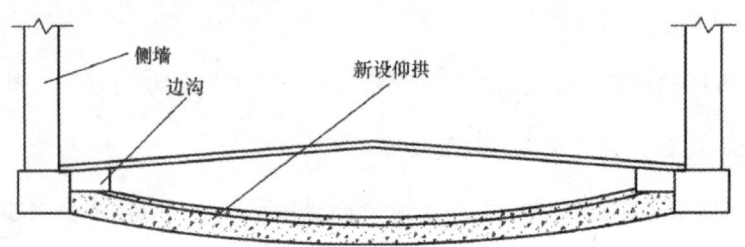

图 3-4　混凝土仰拱图

7. 路面拱起、沉陷、错台、开裂治理

根据检查结果，进行综合分析后，查出主要原因，采取下列相应措施：

由于围岩侧压力过大，两边侧墙内移而引起路面拱起，应在路面下加设水平支撑或仰拱，如图 3-4 所示。

路面局部沉陷、错台、严重碎裂，可采取下列措施：

（1）挖除碎裂路面及其下部已损坏的基层直至围岩，清底后用低强度等级的混凝土重铺基层，再铺面层。如为土质隧道，基层及土基挖除深度，应根据土质围岩具体情况及面层类型通过计算确定。

（2）路面局部沉陷、错台、开裂处，往往伴有严重的渗漏水，应同时治理渗漏水，并将水引入两侧边沟。

8. 隧道衬砌局部坍塌处理

由于未及时治理初期变形，致使变形日益增大，导致局部突然坍塌，可采取下列措施：

暂时封闭交通，迅速用钢、木支架或喷混凝土、锚喷混凝土对坍塌处及其邻近地段进行临时支护，以防止坍塌扩大，如图 3-5 所示。

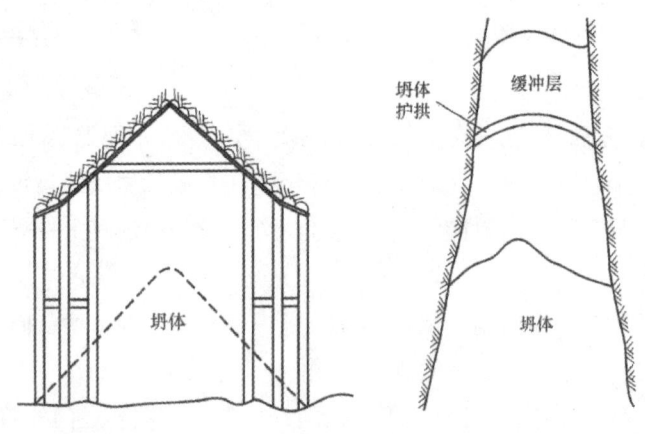

图 3-5　临时支护图

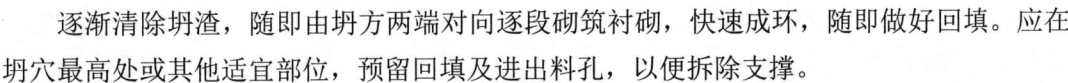

逐渐清除坍渣，随即由坍方两端对向逐段砌筑衬砌，快速成环，随即做好回填。应在坍穴最高处或其他适宜部位，预留回填及进出料孔，以便拆除支撑。

如坍方范围内的围岩不够稳定，在处理坍方过程中有继续坍塌的可能的话，可在坍方范围内选择适当位置做坍体护拱，使施工人员在其掩护下操作。坍体护拱上应以碎渣铺填2m 厚左右作缓冲层。

衬砌结构应适当加强，如加大衬砌厚度、提高衬砌混凝土等级，采用钢筋（或钢骨架）混凝土等。

坍穴回填：拱背应以浆砌片石回填，厚 2～3m。其上再用干砌片石回填，应尽量填满坍穴，然后拆除支撑。

（二）对无衬砌隧道检查与养护

1. 勤检查

及时处理松动、破碎危石。

2. 处治围岩大破碎和危石原则

（1）发现危石，如能清除者应及时清除。当因清除会牵动周围大片岩石时，则可喷浆或压浆稳固。

（2）对不宜清除的小面积碎裂，可抹水泥砂浆稳固。

（3）碎裂范围较大时，根据病害程度及范围，可采用喷射混凝土、锚喷混凝土或挂网锚喷混凝土稳固。

（4）对不能清除又无法压浆稳固的个别危石，应及时用混凝土或浆砌块石垛墙作临时支撑，以确保安全。然后，根据垛墙侵占隧道净空的具体情况，隧道所在的公路性质和交通量大小，研究永久性治理措施。

3. 隧道内孔洞、溶洞或裂隙处理

隧道内的孔洞、溶洞或裂缝，均应封闭。封闭前，将松动的岩石清除。对内小外大的孔洞，可在孔洞外石壁上埋设牵钉、挂钢筋网，喷射或浇注水泥混凝土封闭。对内大外小的孔洞，用素混凝土封闭。有水的孔洞，应预埋泄水孔接引水管，将水从边沟排出。

（三）对水下隧道检查与养护

1. 水下隧道的经常检查工作内容

除应符合前述隧道与养护的主要内容外，根据水下隧道的特点，应对下列各部作重点检查：

（1）检查水下隧道的伸缩缝、施工缝和裂缝的渗水、漏水状况，洞内铁件有无锈蚀，木件有无腐朽。

（2）检查机电设备和照明电路的运行状况，查看各种排水设备的运行状况。

2．水下隧道必须定期进行渗漏水检查

一般应每季度检查一次，并做好检查记录。当隧道内的渗漏水明显时，应定期测量渗漏水的数量（m^3/d）。一般每月测量一次，并做好记录。

3．水下隧道渗漏水的处治

对于水下隧道漏水处治，应根据水下隧道的特点，采取以下措施：

（1）洞内位于地下水位以下部分的衬砌、路面等，在修理、改善时均应采用防水混凝土、防水砂浆或其他防水材料。

（2）当渗漏水比较严重时，可在衬砌与围岩之间的空隙进行回填注浆，对隧道四周一定深度的围岩进行固结注浆。回填注浆一般应采用水泥砂浆；固结注浆采用纯水泥浆。若岩石破碎且位于地下水位以下时，可先采用水泥水玻璃浆液，然后再用高分子化学浆液（丙烯酰胺系或聚氨酯系）注浆；在严重破碎带大涌水地带，可采用高压注浆。

（3）施工缝防水处理，首先沿施工缝剔成宽 4cm、深 9cm 的矩形槽，槽底剔成宽 2cm、深 1cm 的 V 形槽，在槽内埋引水管，用塑胶泥封堵。刷第一道胶黏剂，固化 4h 后立即用防水填料填缝，填缝厚 3cm，填紧压实；固化 24h 后，再按上述工序刷第二道胶黏剂，进行第二次填缝；最后刷一道面胶，固化后用 1:1 的水泥砂浆找平；20d 后通过引水管压注丙烯酰胺液或聚氨酯浆液，如图 3-6 所示。衬砌裂缝防水处理可参照此流程办理。

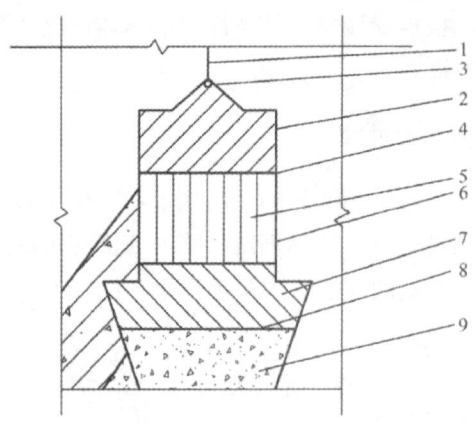

图 3-6　施工缝处理方法图

1—施工缝　2—塑胶泥　3—埋引水管导水　4—刷底胶黏剂　5—防水填料填缝
6—刷胶黏剂　7—防水砂浆填缝　8—刷面胶　9—水泥砂浆找平

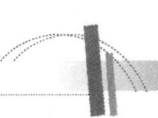

4. 水下隧道内部铁木设施维护

首先，对隧道内部铁木构件，定期检查，进行除锈、防腐和油漆工作，包括所有铁制件除锈油漆和所有木制件的防腐油漆。

5. 定期检查和维修隧道内排水系统

为保证排水，水下隧道的排水泵房内应配备备用水泵，并做定期检查，保持其完好状态。

（四）对明洞与半山洞检查与养护

1. 明洞

明洞上的山体边坡存在危石或崩坍可能时，应及时清除或做加固处理。易坍塌处，还可进行保护性开挖。

明洞上的填土厚度和地表线，应经常保持设计要求。当遇边坡坍方形成局部堆积或遇暴雨洪水原填土大量流失时，均应及时调整到设计状态，以免产生严重偏压导致明洞结构变形损坏。

明洞的防水层已失效或损坏的，应及时修理。其顶部覆盖填土与边坡交接处，应加修截水沟。有必要时，其他部位也可加建完善的防水、排水系统。

明洞所在位置，通常地形、地质条件比较复杂，对地基要求比较高，容易产生各种病害。其处理措施如下：

（1）当地基强度不足，引起两边墙下沉时，可在两边墙间的路面下加建仰拱，以减小地基应力，如图 3-4 所示。

（2）在半路堑地段，特别是深埋基础的明洞外边墙可能向外侧位移时，宜在路面下设置钢筋混凝土横向水平拉杆，锚固于内边墙基础或岩体中，或用锚杆锚固于稳定的岩体中。当地形条件允许时，也可在外边墙外侧加建支撑垛墙。

（3）如因边墙后回填不实导致边墙侧向位移，应将回填不实部分用片石混凝土、浆砌片石回填密实，或喷注水泥砂浆。

（4）当明洞顶设置过水、泥石流等渡槽设施时，应特别注意检查这类设施是否漏水。如有漏水，应及时修补。

2. 半山洞

半山洞的日常养护工作包括下列内容：

（1）半山洞因部分外露，对飘落的雨雪及泥草杂物，以及洞顶掉下的碎石块，应及时清除，并保持边沟畅通。

（2）及时修理、添补缺损的护栏、护墙。

（3）检查半山洞周围山体、洞顶危石及外侧挡墙、边坡的稳定。

半山洞围岩破碎和危石的处治，可按本书前述处治围岩破碎和危石的措施办理。

（五）隧道防护

1. 对危及隧道安全的山体滑动治理

如遇山体滑动，可能引起隧道破坏时，可采取下列保护措施：

（1）修建挡土墙，进行保护性填土，使山体受力平衡，如图 3-7 所示。

（2）保护性开挖洞顶部分山体，减轻下滑重力，如图 3-8 所示。

（3）在滑动面以上的土体不厚的情况下，可在滑动面下端设置锚固桩抗滑，如图 3-9 所示。

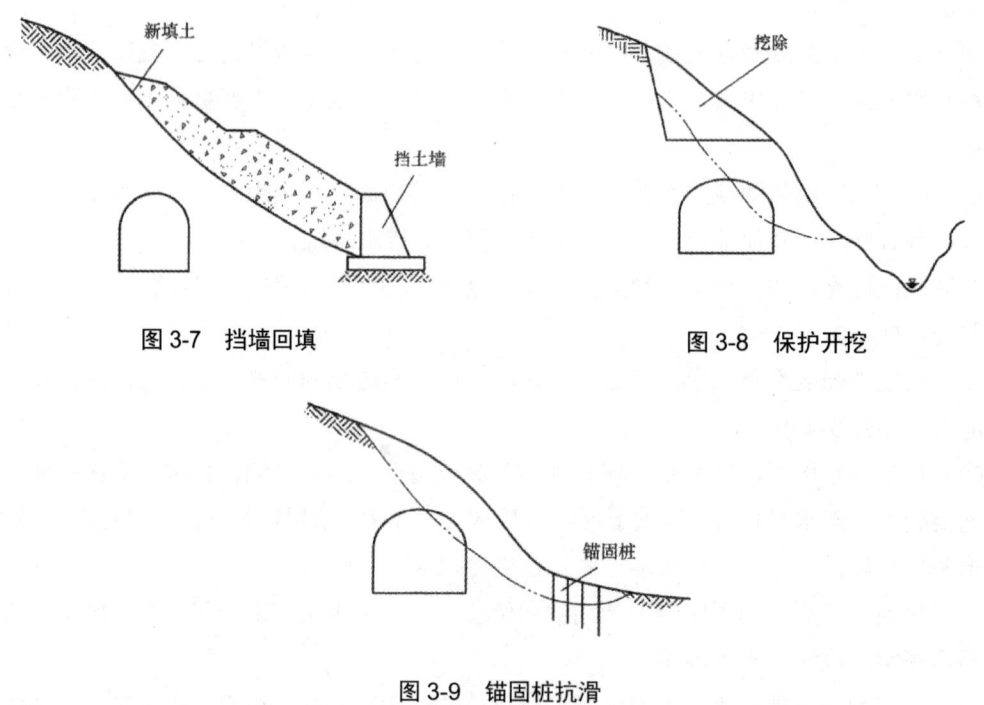

图 3-7 挡墙回填   图 3-8 保护开挖

图 3-9 锚固桩抗滑

2. 对危及隧道安全的山坡岩石破损的治理

隧道处山坡岩石如节理发育、风化严重或有坑穴、溶洞、裂缝现象时，应对地表做下列防护性封闭：

（1）用浆砌片石、石灰土、黏土等填补洞穴，封闭裂缝，整修地表，稳固山坡。

（2）地表岩石松散破碎时，可喷水泥砂浆固结。

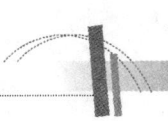

3. 危及洞口安全的山坡坍塌的治理

洞口处的边、仰坡一般较高，当坡率与岩（土）质不相适应导致坍塌时，可采取下列措施：

（1）根据实际的边、仰坡岩（土）质及高度，整修坡率。如坡率无法修整，可局部加筑护面墙或挡土墙。

（2）根据具体条件，边坡、仰坡用绿色植物进行防护。

（3）增建或疏通边坡、仰坡的排水系统。

（六）洞外排水

（1）有坡度的隧道，其上洞口路基边沟及两侧沉砂井应经常清除泥砂杂物，疏导畅通。如地形条件允许，可将边沟纵坡改建成与路面纵坡方向相反，即向洞外方向斜，并在适当地点横向排出路基，使上洞口路基排水不流向隧道，以避免引起隧道内边沟淤塞。

（2）沿河隧道在洪水季节可能进水时，可临时封闭两洞口，以保隧道安全。洪水过后，立即拆除封闭物。

（3）隧道顶山坡上的地表水，应使其迅速排走，尽可能不使水渗入洞身，可采取下列措施：

① 隧道处山坡岩石如节理发育、风化严重或有坑穴、溶洞、裂缝现象应对地表做防护性封闭。修建截水沟、排水沟使漫流顺势排至洞口远处。

② 位于隧道顶山坡上的水渠，应经常检查其渗漏水状况。发现渗漏水，应及时处治。

（七）隧道洞内排水

治理洞内的水，应采取"以防为主，防、排、截、堵相结合"的综合治理原则。对防水层，纵、横、竖向盲沟，明、暗边沟，截水沟，排水横坡，泄水孔等，应及时修理，保持完好、畅通。

隧道内渗透水此时可采取下列措施处治：

（1）增设衬砌背面排水系统，即在边墙内加设竖向盲沟及泄水管，将渗漏水引入隧道的边沟内排出，如图 3-10 所示。

（2）对裂缝集中处的漏水，可采用封闭裂缝埋管排水的方法，如图 3-11 所示，处治程序为：

① 将各漏水缝向选定的排水集中点开凿八字形沟槽。视漏水量的大小，可用透水软管嵌入八字形沟槽内，同时填抹速凝砂浆稳固。

② 在排水集中点埋入一段硬塑管，并用砂浆稳固。在硬塑管外接一排水管，并固定在侧墙上，使漏水排入边沟。

（3）衬砌工作缝处漏水，可加设工作缝环形暗槽，将漏水通过暗槽内的半圆管排入纵向边沟，如图 3-12 所示，处治程序如下：

① 以工作缝为中心，开一个宽 15cm、深 10cm 的槽。清槽，涂沥青一遍。

② 布设玻璃布半圆管，用螺栓将其固定在槽壁上，在半圆管外侧涂抹快凝砂浆。

③ 在快凝砂浆外侧布设铁窗纱两道，用防水砂浆将槽口封平。

（4）对少量渗水，可抹防水砂浆封闭，也可在衬砌表面铺一层防水层。防水材料可用水泥或树脂类材料，但应注意不应使其承受水压。防水层外面还可喷一层水泥砂浆或水泥混凝土保护层，如图 3-13 所示。

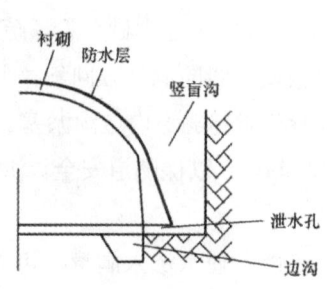

图 3-10　衬砌背面排水

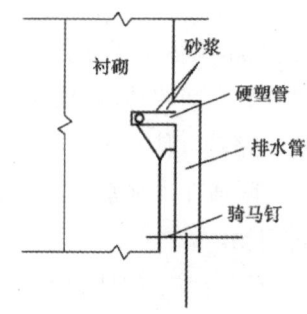

图 3-11　埋管排水

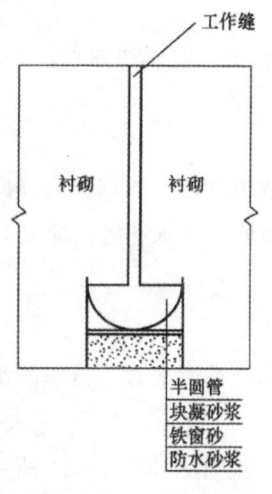

图 3-12　环形暗槽

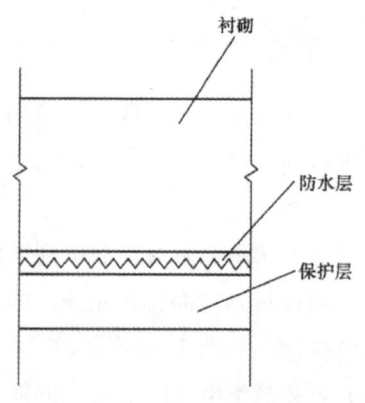

图 3-13　表面防水层

（5）在围岩与衬砌间压注防水水泥砂浆或水泥浆时，可掺入早强速凝剂，形成密闭层以防渗漏。但应注意不得在衬砌背面有排水设施的部位压浆。

（6）设表层导流管，将漏水量大的裂缝顺走向开凿成喇叭形沟槽，嵌入半圆管接水，

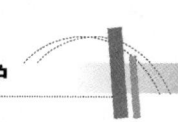

管底用水泥砂浆稳固，用引水管将漏水排入边沟，如图 3-14 所示。

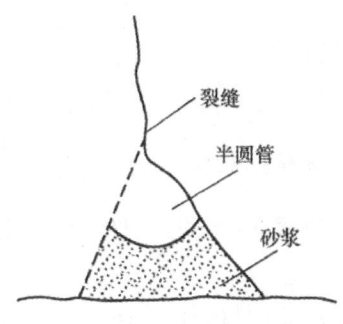

图 3-14　表面导流

（7）无衬砌隧道需加修衬砌前，应根据隧道渗漏水的具体情况，先做好防水、排水设施，然后加修衬砌。地下涌水时，可采取下列方法处治：

① 设横向盲沟并加深纵向排水沟。当涌水量大，必要时还可加修路中心排水沟。

② 修建水泥混凝土路面，并在路面下设隔水层，以阻断地下涌水。

③ 在路面与围岩之间，压注防水水泥砂浆或水泥浆，在围岩与衬砌间压注防水水泥砂浆或水泥浆，可掺入早强速凝剂，形成密闭层以防渗漏。

第三节　公路隧道运营阶段的交通监控与管理

公路隧道运营阶段的交通监控与管理系统技术，包括公路隧道交通监控系统及功能；通风与照明控制；火灾检测及消防设施；隧道异常报警设施和中央管理设施。

一、公路隧道交通监控的目的、内容及组成

1. 配置交通监控系统的目的

（1）为确保隧道高效、安全运营。

（2）为能保持连续、稳定、可靠地工作，效果好，故障发生率低。

（3）对隧道中运营的车辆实施有效监测。

（4）当隧道中发生事故时能快速报警。

（5）实施与各类有关的交通信息的获取、加工、打印及存储。

2. 公路隧道交通监控与管理系统主要内容

（1）隧道交通控制。

（2）隧道通风与照明控制。

（3）隧道异常报警系统。

（4）隧道火灾检测及消防设施。

（5）隧道中央管理设施。

3. 公路隧道交通监控与管理系统的组成

（1）公路隧道交通检测控制与管理。隧道交通检测主要包括交通数据的收集、处理和利用。

（2）公路隧道通风与照明检测监控与管理。通风控制旨在及时检测隧道内一氧化碳浓度、能见度及交通量等基本数据，控制通风量，从而达到保障行车安全的目的。

目前,世界各国广泛采用的方法是利用光照度检测器检测洞外的光照度 L_0 及洞内 $30\sim$ 100m 处的光照度 L_i, 根据 $\dfrac{L_i}{L_0}$ 比值的大小进行照明控制。

（3）隧道火灾检测报警及消防设施。隧道内一旦发生火灾，将会对车、人及隧道结构装置造成巨大损失。因此，建立火灾自动检测及消防系统，及时检测火灾的发生并迅速组织补救工作，可将火灾造成的损失降低到最低限度。

隧道火灾检测与报警装置，主要由两部分组成：火灾检测器和报警器。

（4）公路隧道异常报警设施。隧道内出现交通异常情况，为迅速沟通行车人员与管理人员之间的联系，在隧道内设置紧急电话和报警按钮两种报警设施。

（5）隧道中央管理设施。公路隧道中央管理室中还有电视监视装置、有线广播装置和中央计算机系统等。

4. 隧道中央管理设施

为方便隧道管理人员全面及时了解营运状况，在中央管理室设置中央管理计算机及外围设备，集中管理和控制隧道内的各组成设施。中央计算机控制具有下列功能：

（1）收集各检测装置发送回来的各种数据。

（2）向现场设备发送指令。

（3）接收由键盘输入装置发送来的操作人员的指令。

（4）控制地图板或图形显示板。

（5）在管理系统中有多个处理器之间的通信。

（6）处理和分析后续数据，进行打印和记录汇总数据。

（7）用于现场数据输入和显示过程终端装置通信。

（8）进行数据处理以确定调节率、检测事故、计算交通流特征、鉴别设备故障和格式化等所有输入输出数据。

二、隧道交通检测与管理

公路隧道交通检测与管理技术是公路隧道技术的一个重要组成部分。进一步研究和开发隧道交通安全、检测与控制及管理系统所需设备，这将有助于对隧道检测与管理系统这一新课题的研究。我国公路隧道建设单位在制订公路隧道方案时，要重视隧道交通安全、检测与控制及管理系统的设置。

三、运营隧道通风与有害气体防治

汽车所排出的废气，含有多种有害成分，如一氧化碳、煤烟、铝、磷化物、硫等，是气态和浮游固态微粒的混合物。汽车还能携带尘土和卷起尘埃。总之，隧道内的空气污染，既会造成对人体的危害，又会影响行车安全。

改善隧道内空气污染的途径：生产无公害汽车；使用滤毒装置还原被污染的空气；把污染空气的有害物稀释到允许值以下。

隧道内所需通风量，应根据稀释隧道内空气中的有害物浓度达到允许浓度时所需的新鲜空气量确定。隧道内稀释 CO 所需的新鲜空气量可按下式计算

$$Q_{CO} = k \cdot f_v \cdot f_1 \cdot f_h \cdot \frac{q_{CO} \cdot N \cdot G \cdot L}{\delta_{CO}} \times 10^6 \qquad （3-3）$$

式中 Q_{CO}——新鲜空气需求量（m^3/h）；

      q_{CO}——汽车一氧化碳产生量（$m^3/t\cdot km$），由实测数据计算确定；

      δ_{CO}——氧化碳允许含量（ppm）；

      N——通过隧道的车辆高峰小时交通量（辆/h）；

      L——隧道长度（km）；

      f_v——速度修正系数，见表3-12；

      f_1——坡度修正系数，见表3-13；

      f_h——海拔高度修正系数，见表3-14；

      G——车重（t）；

      k——风量附加系数，$k=1.1\sim1.2$。

表 3-12   速度修正系数 f_v

速度/（km/h） 车辆种类	20	30	40~60	70	80
卡车	1.25	1.05	1.0	1.30	/
小车	1.25	1.05	1.0	1.15	1.25

表 3-13　坡度修正系数 f_1

坡度（%）	−3	−2	−1	0	+1	+2	+3
f_1	0.85	0.90	0.95	1	1.50	2.00	2.50

表 3-14　海拔修正系数 f_h

海拔高度/m	400	600	800	1000	1200	1400	1600	1800	2000	2200
f_h	1.10	1.22	1.37	1.52	1.68	1.83	2.04	2.24	2.46	2.65

注：海拔高度小于 400m 时，f_h 按 1.0 计。

隧道内稀释烟尘所需的新鲜空气量可按下式计算

$$Q_F = k \cdot f_1 \cdot f_h \cdot \frac{q_r \cdot G \cdot D \cdot L}{K} \tag{3-4}$$

式中　Q_F——新鲜空气需求量（m^3/h）；

　　　D——柴油车密度（辆/km），$D = \dfrac{M}{V}$，M 为柴油车百分比折算出的柴油车交通量（辆/h），V 为隧道设计车速（km/h）；

　　　G——柴油车车重（t）；

　　　q_r——柴油车产烟量（$m^3/h \cdot t$），见 JTG/T D70/2-01—2014《公路隧道照明设计细则》；

　　　K——烟尘允许含量（m^1）；

　　　k、f_1、f_h、L 意义同前。

水底隧道的要求较高，从重要性和安全上都希望用可靠性高的全横向式通风方式。水底隧道采用圆形断面较适宜。可以利用车道板下面的空间送风，利用顶棚以上的空间排风，其可靠性相当于两套半横向式通风。

城市隧道，一般交通量较多，交通流也不稳定，而全横向式及半横向式通风不受交通状况的影响，所以可以考虑这两种方式。当在隧道内设置人行道和自行车道时，从安全和舒适的角度讲，全横向通风最为理想。

山岭隧道的通风方式，要考虑经济性，多采用纵向式和半横向式通风。

在选择通风方式时，先要确定隧道内所需通风量，然后考虑自然通风能否满足要求。若自然通风不能满足要求时，应当采用机械通风。

第四章　公路沿线设施的养护

公路沿线设施种类繁多，各高速公路由于所处环境、投资、经营方式、管养方式的不同，其沿线设施也多有不同。公路沿线设施的用途主要包括四大类，即交通安全设施、交通管理设施、服务设施和环保设施。交通安全设施包括护栏、隔离设施、防眩设施、视线诱导设施、标志和标线、防撞垫等。交通管理设施包括通信系统、监控系统、收费系统、供配系统。服务设施按照使用性质分为收费小区、管理小区、养护小区和服务小区。环保设施则由绿化工程、减噪工程、护坡以及排水工程等构成。公路交通工程以及沿线设施的完善和运营良好是保障高速公路的服务性能和行车安全畅通的重要条件。因此，加强对沿线各类交通设施的养护与管理，及时修复损坏的部分，是公路养护的重要内容之一。

第一节　交通安全设施的养护

公路交通安全设施是保障行车、行人安全的重要措施，必须进行及时的养护维修，使其保持良好的服务状态。交通安全设施的养护内容包括检查、保养维护和更新改造。检查包括经常性检查、定期检查、特殊检查和专项检查，平时应加强日常巡查。

交通安全设施养护的基本要求如下：

（1）经常性检查的频率不少于 1 次/月；定期检查的频率不少于 1 次/年；遭遇自然灾害、发生交通事故或出现其他异常情况时，应及时进行附加的特殊检查；设施更新改造之后，应进行全面的专项检查。

（2）结合设施特点，加强对交通安全设施的养护维修和更新改造。

（3）交通安全设施的养护应满足设施完整和外观质量、安装质量、技术性能等各项质量的要求。

（4）因交通事故、自然灾害或其他原因造成的设施损伤应及时进行修复。

（5）采用常青绿篱和绿色植物进行隔离和防眩时，参照 JTG H10—2009《公路养护技术规范》中公路绿化的相关规定进行养护。

（6）对于事故多发路段和一些特殊路段，应结合公路安全保障工程的技术内容，及时

改造完善各种交通安全设施。

（7）交通安全设施的养护质量参照现行 JTG H20—2002《公路技术状况评定标准》进行评定。

一、护栏

护栏是公路交通工程中十分重要的安全措施，护栏的主要作用是诱导驾驶员视线，增加驾驶员和乘客的安全感，防止失控车辆驶出公路外或进入对向车道，减轻对车辆、人员和财产的损害程度。同时护栏可以控制行人随意穿越公路，保障行人的安全。护栏主要布置在公路两侧和中央分隔带处，根据其防护的机理的不同可分为刚性护栏、半刚性护栏、柔性护栏三大类。常见的有波形梁钢护栏、缆索护栏、混凝土护栏以及桥梁护栏。

1. 护栏的养护内容

（1）每季度检查结构有无损坏变形，有无脱漆、锈蚀，有无拉锁松弛，有无护柱缺失。

（2）经常清除周围杂草、积物，脱漆应修补；当反光层脱落时要及时贴补。

（3）由自然灾害及交通事故造成的损坏变形，应按原样修复，护柱损坏丢失应补充更换。

（4）路基路面标高变化后，护栏高度应予以调整。

（5）严重锈蚀的金属护栏应予以更换。

（6）涂有油漆的护栏或护柱，应定期重新刷油漆，周期可按当地气候、油漆质量决定，一般 1～2 年一次。

2. 护栏的养护要求

（1）波形梁钢护栏

波形梁钢护栏是半刚性护栏的主要形式，它是一种以波纹状钢护栏板互相拼接并由主柱支撑的连续结构，如图 4-1 所示。它利用土基、立柱、横梁的变形来吸收碰撞能量，并迫使失控车辆改变方向恢复到正常的行驶方向，防止车辆冲出路外。

图 4-1　波形梁钢护栏

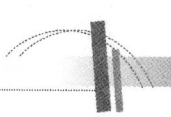

波形梁钢护栏刚柔相兼，可在小半径弯道使用，损害易更换。组合式波形梁钢护栏可在窄中央分隔带上使用。其具体的养护内容包括以下几点：

① 保持波形梁钢护栏的结构合理、安全可靠。

② 护栏板、立柱、柱帽、防阻块（托架）、坚固件等部件应完整、无缺损。

③ 护栏质量符合相关标准要求。

④ 护栏的防腐层应无明显脱落，护栏无锈蚀。

⑤ 护栏板搭接方向正确，螺栓坚固。

⑥ 护栏安装线形顺畅，无明显变形、扭转、倾斜。

（2）水泥混凝土护栏

水泥混凝土护栏是具有一定断面形状的墙式护栏结构，通过汽车与护栏面接触并沿着护栏面爬高和转向来吸收碰撞能量并使得汽车恢复正常的行驶方向。混凝土护栏适合于中央分隔带较窄的路段和路侧十分危险必须防止车辆越出的路段。其养护要求如下：

① 保持护栏线形顺畅、截面形状和几何尺寸合理。

② 护栏应无明显裂缝、掉角、破损等缺陷。

③ 护栏使用的水泥、砂、石、水、外加剂、钢筋等材料质量应符合相关标准、规范及设计要求。

④ 水泥混凝土护栏的几何尺寸、地基强度、埋置深度，以及各块件之间、护栏与基础之间的连接应符合设计要求。

（3）缆索护栏

缆索护栏是柔性护栏的主要形式，主要依靠缆索的拉应力来抵抗车辆的碰撞，吸收碰撞能量，如图 4-2 所示。缆索护栏施工复杂，端部立柱损坏修理困难，不适合在小半径曲线路段使用，视线诱导性较差，常见于风景区公路。养护时应注意各组成部件有无缺损以及有无明显变形、倾斜、松动、锈蚀等现象。对于缆索护栏使用的缆索、立柱、锚具等材料质量应符合相关标准、规范及设计要求。

图 4-2 缆索养护

二、隔离栅

隔离栅，如图 4-3 所示，是用于汽车专用公路进行隔离封闭的人工构造物，可以有效地排除横向干扰，阻止无关人员以及牲畜进入、穿越高速公路及汽车专用一级公路，防止非法侵占公路用地等现象的发生，避免由此产生的交通延误或交通事故，保证车辆快速、舒适、安全地运行。

1. 隔离栅的养护内容

（1）日常巡视，检查隔离栅主要构件的损坏和变形情况。

（2）定期检查隔离栅的污秽程度，油漆有无脱落以及金属的生锈情况。

2. 隔离栅的养护要求

（1）保持隔离栅的完整无缺，功能正常。

（2）定期检查，及时修补隔离栅金属网片、立柱、斜撑、连接件、基础等部件的缺损部分。

图 4-3　隔离栅

（3）质量应符合相关标准要求。

（4）隔离栅无明显倾斜、变形，各部件稳固连接。

（5）隔离栅防腐涂层无明显脱落、锈蚀现象。

三、防眩设施

防眩设施，如图 4-4 所示，是防止夜间行车受对向车辆前照灯炫目的人工构造物，通常设置于公路的中央分隔带上，且与护栏、隔离设施等配合使用。防眩设施有板条式的防眩板、扇面式防眩大板、防眩网、防眩棚等构造形式。防眩设施可以改善夜间行车条件，提高驾驶员的视距，消除驾驶员夜间行车的紧张感，降低交通事故的发生率。

图 4-4 防眩设施

1. 防眩设施的养护内容

（1）定期检查防眩板是否完整、缺失，对发现缺失的应及时补缺。

（2）检查金属材料是否脱漆生锈，通常每年需进行除锈涂漆。

2. 防眩设施的养护要求

（1）防眩板、防眩网等防眩设施应完整、清洁，具有良好的防眩效果。

（2）防眩设施应安装牢固，无缺损。

（3）防眩设施应无明显变形、褪色或锈蚀。

（4）防眩设施的质量应符合相关标准要求。

四、其他交通安全设施

除护栏、隔离栅以及防眩设施之外，公路交通安全设施还包括里程碑、百米桩、道口标柱、公路界碑、防落网、锥形交通路标、公路防撞桶、减速垫、安全岛、平曲线反光镜、声屏障、示警标柱等，除日常巡视之外，应及时清除设施上的污秽及周边的垃圾、杂草等遮挡物，及时修补破损和缺失，定期进行设施的脱漆和生锈处理。对于公路技术指标、地质条件以及路线等发生变化或局部修改之处要及时进行相应的安全设施的补充和调整工作，保证公路的服务水平和运营的安全舒适。

第二节 公路交通标志的养护

公路交通标志是用图形符号、颜色和文字向交通参与者（驾驶员、乘客、行人、管理者等）传递特定信息，用于管理交通的设施。交通标志根据功能可以分为主标志、辅助标志以及其他标志三大类。其中主标志包括警告标志、禁令标志、指示标志、指路标志、旅游区标志以及公路施工安全标志五种；辅助标志则附设在主标志下起辅助说明作用；其他标志主要为特定因素布设的告示性、警告性以及可变信息标志，如示警桩、导向标、情况告示牌以及施工标志等。

交通标志的设置位置、设置方式等应根据公路的几何线形、车道数量、交通流量、流向和交通组成、公路沿线状况、沿线设施、出入口、交叉口的重要性及交通状况、标志的类型及重要性等因素综合考虑，确保公路使用者能根据交通标志的指示安全、顺畅、舒适地驾驶和行走。

交通标志主要由标志面、标志底板、支架、基础及紧固件组成，其构成材料应满足驾驶员对标志的视认要求和风荷载的强度要求。

1. 公路交通标志的养护要求

公路交通标志的养护应符合下列要求：
（1）保持交通标志设置位置和角度合理，结构安全，版面内容整洁、清晰。
（2）标志板、支柱、连接件、基础等标志部件应完整、无缺损且功能正常。
（3）标志应无明显歪斜、变形，钢构件无明显剥落、锈蚀。
（4）标志面应平整，无明显褪色、污损、起泡、起皱、裂纹、剥落等病害。
（5）标志的图案、字体、颜色等应符合相关标准要求。
（6）反光交通标志应保持良好的夜间视认性。

2. 公路交通标志的养护内容

公路标志设置后应认真养护，使其经常保持完整、齐全和鲜明的良好状况。在日常巡视中，当发现公路交通标志出现异常时应及时进行养护修理，使其恢复到正常状态。

公路交通标志的养护和修理的主要内容如下：
（1）及时清理或修整标志周边阻碍视线的树木、广告牌等遮蔽物，必要时可在规定范围内进行位置和角度的调整，定期刷新。
（2）及时修复标志牌、支柱的变形、损坏的部分；对标志牌以及松动支柱及时进行紧固。
（3）清除牌面污秽，保持标志牌牌面鲜明清晰，对于脱漆部分进行补刷，当褪色严重时应重新进行油漆。
（4）检查标志牌照明设施情况以及基础或底座的情况，对于损坏部分应及时进行加固修复。
（5）检查反光标识的反射性能，对于反射材料剥落和缺失的部分进行修补；当腐蚀（生

锈）严重造成反射能力降低而影响夜间行车安全时应及时予以更换。

（6）设置的标志有类似、重复、影响交通的情况，或设置位置和指示内容不符合时，应进行必要的变更。

公路标志除进行日常巡视养护外，在遇到暴风雨、洪水、地震等严重自然灾害或交通事故后，应进行临时检查。检查的内容包括公路标志是否被沿线的树木、广告牌等遮蔽，牌面及支柱是否变形、损坏，牌面是否鲜明；标志位置是否被移动，角度是否适合；基础情况是否完好，照明装置功能是否正常；标志是否折断、丢失。此外，根据公路条件变化（如新增或取消路口、新建或改建桥梁、窄路拓宽等）或交通条件变化（如追加或变更交通管制等）检查标志设置地点指示内容、标志相互位置关系等是否适当，以及显示器、主控制机、输送线路等工作状态是否正常等。

3. 轮廓标

轮廓标是用于指示公路前进方向和边界的，具有逆反射性能的交通安全设施，包括柱式轮廓标和附着式轮廓标两种。当路侧无构造物时，轮廓标以柱体形式独立设置于路边土路肩中；当路侧有护栏或其他构造物，包括挡墙、桥墩、桥台和隧道侧墙等时，轮廓标可附着于构造物的适当位置上。对于路侧已设置护栏、示警桩或路肩栽植行列式乔木时可不设轮廓标。

轮廓标上的逆反射体或逆反射材料在夜间灯光的照射下可以清晰地显示公路边缘的轮廓，对于保证驾驶员夜间行车安全十分重要，是交通安全设施的重要组成部分。在养护时应保证其表面清洁，反射体无褪色缺损，性能良好。具体养护内容如下：

（1）定期清洗轮廓标表面污秽，对影响轮廓标标识的杂草、树木等及时进行清理。

（2）对发生倾斜或松动的标柱进行紧固，发生变形、破损的部分应及时进行修复或更换。

（3）油漆脱落部分或金属表面锈蚀部分应重新漆涂或刷新。

（4）对于反光矩形色块剥落的部分应及时进行贴补以保证其在夜间良好的视认性。

（5）对轮廓标缺失的应及时补充。

第三节　公路交通标线的养护

公路交通标线是在高级、次高级路面上用漆类物质喷刷，或用薄膜粘贴，或用混凝土预制块、瓷瓦等做成的一种交通设施。交通标线是引导驾驶员视线，管制驾驶员驾车行为的重要手段。通过与标志牌的配合使用，交通标线可以对交通进行有效的管制，确保车辆

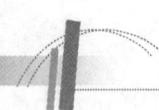

分道行驶，避免无序驾驶，以达到通畅和安全的目的。公路交通标线包括各种路面标线、箭头、文字、立面标记以及突起标志等。

高速公路、一级公路、二级公路均应设置路面标线，其他公路可根据需要按标准设置标线。路面标线应采用耐磨耗、耐腐蚀、黏着力强、具有良好的辨识度、便于施工、对人畜无害的路标漆、塑料标带、陶瓷和彩色水泥等材料制作。

1. 交通标线的养护要求

交通标线的设置应根据公路等级、车道数量、交通流向、出入口以及交通状况综合考虑。正确设置交通标线能合理地利用公路有效面积，改善车流行驶条件，增强公路通行能力。对于路面交通标线的养护应符合下列要求：

（1）路面标线应具有良好的可视性，边缘整齐、线形流畅，无大面积脱落。

（2）标线的颜色、线形等应符合 GB 5768—2009《道路交通标志和标线》的规定和要求。

（3）反光标线应保持良好的夜间视认性。

（4）重新画设的标线应与旧标线基本重合。

2. 交通标线的养护内容

公路交通标线的养护目的主要是保持各类交通标线和标记的颜色鲜明醒目，保证其正常的使用功能。主要养护内容如下：

（1）当路面标线污秽不清影响辨认时应及时进行清洗。

（2）当路面标线磨损严重或脱落影响辨识时应重新进行喷刷和修复，修复标线应与原标线位置对应，不可错开。

（3）由于路面局部修补或施工造成标线缺失或覆盖时，应在施工结束后及时予以补刷喷涂，如图 4-5 所示。

（4）当交通规划发生调整时应及时配合相关部门对已有标线进行修改和调整，避免发生冲突，如图 4-6 所示。

（5）立面标记应保持颜色鲜明、醒目。

3. 突起路标

突起路标是固定于路面上起标线作用的突起标记，可在高速公路或其他公路上用来标记中心线、车道分界线、边缘线，也可用来标记弯道、进出口匝道、导流标线、公路变窄以及路面障碍等危险路段，如图 4-7 所示。突起路标通常与路面交通标线配合使用，设置在行车道的边缘外侧或车道分界线的虚线处。突起路标养护的主要内容是保持其良好的反射性能，具体的养护应符合下列要求：

（1）突起路标应无严重的缺损。

（2）破损的突起路标应不对车辆、人员等造成伤害。

（3）突起路标应无明显的褪色。

（4）突起路标的光度性能应保持其在夜间良好的视认性。

图4-5　交通标线补刷

图4-6　交通标线调整

图4-7　交通标线突起路标

第五章　高速公路养护管理

第一节　高速公路养护管理概述

高速公路是专供汽车分道分向高速行驶并全部设置立交、全部控制出入的公路，它采用较高的技术标准和较完善的交通工程设施，反映公路的最新、最高技术水平。高速公路一般具有标准高、质量好、设计车速高、承载与通行能力大、运输成本低、使用寿命长、交通事故少等特点，具有快速、安全、舒适、全天连续运行的功能。因此，高速公路的养护必须做到快速、高效、保证质量和安全，避免养护作业影响车速或中断交通，造成不必要的经济损失。

一、高速公路养护管理的作用和特点

1. 作用

（1）了解并正确评价养护对象状况及服务水平，及时安排日常养护、专项养护及大修作业，保证高速公路良好的行车环境。

（2）发现并及时弥补由于设计或其他原因造成的公路及其设施的先天不足和使用缺陷。

（3）提前预防公路及设施病害的发生，及时治理随时出现的损坏，尽可能延长公路及设施的使用寿命，延缓大修周期，降低运营管理成本。

（4）减少或杜绝由于公路及设施维护不当给用户及使用者带来的意外损害，避免为此引发的不必要法律纠纷。

2. 特点

（1）养护实施的强制性

由于我国高速公路既是国家基础设施又具有收费的特性，因此，保证高速公路良好的使用性能和优秀的服务水平，就成了养护管理的首要任务。养护工作的任何懈怠和疏忽不仅会对公路及其设施本身造成潜在危害，也会对高速行车的驾乘人员构成严重生命威胁。因此，高速公路的养护应当是一种强制性的养护。

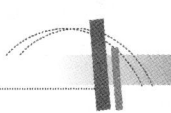

（2）养护对象的广泛性

高速公路的养护对象除公路、桥涵、隧道及其沿线附属设施之外，还应当包括交通工程设施，监控、通信、照明设施，绿化、环保、园林设施，棚亭建筑设施，以及各种生活服务设施等。

（3）养护的高成本性

由于高速公路建设标准高、养护范围广、材料选用较精、机械规模及使用比例较大、施工程序复杂，且保护措施较全、现代化设施较多等原因，高速公路养护管理的成本要比一般公路高出许多，但这种投入不仅合理也十分必要。高速公路的养护投入换来的是公路及设施的长久完好，是服务水平的不断提高，是通行费收益和社会效益的双重回报。

（4）养护方式的独特性

高速公路养护面对的是大交通下的快速通行环境，这种环境对高速公路的养护方式也提出了更高的要求。首先，在养护管理上要建立一整套病害尽早发现并迅速治理的快速反应机制；其次，在养护过程中要确立时间意识，尽量缩短作业时间，尽早保证开放交通；第三，高速公路养护要严格履行安全操作规程，除具体的养护工艺环节外，还要按规定设置不同的交通安全管制区段，并在限定的区段内作业。此外，还有诸如高速公路因其路线长、设施多、流动性强，必须最大限度地采用并依靠机械作业，以便提高高速公路的养护质量与效率等。

（5）养护技术的复杂性

高速公路养护除需要具备机械化、专业化技术外，还需要随着养护管理的发展不断探索新技术、新工艺和新材料。例如，路面高强修补、桥梁伸缩缝修复、护栏快速更换、通道防渗处理、土工合成材料综合使用等，这些都是今后高速公路养护管理中普遍遇到的需要认真研究的课题。同时，在养护检测手段上，也要不断配备现代化设备，以适应高速公路长距离、多点位的快速检测及分析方式。此外，高速公路养护对象广泛，监控、通信、收费等各种现代化设施的科技含量较高，也将会促进养护技术含量的进一步提高，使养护技术呈现更大的复杂性。

除此之外，高速公路养护管理还有注重环保、向过往用户提供服务等其他特点。

二、高速公路养护管理的任务

高速公路养护管理的目的是通过有针对性的及时养护，使高速公路及其设施经常处于良好的技术状态，从而保证高速公路具有快捷、畅通、舒适、安全、经济、美观的使用功能。从上述目的出发，高速公路养护管理的主要任务有：

（1）进行路况及管理设施调查，通过管理数据库，建立高速公路及设施的综合评价体系。

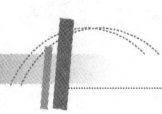

（2）根据高速公路及设施的运营状况，制订可行的养护计划和规划，实施有针对性的及时养护，保证高速公路健全的服务功能。

（3）不断探索新的养护技术与管理措施，积极采用新技术、新材料、新工艺、新设备，以最经济的方式实现最佳的养护效果。

（4）努力推行并建立合理、高效的机械化养护方式，不断提高机械配备率和机械作业的占有率，保证高速公路养护的速度与质量。

（5）建设一支能适应高速公路现代化养护的管理队伍，变被动养护为主动养护，变静态养护为动态养护，达到养护的高标准、高质量、高效率、高机动性的要求。

三、高速公路养护管理的内容

高速公路养护管理涉及的内容十分广泛，但归纳起来，大致可分为如下几个方面：

1. 为保持路况及设施完好而进行的日常维护保养

高速公路日常维修保养是确保高速公路正常使用功能的重要手段，它具有经常性、及时性、周期性的特点。高速公路日常维护保养一般包括路基路面保养、桥涵隧道保养、沿线设施保养、机电设备保养、绿化保养等。日常维修保养作业具有点多、线长、面广、分散，以及移动作业等特点，往往受自然因素影响较大。在施工组织上一般采用专项责任承包或分段综合承包等方式，这样可以更好地落实责任，提高养护质量和考核力度。日常维护保养是高速公路养护资金使用的主要方面。

2. 为加固完善公路及运营设施而进行的专项工程

专项工程是在保证交通的情况下进行的规模性养护施工，是对高速公路及其附属设施的一般性磨损和局部损坏进行修理、加固、更新、完善的作业，是针对不同养护对象提出的具有保护作用的维护措施。这些工作对于防止高速公路及运营设施的后期损坏、减少日后长期费用的支出具有重要意义，在实际养护中常被列入专项工程计划，由专业施工队伍实施。

高速公路专项工程会随着高速公路使用年限的增长而逐年增多，根据资金状况对其进行合理预测与安排，是不断提高高速公路服务水平的重要一环。

3. 为恢复或改进原设计功能而进行的大修工程

高速公路大修工程是指高速公路及其附属设施已达到其服务年限，必须进行应急性、预防性、周期性的综合修理，使之全面恢复原设计状态，或根据高速公路发展的要求进行的局部改善工程。大修工程内容包括重建或增建的防护工程、整段路面的改善工程、增建小型立交或通道、大中桥梁改善、沿线设施的整段更换、房屋建筑的改造、监控收费系统

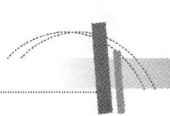

的改造以及站区广场的改造等。这些项目一般按年度做出规划，在养护费用中列支。

4. 对沿线景观、绿地的绿化美化和环境保护

绿化美化是高速公路养护管理的重要内容之一。这项工作一般包括沿线中央分隔带及边坡的绿化养护、站区及办公环境绿化养护、服务区绿化养护、沿线特殊景点的绿化养护，以及苗圃的保养等。它对于提高沿途景观效果，改善驾乘人员的视觉印象，表现地区人文环境，体现高速公路运营管理水平等都有着不可低估的作用。高速公路的绿化美化工作一般都列入高速公路日常维修、保养与专项工程之中，并根据高速公路管理的需要，有计划地完成。

此外，做好环境保护也是高速公路养护的重要内容。其中噪声控制设施、生态保护设施，以及结合绿化进行的绿化美化工程等，是高速公路环保养护的重点。

5. 灾害及恶劣气候条件下的抢修及应急对策

高速公路在运营过程中，会遇到不良灾害天气的侵害，如飓风、暴雨、山洪、冰雪、地震和岩体滑塌等。这些情况尽管发生的机会较少，但造成的危害很大，往往会使高速公路运营工作陷入瘫痪。因此，对上述危害做好充分的物质准备，制定切实可行的抢修预防和快速反应机制，是高速公路养护管理不可缺少的重要内容之一。重大灾害造成的路基路面损害、桥涵结构物损害的修复，依据其工程量的大小一般都列入高速公路大修工程的范围。此外，在冰雪等恶劣条件下，尽快改善通行条件，减少高速公路不必要的关闭，则是高速公路养护管理经常遇到的问题，处理是否及时将直接影响着高速公路的社会效益和经济效益。

6. 沿线机电设施的维护与管理

机电设施的维护与管理是高速公路养护区别于一般公路养护的重要特征，也是保证高速公路正常运营的不可缺少的重要环节。机电设施的维护一般包括监控、收费系统维护，通信系统维护，通风照明系统维护，供配电系统维护以及消防等。这些工作往往具有技术要求高、程序复杂、危险性大等特点，维护人员须经培训或持有专业证书方可上岗作业，在执行规范和规章方面，有着较严格的要求。

除此之外，高速公路养护工作还涉及机械设备管理、作业安全管理以及养护技术管理等很多内容，这些内容构成高速公路养护的保障体系，是不可缺少的重要组成部分。

四、高速公路养护管理的分类

按照不同的表述方式，高速公路养护管理有很多种分类。在通常情况下，常见的分类方法有如下几种：

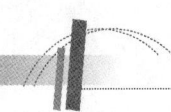

1. 按养护对象及部位分类

这种分类具有单一性特征，养护对象所指也很明确，特别适合于有针对性地制订养护措施，研究养护工艺。但由于高速公路养护对象十分广泛，如路面养护、路基养护、桥梁与涵洞养护、通道养护、隧道养护、隔离栅养护、紧急电话养护、标志标线养护、收费设备养护、房屋养护等，因此这种分类也有冗杂之嫌。

2. 按养护性质及规模分类

这种分类方法兼顾了养护的工程性质、规模大小、技术难易程度等综合因素，是我国JTG H10—2009《公路养护技术规范》采用的分类方法。这种方法便于养护管理部门较好地安排计划与资金，合理地进行施工组织。

该方法将高速公路养护工程分为三大类，即日常维修保养、专项工程和大修工程。在实际工作中，由于高速公路还增加了交通工程设施，监控、通信、照明、收费设施等更多的养护内容，管理部门一般会将这些养护内容按其性质、规模、技术状况等纳入上述三大类别之中进行统计和管理。

3. 按养护手段及方式分类

这种分类方法主要从养护的手段入手，将高速公路养护划分为机械养护和人工养护两大类。这种分类方法较适合于考察高速公路机械化养护的比率和机械化程度的高低，是高速公路养护的一种方向性指标。其不仅具有统计学上的意义，同时对于具体的机械管理、设备租赁、养护规划等部门都有着实际的管理意义。今后，随着高速公路养护市场的逐步成熟，这种分类很可能形成新的社会化养护分工，其意义会更加深远。

4. 按养护系统与专业分类

这种分类方法是在按养护对象分类的基础上进一步归纳后形成的专业分类方式，如公路桥梁养护、交通工程设施养护、机电设备养护、绿化景观养护等，主要侧重于不同专业的养护分工。

按系统和专业进行养护分类，将有利于高速公路各专业部门的职能管理，既可以在管理上有专业侧重，又可以进行专业间综合协调，从而保证高速公路养护管理的宏观调控，是一种较好的高速公路行政管理的分类方式。

除此之外，高速公路养护管理可能还会有其他多种分类方法，但无论采用什么样的分类方法，其根本目的都是为管理的内容服务。对上述分类有一个基本的了解，可以不断改进管理行为，提高运营管理效益。

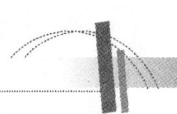

五、我国高速公路养护管理体制

1. 养护管理体制现状

国内养护管理体制，一般公路多年来一直采取公路局、公路分局（总段）、公路段，即集路政、养护、施工管理为一体的三级公路养护管理体制。近年来进行的养护体制改革，重点在于精简机构、事企分开、管养分离，改革人事制度、用工制度、分配制度，改革养护生产方式，培育养护市场等。而高速公路由于投资主体多元化、建设方式不同等原因，养护管理体制和运行机制形成了多种模式，呈现出多元化的格局。

（1）按管理机构职能划分为统一直管型、自主经营型。

（2）按工作性质和业务关系划分为管、养一体型，管、养分离型。

（3）按管养经费核算方式划分为事业型、企业管理型、企业经营型。

2. 养护建制现状

我国高速公路养护机构一般包含以下三部分：

（1）养护管理机构

一般高速公路管理机构都设有养护管理部门。在名称上，公司制的称为养护工程部，管理局形式的多数称为养护工程处。

养护处（部）的主要职责：贯彻法规、标准、办法、制度、技术要点；编制养护规划、维修计划、绿化方案，并组织检查、督促落实；承办大、中修工程招标，组织监理、检测，参加验收，控制养护成本，负责材料设备管理、安全生产管理，组织工程抢险、技术培训，建立养护档案。

（2）基层养护部门

基层养护部门是具体实施养护作业的基层单位，其工作重点是进行预防性养护，以及对公路设施的日常养护、小型维修，以确保公路的安全畅通。其主要职责是：执行法规、标准、制度、办法；落实计划，组织日常养护及维修工程实施；负责成本管理，报告情况，配合工程抢险等。

（3）专业化、机械化养护队伍

考虑到路面、桥梁、标志、标线等专项工程施工特点，大部分管理机构都设置了初具规模的养护中心（或养护机械队），配置了机械设备和技术人员，以满足高速公路维修的需要，也为养护向"四化"（社会化、市场化、专业化和机械化）迈进奠定了基础。

机械化养护中心（公司、工程部）是养护维修的实施部门，是独立核算单位，管理部门与它的关系按照市场关系，逐步将隶属关系改变为甲方、乙方的合同关系。

机械化养护公司应承担的工作内容一般为路基改善、路面、桥梁维修、数量较大的安

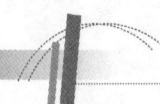

全设施维修及标志、标线施工、工程检测和材料试验等工作。

3. 养护管理体制、机制发展趋势

（1）加强政府对行业监管力度。

（2）养护行业性管理工作向社会化方向发展。

（3）进一步加强区域性协作。

（4）管理体制逐步走向集中、统一。

（5）初期形成的管养一体的体制逐步向管养分离转变。

（6）开放高速公路养护市场。

（7）养护队伍更加趋向于专业化。

（8）养护管理用人机制和用工方式走向社会化。

（9）养护作业手段转向以机械化为主的发展趋势。

（10）养护工程决策逐步由经验决策转向专家系统决策。

（11）养护质量评价标准逐步从"好路率"向综合服务水平方向转化。

第二节　高速公路的养护与维修

一、巡视和检查

高速公路巡视和检查的目的是及时发现公路及其附属设施的损坏情况和影响交通的路障，制止违章建筑和侵占路产、路权的行为；掌握、收集公路路况和交通信息，以便主管部门及时做出处理。

巡视和检查可分为日常巡视、夜间巡视、定期检查和特殊检查四种。

（1）日常巡视是指平常为了掌握公路路况和交通运行状况等而进行的巡视。

① 巡视方法：巡视人员在进行巡视准备工作时，应认真检查巡视车辆和通信联络设备的技术状况，核查巡视交接班记录，制订巡视方案。在巡视过程中，巡视车辆应按规定开启示警灯具，车速一般控制在 40km/h。注意掌握公路技术状况的变化，并对重点结构物和路段的巡视情况做好记录。巡视结束后，巡视人员应整理巡视日记，做好交接班工作。

② 巡视内容：巡视路基、路面、桥涵、隧道等构造物及绿化、沿线设施的完好程度，检查路障以及与路政管理工作有关的内容。巡视的重点是路面和路障。

③ 巡视频率：每天不少于一次。

（2）夜间巡视是指为了检查夜间照明和标志、标线的技术状况而进行的巡视。每月进行一次。每次巡视结束后，应做好记录，对发现的问题提出处理意见。

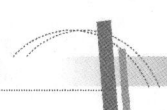

（3）定期检查是指为了掌握高速公路及其附属设施的技术状况，制订养护工程计划和评定公路使用质量而实施的检查。

① 检查项目：路基、路面、桥涵、隧道等构造物及绿化、沿线设施等。

② 检查频率：依据检查项目的重要性、使用年限、损坏程度和交通量大小等因素，由高速公路养护管理部门拟定。

（4）特殊检查是指发生大的洪水、台风、地震等自然灾害和有可能对高速公路及其附属设施造成较大破坏的异常情况时所进行的检查。

① 检查内容：处于危险路段的路基、路面、桥涵、隧道等构造物及沿线设施。

② 特殊检查时，应携带通信设备和安全标志，以便及时沟通情况，采取应急措施；同时还应检查沿线养护单位的材料、设备、技术力量和抗灾能力，为合理制订防灾措施、恢复原有技术状况提供决策依据。

③ 特殊检查结束后，检查人员应及时将检查情况做出专题报告。

二、清扫及排水

1. 路面清扫

（1）路面清扫应以机械作业为主。清扫频率根据公路状况、交通量大小及其组成、环境条件及机械效率等因素而定。

（2）机械清扫路面时留下的死角，应人工辅助清扫。高速公路人工清扫示例如图 5-1 所示。

图 5-1　高速公路人工清扫示例

（3）为了防止清扫作业产生灰尘污染环境，危及行车安全，清扫机械应配备洒水装置。

（4）路面清扫后的垃圾不得随意倾倒，应运至指定地点或垃圾场进行处理。

（5）当路面被油类物质或化学药品污染时，应清洗干净，必要时用中和剂或其他材料处理后再用水冲洗。

（6）当进行路面清扫作业时，应保障交通安全和畅通，宜选择在交通量小的时候进行作业。清扫车应有明显的作业标志。

（7）桥面与隧道内路面的清扫，应与高速公路路面清扫要求一致，但应适当加大隧道内路面的清扫频率。

（8）北方地区还需做好冬季路面除雪防滑。

2. 其他设施的清扫（理）

（1）桥梁伸缩缝内的杂物应及时清除。

（2）交通标志及标线受到污染后，应及时清扫（洗），标志牌面应定期擦拭。

（3）高速公路收费广场和服务区应经常清扫，保持整洁美观。

（4）中央分隔带内的杂物应及时清除，保持路容整洁。

（5）隧道内壁和装饰材料应视污染程度，采用洗涤剂刷洗，或用机械喷水冲洗，每年不少于两次。

（6）高速公路的照明、报警装置、通信监控设施，应及时清除污物，定期擦拭。

（7）高速公路的排水设施应经常保持其排水功能完好，明沟或暗沟应定期清除杂物或疏通，集水井或沉淀池内的泥污应在泥浆固结前予以排除。

3. 高速公路的排水

高速公路的排水是为了最大限度地减轻水对公路的危害。养护时，应注意对排水设施的检查和维修，充分发挥排水系统的功能。

（1）对设有集中排水设施的中央分隔带的集水井、横向排水管，应经常清淤及维修，保持排水畅通。

（2）雨季前后应对拦水缘石及泄水槽进行检查维修，保持其完好，连接处应平顺无裂缝。对未设置拦水缘石及泄水槽的路段，宜通过养护手段逐步完善。

（3）高速公路的路面局部积水，应针对积水原因，采取及时清扫、整平路面及增设排水设施等相应措施。

（4）雨季前应对高速公路的路堤、路堑边坡的防护和排水设施进行检查，及时维修损坏部分。当路堤边坡出现冲沟或缺口时，宜选用与原路基相同的填料填筑夯实；路堑段应将截水沟内积水引至坡外，如有淤塞，及时清除。

（5）雨后应采取措施，排除高速公路互通立交区内的积水。

（6）所有从排水设施中排出的水，不得冲毁农田或其他建筑物，还应注意不污染环境。

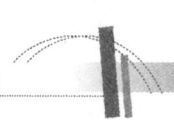

三、排障与清理

排障与清理指排除、清理由自然灾害、异常气候、交通事故、故障车辆、丢弃物或堆积物等所造成的交通障碍及行车不安全因素。

（1）高速公路管理机构必须健全通信联络系统，配备专用车辆，组建排障、清理专业组。专业组主要有下列任务：

① 收集、分析、处理各种信息，随时做好出动准备。

② 制订各种排障与清理处理方案的作业程序和应急措施。

③ 保证各种机械、设备处于完好状态，并储备各种所需材料。

④ 在最短的时间内排除路障、清理现场、保持畅通。

（2）交通事故及故障车辆的排障与清理，应遵循下列规定：

① 当发生交通事故或阻塞时，到达现场的人必须迅速向有关部门发出信息，报告准确地点、事故车辆状况、阻塞程度、人员伤亡、路产损失等。

② 当车辆因故障停放在行车道或匝道上时，排障人员接到信息后应立即出动，将故障车辆牵引至紧急停车带，然后对其提供服务。经过服务仍不能行驶的车辆，必须牵引（或装运）离开高速公路。

（3）自然因素所造成障碍的排除与清理：洪水、台风、地震等自然灾害发生后，高速公路管理部门应迅速组织人力、物力、机械设备，清理现场，排除路障，恢复交通。

四、冬季养护

高速公路冬季养护作业的重点是除雪、路面防冻、防滑。

1. 除雪

冬季除雪应根据气象资料、路面结构、沿线条件、降雪量积雪深度、气温、危害交通范围等条件，确定除雪计划。高速公路应注重桥面、坡道、弯道、匝道、收费广场等重点区段的除雪。

除雪前的准备工作应符合下列要求：

（1）除雪机械设备的准备：在冬季来临之前，必须将除雪机械设备维修好，并储备必要的配件、融雪剂、防滑料。每次除雪后，应立即对除雪机械设备进行保养、修理，以备下次使用。

（2）为了有效地进行冬季作业，应对路面、路肩、桥头、桥梁伸缩缝等予以整修，以便除雪机械充分发挥作用。

（3）因除雪机械种类较多，为有效地发挥其功能，应对驾驶、操作人员进行定期及特

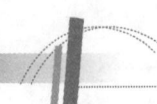

殊作业培训。

（4）收集气象信息。

除雪作业分为新雪除雪、压实雪处理，除雪作业应以清除新雪为主。应加强交通管制，以最快的速度随时清除，防止路面积雪被压实。

2. 路面防冻、防滑

（1）路面冻结的因素

主要有：压实雪由于温度低，冻结在路面上；融化的雪水由于低温再结冰；初冬和冬末由于降雨后温度低引起冻结等。

（2）防冻及防滑措施

① 使用盐或其他融雪剂，使路面上的结冰点降低。

② 使用砂等防滑材料或与盐掺合使用，加大车轮与路面间的摩擦系数。

③ 防冻、防滑料施撒时间，主要根据气象条件（降雪、风速、气温）、路面温度监测器、巡回信息等来确定。融雪剂（或与防滑料掺合）一般可在一开始下雪时就开始撒布，或者估计在路面出现冻结前 $1\sim2h$ 撒布。

④ 撒布次数：防止路面结冻时，通常撒布一次即可；除雪作业时，撒布次数可和除雪作业频率一致。

第三节　高速公路养护机械化

公路的养护必须做到快速、高效、保证质量和安全，不允许因养护作业影响车速或中断交通。为了确保公路的养护质量，保障公路养护施工人员的人身安全，必须提高养护机械化施工水平，在公路养护领域大力推广新技术、新工艺、新材料、新设备应用，以保证公路的完好、畅通。

一、养护机械化的概念

养护机械化是指养护作业中全部的主要和辅助的繁重劳动过程均由技术参数互相协调的配套机械系统完成，这一机械系统能在给定的作业条件下以最佳的技术经济指标保证该养护作业的质量和速度。高速公路养护的显著特点是快捷、安全、养护质量高、对行车影响小。而机械化养护的特点又可归结为"安、快、好、省"，即安全、快速、质量好、降低养护作业成本，因此它可以满足高速公路养护的要求。

发展高速公路养护机械化的一个主要问题是"养护机械的配置"的问题。就机械化养护来说，机械要按全面养护的要求进行选型、配备，要适应养护路段地理环境和路面结构的特点，并且要使机械的功能和生产能力配套。对于机械化养护公司而言，重点是提高公路大中修、路面病害处理的机械化程度，以提高路面维修和养护的质量。

二、养护机械化的主要内容

养护机械化的主要作业包括路面清扫、洒水、除雪、除草、路面修补、绿化、交通工程设施的维护，以及紧急抢修等工作内容。高速公路机械化路面修补示例如图 5-2 所示。

图 5-2 高速公路机械化路面修补示例

（1）日常养护

① 路面清扫：应配置洒水车、喷射清洁机（或高压喷射装置）等，以达到全面清扫的目的。

② 预防性养护及事故的修复：应配备一部分常用的机械设备，如装载机、压实机械、铣刨机以及抢险车、桥梁检测车等。

（2）除（防）冰雪

应视所管地段公路降雪量、积雪深度等情况，确定和配备机械，一般应装置相应的扫雪机（或装置），以及撒布防滑材料和喷洒防冻剂的撒布机、洒水车等。高速公路机械除雪示例如图 5-3 所示。

图 5-3 高速公路机械除雪示例

（3）绿化

应配备挖坑机、洒水车、剪草机、除草机等。

（4）巡回

应配备相当数量用作巡回检查、联络以及维修的车辆。

（5）公路附属设施的维修

应配备高压、冲洗、高空作业、划线、抢险等机械或装置。至于中修工程，配置因自营或发包而不同，若自己承担，应备有相应的机械设备，如用于沥青混凝土罩面的推铺机、清除路辙用的铣刨机、再生重铺机等。

三、养护机械的配备

机械设备选型应本着技术先进、生产实用、运行可靠、便于维修、经济合理的原则，具体考察的因素有设备生产率、可靠性、维修性、节能性、易于准备程度、成套性、安全性和环境性。根据高速公路养护作业的特点，在选择养护机械时除了考虑以上因素外，还应考虑以下因素。

1. 养护内容及养护里程

养护内容包括路面养护、绿地及绿篱养护、公路设施养护等，这些项目的规模及标准决定着需用养护设备的类型及数量。因此，在进行设备配置前，首先要清楚高速公路的养护内容；然后，根据养护内容合理选择设备规格型号及数量，在保证完成养护任务的前提下选择最理想的配置，以提高设备利用率，避免因闲置时间过长而造成资金的浪费。

养护里程的长短决定了配置养护机械的数量。若养护路段长，可适当增加养护机械数量，这样有利于提高养护效率，缩短养护周期，减少因往返时间长而造成的不必要的浪费，反之则应减少机械数量。

2. 地理环境

我国幅员辽阔，有平原、丘陵、沙漠、山地之分，地理环境的不同，造成了各地区的高速公路道路状况、基础设施之间的差异，因此在配置设备时一定要考虑这些因素。例如，山区高速公路往往隧道较多，在进行设备配置时，应考虑隧道清洗设备；沙漠地区因缺水，绿化养护难度较大，应适当增加洒水车的数量。

3. 气候条件

我国南北的气候条件不同，北方地区气候干燥、冬季较冷、降雪多，而南方气候潮湿、冬季较暖、几乎不降雪。针对这些特点，北方地区应配置清雪设备及洒水设备，而南方地区就可以不配这些设备。

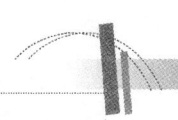

4. 交通量

交通量的大小决定了公路及设施的损坏程度的大小，进一步影响高速公路的使用寿命。为延长公路使用寿命，就必须增加养护的投入，养护设备的数量也要相应提高。交通量大的高速公路养护设备的配置数量要多于交通量小的高速公路。

5. 投资渠道

高速公路养护设备配置可以有多种投资渠道，如建设期投资、管理期投资、自行投资等。建设期投资的设备往往是根据建设需要进行配置的，多属于配套设备；而管理期及自行集资的设备多是根据高速公路自身的养护需要来配置，更具实用性。对于这些设备的管理，应根据不同情况采取不同的方法。

6. 公路先天质量

由于多种原因，可能会造成高速公路的先天质量存在这样或那样的缺陷，在进行养护设备配置时，应根据这些缺陷的特点有针对性地进行选择。科学、合理的设备配置标准可以充分发挥设备的性能，提高利用率，保证养护生产能够优质、高效地完成，同时还可以避免浪费，节省配置费用。

高速公路养护维修作业及机械配备见表 5-1。

表 5-1　高速公路养护维修作业及机械配备

高等级公路养护维修	主要工作内容	主要机械配备
路容路貌日常养护	路面洒水、清扫；整理路肩、边坡；剪枝、喷药，整理绿地；清扫边沟、排水道；清洁护栏、标志牌等附属设施	清扫车、洒水车、多功能养护车、自行式打草机、割灌机、剪枝机、升降车、高压清洗车等
路面养护维修	路面表面处治路面；局部修补和裂缝充填；路面翻修和重建	稀浆封层机、路面补缝机、灌缝机、路面修补车、压路机、路面铣刨机、切割机、拌和设备、摊铺机、挖掘机、自卸车、装载机、沥青洒布车、沥青及水泥路面再生设备等
路基养护维修桥梁养护维修	路肩、边坡与桥梁维修加固；疏通、改善排水设施；维护、修理各种防护构造物；塌方、积雪清理	桥梁检测车、除雪车、装载机、挖掘机、路缘成型机等
交通工程设施养护维修与安全保障工作	路面划线；标志牌、路灯等附属设施的维修；防护栏、隔离墙维修；养护作业时的交通管制和安全保障工作；事故车辆处理和排障工作	划线机、升降车、钢护栏平直机、警示标志、排障车
冬季扫雪除冰作业	化学防结剂撒播；防滑剂撒播；机械除雪、除冰工作	除雪撒布车、除雪车、平地机、装载机、除冰车、综合养护车等

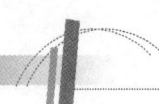

表 5-2 列出了辽宁省高速公路管理局各管理所机械配备方案以供参考。

表 5-2　辽宁省高速公路管理局各管理所机械配备方案

类别	设备名称	功能	总计	近期配置	远期配置	备注
路容维护系列	清扫车	路面清扫	2	2		
	洒水车	路面降温、绿化养护、除尘	2	2		
	小型剪草机	分隔带、景点的修理	4	4		
黑色路面维护系列	路面铣刨机	路面除油包	2	1	1	全线配备一台（大型）
	黑色路面养护车	补坑槽、处理桥头	1	1		
	移动式拌和设备	拌和沥青材料	1	1		
日常检修系列	高空作业车	维修收费棚、房屋、路灯	1		1	
	工程维修车	道路维修、巡视养护	2	2		
	移动标志车	施工中临时安全标志	7		7	
	桥梁维修车	桥梁检修、维护	1		1	全线一台
冰雪防治系列	道路综合养护机	除雪、清扫、散布、清洗	1	1		
	平地机	清除压实的冰雪	1	1		
	药剂洒布机	除雪防滑、散布药剂	1		1	
	除雪装载机	除雪	1	1		
抢险救援系列	专用排障车	排障抢险	1	1		
	起重机	排障抢险	1	1		间隔配置、两个所一台
	拖头	排障抢险	1			
	拖板	排障抢险	1	1		
	救护车	抢救伤员	1			
电器通信系列	通信工程维修车	通信系列的抢修、维护	2	2		
	业务联络车	机务站业务联络	1	1		
路政系列	路政巡逻车	路政巡逻、检查	8	4	4	
收费系列	收费送钞车	收费送钞	1	1		
	收费人员通勤车	收费人员通勤	4	4		
服务区管理系列	服务区进货车	服务区经营办货	1	1		
	服务区人员通勤车	人员通勤	1	1		
	业务联络车	业务联络	1	1		
	巡回服务维修车	沿线巡回维修	1	1		

类别	设备名称	功能	总计	近期配置	远期配置	备注
行政管理系列	业务联络车	管理人员业务联络	3	3		
	通勤车	管理干部通勤用	1	1		
	生活用车	管理所后勤	1	1		
交通安全系列	交通巡逻及事故勘察车	巡逻及事故勘察处理	3	3		

第四节　高速公路养护作业的安全管理

随着我国高速公路运营里程的增加以及路面使用年限的增长，高速公路维修的数量也将逐年增长，因养护作业诱发事故的概率也随之增加。为保证高速公路上的车辆安全通行，养护管理人员要进行公路的路况调查、检测和维修。由于路面上的车辆行驶速度快，在不封闭或不完全封闭交通的情况下，在路面上从事调查、检测和维修工作都会面临着一定程度的危险，显然，这种危险来自高速行驶的车辆，它对过往车辆的驾乘人员和公路维修的作业人员同时构成威胁。在以往公路或高速公路上发生的各类交通事故中，因维修作业原因导致交通事故，致使作业人员或过往车辆受到伤害的现象时有发生，有些甚至造成巨大损失，因此有必要规范作业现场及车辆通行。

高速公路的作业安全管理有两部分，一是对作业区以外有限范围实行交通管制，目的是避免作业人员、装备与行驶车辆发生冲突；二是对作业区内的作业进行必要的安全管理。交通管制是指因公路维修作业占用行车断面，为使车辆通行有序，保证作业区内人员和设备的安全而对车辆行驶速度、路线、方向采取的强制管理。这种管理是通过设置在作业区以外路面上的设施和标志来实现的。

一、公路作业标志与设施

高速公路交通量大、车速高，在养护作业时，一般不能中断交通。为保障作业的安全和车辆能顺利通过作业区，就必须进行交通控制，设置交通控制区，并在控制区内设置交通标志。

1. 在交通控制区内设置交通标志的位置

（1）作业区在右侧车道时，应将交通标志设在公路右侧路肩上和作业区边界的左侧。

（2）作业区在左侧车道时，应将交通标志设在中央分隔带上和作业区边界的右侧。

（3）作业区在中间车道时，应将交通标志设在同一方向公路的两侧和作业区边界的两侧。

在上游过渡区内应设置作业标志车，车尾朝着车流来向，车尾必须挂有导向性标志和限速牌；车身颜色为醒目的橘黄色，车本身必须安装黄色频闪灯和防冲撞装置。

2. 各种交通标志的设置位置

（1）禁令标志

① 禁止通行标志：设在上游过渡区的前方。

② 禁止超车标志：设在禁止超车路段的起点处。

③ 解除禁止超车标志：设在禁止超车路段的终点处。

④ 限制速度标志：设在限制车速路段的起点，标志牌上标明所限制的速度。

⑤ 解除限制速度标志：设在限制车速路段的终点处。

（2）警告标志

① 前方施工标志：设在警告区的起点处。

② 前方车道变窄标志：设在车道变窄点前至少 200m 处。

③ 双向通行标志：设在双向通行路段前至少 400m 处。

（3）指示标志

① 前方绕行标志：设在需要绕行的车道进出处前至少 200m 处。

② 各种直行、转弯和单向行驶标志：设在需要直行、转弯和单向行驶路段前 200m 处。

（4）渠化装置

渠化装置应醒目、稳定、轻便。

① 锥形路标：锥形路标是组成渠化渐变区的主要渠化装置，也常用作分隔车道。锥形路标必须从上游过渡区开始顺车流方向布置，间距为 10～20m。

② 交通安全带：带上有红白相间色，有反光功能。

③ 导向标：设在车流方向改变的地方。

④ 路拦：设在需要隔离车流的地方。

（5）路面标线

路面标线为临时性标线，应与交通标志配合使用。

高速公路养护维修作业交通标志设置示意图如图 5-4～图 5-6 所示。

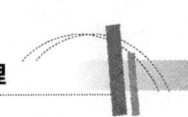

高速公路养护维修作业交通标志设置示意图

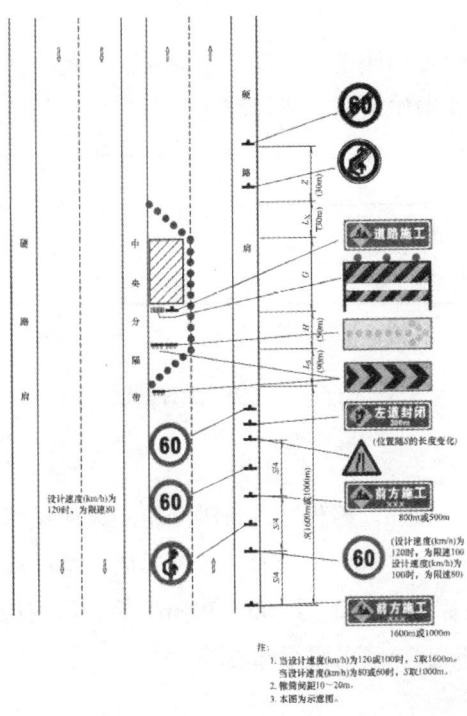

图 5-4 不改变交通流方向的内侧车道封闭养护维修作业

高速公路养护维修作业交通标志设置示意图

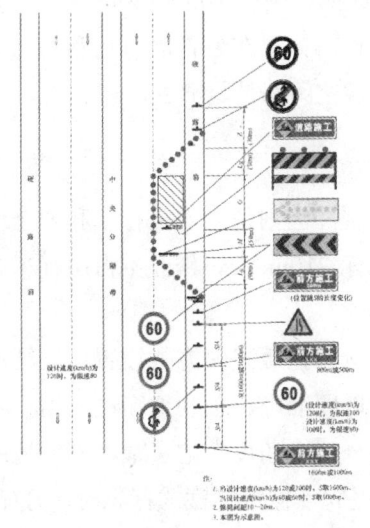

图 5-5 不改变交通流方向的外侧车
道封闭养护维修作业

高速公路养护维修作业交通标志设置示意图

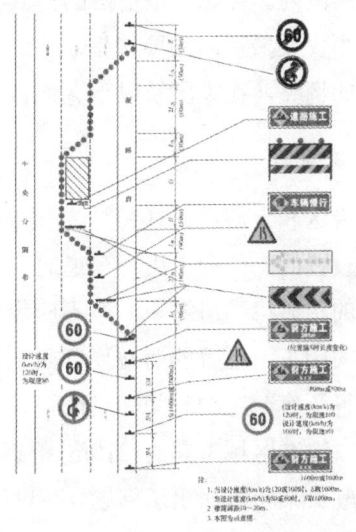

图 5-6 不改变交通流方向的单向三车道
公路养护维修作业

二、作业区的交通管制

交通管制的目的是车辆顺利通过作业区，保障养护作业的安全。

专项工程或大修工程养护作业的交通控制区分为下列六个部分，如图 5-7 所示。

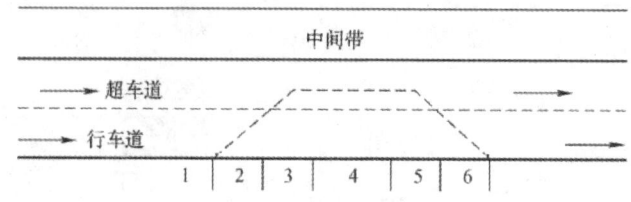

图 5-7　养护作业控制区

1. 警告区

警告区长度不得小于 1500m。警告区内每隔一定距离应设置有关标志，第一个警告标志到下一个标志的间距不得超过 300m，最后一个标志离上游过渡区的第一个渠化装置的间距不得小于 150m，其余各标志的间距为 100～300m。警告区内应设置限制速度标志、前方施工标志、前方车道变窄标志、禁止通行标志等。

2. 上游过渡区

上游过渡区是通过设置公路施工标志和局部封闭标志，将接受过警示的车辆引入管制的行车路段内。标志要按拦截的方式摆放。上游过渡区的范围有 100～150m 长，对车辆的要求是不仅要减速，还要按指示完成改变行车道的操作。如果在警告区内顺利实现了车速和车距的调整，在本区及以下区域内安全通过的时间和空间都是足够的。

3. 缓冲区

警告区和上游过渡区都是为安全行车设置的，而缓冲区则是为安全行车和安全作业两个目的设置的。作业占用行车道时，缓冲区的距离应有 210m 长。作业不占用行车道时，缓冲区的距离可酌情缩短，但不应少于 100m。

在关闭车道位置的前端局部封闭标志及引导标志应按拦截式的方式设置，在缓冲区域内，车辆还有一定的时间和空间再调整车速和位置，以便准确、顺利地穿过压缩了断面的作业区。缓冲区域考虑的 210m 距离的设置，还从另外一个角度考虑了最不利的情况：车辆或驾驶员某一方面出了问题，在过渡区起点或缓冲区起点撞过拦截式标志时，仍有 210m 的距离可用来采取措施，避免直接冲入作业区，伤害作业人员。因此，缓冲区的设置和保证它的长度是十分重要的，在过渡区和缓冲区若标志没有放成拦截式的方式，当驾驶员困

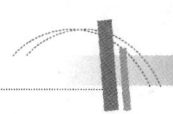

倦时，将会失去安全区的作用，车辆可能直接冲入作业区。

4. 作业区

作业区是控制区中最安全的防范区段，它的长度应能覆盖整个作业的区段。除了标志设施之外，作业区还要有另外三套管理手段，一是要用安全锥把作业区与邻向行车的界面隔离开来，锥间距适当加密，以车辆不能驶入为准；第二是要加设施工警示灯；第三是安排专门的看守人员，在封闭区前端守护和警示。这一区段有作业人员和装备，车辆通行断面缩窄，但只要加强作业管理，设施完整，摆放正确，行车有序，安全还是有保障的。

5. 下游过渡区

下游过渡区是解除断面压缩，恢复正常行驶的过渡区域。这个区域有 30m 长。在过渡区终点，采用安全锥，与停车方向成 45° 摆放。过渡区以外是行车区域，作业人员不能擅入。

6. 终止区

终止区实际上是一个断面，而不是一个区域，是解除管制的分界，位置在下游过渡区的终点断面。除作业区外，其他区域不准作业人员停留。

实际上，在高速公路上的维修作业占用行车断面和邻近行车断面对行车安全和作业安全所面临安全问题的情况也是有很大区别的，所以，安全作业控制区的位置和管理也应该是有针对性的。

三、安全作业的组织与管理

安全作业的组织与管理除首先建立养护安全作业责任制外，还应注意以下事项：

1. 工前准备

（1）工前安全教育，在各工程开工前，养护管理部门都有必要会同路政部门、交通安全管理部门对参加作业的人员进行工前安全教育。

（2）落实安全措施，施工单位要编制安全作业方案，并报送管理部门审批。

（3）作业前要准备足够的安全作业服、设施、灯具与标志，并做到损坏或故障时能及时补充或更换。

（4）用于养护维修作业的车辆应喷涂符合 GB 2893—2008《安全色》中反光油漆或粘贴规定颜色的强度 4 级以上的反光膜，并保持表面清洁能够明显辨认。

2. 中央活动开口的使用与管理

（1）一般要求

高速公路设置中央活动开口是供紧急情况疏导车辆、路面单幅维修、交通阻塞改变交

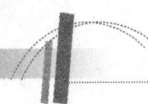

通流向，以及交通管理、路政管理、养护维修、清障救援临时调头等情况时使用。

（2）临时使用

养护作业车辆尽量不使用活动开口改变行驶方向，只有在特殊情况下，可以临时使用中央分隔带活动开口，但使用时要做好观望，确认安全，在保证过往车辆通行安全的前提下可以通过。

（3）中央分隔带活动开口管理

养护作业时，中央隔带活动开口开起后，开口设施摆放位置要整齐，不妨碍车辆通行，并派专人对设施及标志进行看护，以免因行驶车辆通过时的刮碰引起设施变位而误导车辆发生事故。

3. 作业封闭区内的管理

（1）责任人与人员管理

为达到责任明确的目的，每处作业现场均要指定安全作业责任人。从封闭开始直到作业结束，责任人对安全作业负全责。封闭区内的作业人员不能随意走出封闭区。夜间视线不良时，责任人也不能指派未穿着反光服的施工人员进入非封闭区。

（2）设施看护

养护作业要时刻注意维护现场封闭设施的完好性，发现问题要及时纠正。在作业现场要安排好设施看护员，要保证设施、标志清洁易于辨认，并始终处于正确工作状态。通行车辆刮、碰标志可能导致指向错误或无法正确辨认，对此应加以注意。避免非施工作业车辆误入作业区。

（3）长、大设备管理

封闭区内作业的长、大设备，如铣刨机、起重机等，实施作业时，要安排看护人员、保证吊杆、传送带等悬出部分不能进入中央分隔带，更不能超出中央分隔带进入另一侧路面。要避免作业失误对自己及另一侧正常运行的车辆造成伤害。

（4）夜间值守

对夜间不能开放交通的封闭区，安全设施要满足夜间安全设施布置的要求。没有作业时要留有不少于2人的值守人员，相互照应，看管现场、设备，并对设置的设施进行看护。值守人员要了解安全规程，要求能够操作和简单维护警示灯光设备，保证交通设施整齐，发现问题及时处理，不能处理的要及时报告，发生事故及时报警。

（5）停止作业

遇雨、雪、雾等视线不良时，应停止施工作业（除雪等紧急作业除外），并按视线不良的情况设置标志。

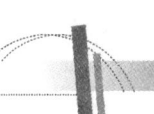

（6）恢复交通

作业结束后应按以下顺序做好恢复交通的各项工作：撤除场内设备；清除场内剩余材料及废物，使路面洁净；恢复路面标线（亦可以后进行）；撤除大部分作业人员；撤除警示灯具，单幅封闭时要开放封闭侧的交通，从封闭末端向起点撤除封闭侧的安全锥和标志；关闭活动开口；撤除安全看守人员；撤掉封闭公告。

4. 流动作业的组织实施

（1）绿化与设施清洗作业

绿化作业与设施清洗，常常伴有短时的停留，易给后方车辆造成错觉而判断失误引发事故。例如，在某高速公路上，正在绿化作业的洒水车被后方驶来的车辆追尾，造成重大交通事故。为保证流动作业的安全，作业车辆及人员要按标准佩戴明显的作业标志。

（2）除雪防滑作业

除雪防滑作业的情况相对更为复杂一些。一方面，由于天气或作业的原因，在除雪设备周围有限范围内，能见度会相当差，夜间除雪作业能见度会更差。另一方面，从讲究效率的角度出发，除雪作业往往避免单车作业，一般要组成两车或三车梯队式进行，这对正常行车会造成一定影响。

因此，除雪作业在作业车队的后方150～200m范围，要设有示警车并配有车载式作业警示标牌，并随着除雪作业的进度顺序跟进。

5. 养护材料、设备、大型构件的运输

（1）基本要求

养护维修需进行的材料、设备运输，在高速公路以内封闭区以外，均应严格遵守交通法规和高速公路管理办法，不能特殊，不得随意停车、随意调头、逆行或不按规定使用中央活动开口。

（2）特殊事例

养护工程必须发生的载运、牵挂大型设备或运送钢架、预制梁等特殊大件时，事前要认真制订安全运输和卸落方案，采取足够可靠的安全措施。运输时要做好固定、标记和安排好引导、警示车辆，应尽可能对高速公路正常运营不产生明显影响。养护部门也应事先与交通管理部门通报情况，做好协商征得配合，以保证安全。

6. 紧急情况的处治

（1）施工安全事故处治

当发生施工安全事故时，应采取如下措施：抢救伤员；保护现场并控制现场势态，防止事故扩大；报告上级管理部门；报告交警（在路段上作业时）。

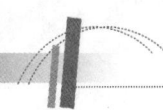

（2）交通安全事故

养护作业场地或附近发生与作业有关或无关的交通事故，现场人员都有责任就地采取应急措施。使现有手段抢救伤员，保护现场；控制现场势态，加设明显标志，防止新的事故发生；通知当地交通管理部门及高速公路管理部门；有重大伤亡或维修人员有伤亡时要报告上级部门及领导；如果购买了保险要通知保险公司。

7. 安全责任及履约的管理

（1）安全责任

经过批准，在高速公路上实施各类养护作业，包括封闭作业、流动作业和材料设备运输，都要遵守国家交通安全法规和高速公路管理办法、规程。施工单位负责人要本着对国家、集体、个人负责的精神做好安全管理，各属段管理单位要做好监督管理工作。

（2）责任书

为加强安全管理工作，明确责任与义务，合同施工单位要签订责任书，管理方也要履行管理责任。

（3）安全检查

施工单位要树立"安全第一"的思想，现场安全员要对现场安全情况进行经常检查，发现问题，及时改正。

（4）处罚

由于施工安全措施不到位等原因而发生的生产事故或交通安全事故，交通管理部门将按照交通法规进行处理。公路管理部门将对责任单位和责任人按照合作意向书协议做相应的经济处罚。

第六章 公路建设项目的可持续发展

第一节 可持续发展的基本内涵

一、可持续发展战略的提出

20 世纪 80 年代初，为了解决当代人类面临的三大挑战问题，即南北问题、裁军与安全问题、环境与发展问题，联合国大会成立了三个高级专家委员会，分别发表了《我们共同的安全》《我们共同的危机》和《我们共同的未来》三个纲领性文件，文件中不约而同地提出了为迎接人类面临的挑战，未来必须实施可持续发展战略。1992 年联合国环境与发展大会制定了《21 世纪议程》，并提出"可持续发展"是发达国家和发展中国家 21 世纪正确协调人口、资源、环境与经济间相互关系的共同发展战略，是人类求得生存与发展的唯一途径。由于"可持续发展战略"关系到当今人们的生产和生活，关系到社会的稳定繁荣，这一战略提出后便立即引起世界各国的社会学家、经济学家的关注。可持续发展是人类全面总结自己的发展历程，重新审视自己的社会经济行为后，提出的一种全新的发展思想和发展模式。

可持续发展从字面上理解是指促进发展并保证其可持续性。很明显，它包括了可持续性和发展两个概念。发展不仅仅是指经济的增长或实际收入的增长，而且还指人民福利和生活水平的提高；可持续的过程是指该过程在一个相对无限长的时期内，可以永远地保持下去，而系统的内外不仅没有数量和质量的衰减，甚至还有所提高。

二、可持续发展的目的

可持续发展是一个涉及经济、社会、文化、技术及自然环境动态的综合概念，其主要包括自然资源与生态环境的可持续发展、经济的可持续发展和社会的可持续发展三个方面。可持续发展，一是以自然资源的可持续利用和良好的生态环境为基础，二是以经济可持续发展为前提，三是以谋求社会的全面进步为目标。只要社会在每一时间段内都能保持资源、经济、社会同环境的协调，那么这个社会的发展就符合可持续发展的要求。可持续发展不仅仅是经济问题，也不仅仅是社会问题和生态问题，而是三者相互影响的综合体。可持续

发展的最终目的表现为以下几个方面：

（1）不断满足当代和后代人的生产和生活对于物质、能量和信息的需求，既从物质或能量等硬件的角度予以不断的提供，也从信息、文化等软件的角度予以不断的满足。

（2）代际之间应体现公正、合理的原则去使用和管理属于全体人类的资源和环境，同时每代人也要以公正、合理的原则来担负各自的责任，当代人的发展不能以牺牲后代人的发展为代价。

（3）区际之间应体现均富、合作、互补、平等的原则，在空间范围内缩短同代人之间的差距，不应造成物质上、能量上、信息上，甚至心理上的鸿沟，共同实现"资源—生产—市场"之间的内部协调和统一。

（4）创造自然—社会—经济支持系统的外部适宜条件，使得人类生活在一种更严格、更有序、更健康、更愉快的内外环境之中，不断地优化系统的组织结构和运行机制。

三、可持续发展的基本原则

可持续发展内涵中，体现出以下几个基本原则：

（1）公平性原则。可持续发展强调代内公平、代际公平以及资源分配与利用的公平。

（2）持续性原则。在"满足需求"的同时，必须有"限制"的因素，即"发展"的概念中包含着制约因素，主要限制因素是人类赖以生存的物质基础，即自然资源和环境。持续性原则的核心是人类的社会和经济发展不能超越资源与环境的承载能力。

（3）共同性原则。可持续发展要求人们对可持续发展的价值观念和道德观准则的普遍认同，要求打破民族和国家、种族和行业的界限，根据合理的要求对资源的利用进行全面的衡量和协调。

（4）和谐性原则。可持续发展思想所要达到的理想境界是人和人之间以及人和自然之间的和谐，这就要求每个人在考虑和安排自己的行动时也要考虑到自己的行动对他人、后代人及自然环境的影响，从而在人类内部及人类和自然之间建立起一种互惠共生的和谐关系。

（5）协调性原则。根据可持续发展的思想，良好的自然环境是可持续发展的基础，经济的发展是可持续发展的条件，稳定的人口是可持续发展的要求，科技进步是可持续发展的动力，社会发展是可持续发展的目的，因此，经济、环境、人口、社会、科技应协调发展。

四、可持续发展系统的组成

可持续发展理论的建立与完善，一般是沿着经济学、社会学、生态学、系统学这四个主要方向去揭示其内涵和实质。可持续发展理论研究的经济学方向是以区域开发、生产力布局、经济结构优化、物资供需平衡等作为基本内容，该方向的一个集中点，是力图把"科技进步贡献率抵消或克服投资的边际效益递减率"作为衡量可持续发展的重要指标和基本手段；可持续发展理论研究的社会学方向是以社会发展、社会分配、利益均衡等作为基本内容，该方向的一个集中点是力图把"经济效益与社会公正取得合理的平衡"作为可持续发展的重要判断依据和基本手段；可持续发展理论研究的生态学方向，以生态平衡、自然保护、资源环境的永续利用等作为基本内容，该方向的一个集中点是力图把"环境保护与经济发展之间取得合理的平衡"作为可持续发展的重要指标和基本原则；可持续发展理论研究的系统学方向是以综合协同的观点，探索可持续发展的本源和演化规律，将其"发展度、协调度、持续度的逻辑自洽"作为中心，有序地演绎了可持续发展的时空耦合与三者互相制约、互相作用的关系。遵从一般系统学的理论和原则，确认可持续发展由其内部具有严格逻辑关系的"五大支持系统"组成，它们是：

（1）生存支持系统——实施可持续发展的临界基础；

（2）发展支持系统——实施可持续发展的动力牵引；

（3）环境支持系统——实施可持续发展的约束限制；

（4）社会支持系统——实施可持续发展的组织能力；

（5）智力支持系统——实施可持续发展的科技保障。

一个国家或地区"可持续发展能力"的形成，必须同时取决于上述五大支持系统的共同贡献，五大支持系统中的任何一个发生问题，都将损坏整体的可持续能力，直至可持续发展系统的崩溃。

第二节　公路建设项目可持续发展的含义

一、公路交通发展现状

公路交通以其快捷、方便、灵活、覆盖面广、通达深度深等特点，成为现代交通运输体系的重要组成部分。它是国民经济的重要基础产业，是社会及经济快速、健康、持续发展的生命线，并在一定程度上标志着一个国家或地区社会经济的发展水平，它不仅要适应国民经济和社会发展的需要，从长远来看，还会促进国民经济大发展，满足国民经济可持续发展的要求。

近几年来，我国实行积极的财政政策，加大了对公路基础设施的投资力度，公路建设为拉动经济的发展做出了贡献，为经济的进一步腾飞增强了后劲。广大人民群众总结的"要想富，先修路"的"先"字，充分体现了公路的特殊作用。另外，人们也已经认识到公路交通发展的目标不应只限于"改善路网性能""缓解交通拥挤"和"适应经济增长"等，而

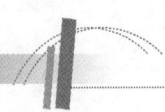

应以"促进社会持续和谐的发展"为基本目标,使之与资源利用、环境保护相适应,引导经济、社会、环境的良性发展。

从我国国民经济发展对公路交通的要求来看,随着经济的快速发展,客、货流运输量增大,必将对公路交通提出更高的要求。另外,我国自然资源分布不均匀的现象不会根本改变,跨地区的大宗货物运输将长期存在,因此,只有增大公路等基础设施建设的力度才可能满足这种增长的需求。但是公路的增加,同时会引发一系列的问题,例如资源消耗问题、自然和人文景观破坏问题、环境污染问题、资金问题、效益问题、建设质量问题、与其他运输方式协调发展问题等。这样,一方面是经济发展对公路交通行业提出越来越高的要求,促使公路交通行业必须有一个比较大的先行发展,才能满足我国经济腾飞的需要;另一方面,我国的环境资源条件又对公路交通行业的发展形成了相对强劲的多方面限制,二者产生了尖锐的冲突。这说明,原来那种单靠外延扩大再生产来满足经济发展对公路交通需求的做法,已经无法适应现在的发展要求。

二、可持续运输

要想解决以上冲突,必须采用可持续发展的战略,建设可持续发展的公路交通体系。在世界银行编著的《可持续运输:政策变革的关键》一书中,提出了可持续运输这一概念,其基本内容如下:

(1)经济与财务可持续性,是指运输必须保证能够支持不断改善的物质生活水平。

(2)环境与生态可持续性,是指运输不仅要满足物品流动性增加的需要,而且要最大限度地改善整个生活质量,减少人的生命和健康损失是保持环境可持续性的最重要内容,推行节约技术,搞好土地的规划利用,对拥挤和污染建立有效的措施都是极为重要的战略选择。

(3)社会可持续性,是指运输产生的利益应在社会的所有成员间公平分享。可持续运输要求在发展运输过程中不仅要考虑运输本身产生的经济效果,更为重要的是要充分考虑运输的外部正效用与负效用。

三、可持续公路交通的基本特征

根据可持续发展的基本理念,结合公路交通行业的特征,可以认为公路建设项目可持续发展是指公路交通在满足社会经济发展对其提出适应并适度超前要求的基础上,既能满足公路交通内部和综合运输体系的协调发展的要求,又能使其与社会、经济、环境、资源等保持长期动态协调发展,最终保证公路交通持久的发展能力和永续的发展状态,满足和促进社会全面进步和国民经济发展的需要。公路建设项目可持续发展就是一个特定的领域

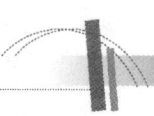

——公路交通运输部门，来研究其如何实现可持续发展的，它不仅要考虑满足当前社会经济发展对公路交通的需求，还要有利于未来公路交通的发展，并尽量减少对社会环境和自然环境的影响，使公路交通与社会、经济、资源、环境相协调，不要因为自身的发展而破坏周围的环境，也不要因现时的发展而影响后代未来的发展。因此其内容涵盖了五方面的可持续发展，即经济可持续发展、社会可持续发展、资源环境可持续发展、公路自身及与其他运输方式配合的可持续发展、政策措施的可持续发展。

因此，从理论上讲，可持续的公路交通至少应具有以下基本特征：

（1）公路交通应具有相当强的运输能力及能力后备，能满足现在和将来进一步发展的要求。

（2）公路交通应是高效率的，即能充分发挥其运输潜力，减少不必要的损耗。

（3）公路交通应与社会、经济、资源、环境相协调，即公路交通的可持续发展应与社会经济的可持续发展相一致，公路交通资产能够完好运行，能保持良好的财经状况，有限的时空资源能得到最优化，在保护自然资源和生态环境的基础上，能够与资源环境的承载力相协调，交通安全性高，科技创新贡献率高，满足和促进社会全面进步和国民经济发展。

（4）公路交通与其他运输方式之间协调有序，共同促进社会经济发展。

（5）政策措施强有力的保障，即在公路交通可持续发展的实施过程中，政府部门不但要加强技术、质量的控制，而且要加强组织管理和协调工作，并根据国家有关方针、政策，结合历史经验、现实状况和未来发展趋势，积极研究和探索公路交通可持续发展的新方法、新途径，在整个公路交通发展过程中切实做到政策的支持、资金的保障、技术的先进、信息及管理的协调。

四、公路交通可持续发展的原则

公路交通可持续发展的基本内涵，决定了公路交通的发展应当遵循以下若干原则：

（1）有利于经济发展。交通运输是经济发展的必要前提，发展交通运输，有利于资源的优化配置和统一市场的形成，促进商品和服务的流通，提高我国参与国际贸易和国际分工的能力；有利于降低生产成本，且能带动相关行业的发展，改善投资环境，吸引外资，增加就业机会等。

（2）以人为本。经济发展的目的是满足人们日益增长的物质需求，因此，公路交通的发展也要满足人们不断变化的需求。

（3）社会公平。社会公平包括发展机会均等、地区间及不同代人之间的公平等，交通运输的发展要将为人们创造平等的发展机会放在重要位置。因此，交通运输的发展要有利

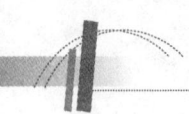

于改善贫困地区的投资环境，改变落后面貌，从而实现发展机会在时间（当代人和未来人之间）和空间（不同地区、不同收入阶层人之间）的公平，实现共同富裕。

（4）提高整体竞争力。交通运输对每种商品生产都是一种投入，并体现在商品的原料价格上。因此，公路交通运输的发展要有利于降低成本，提高制造业的竞争力，并在整体上提高国家的竞争力。

（5）节约资源。我国资源总量丰富，但人均不足，节约资源应成为发展交通运输的基本原则。在我国大陆上，不适宜耕作的面积占国土面积的七成以上，94%的人口分布在东部42%的国土上，人均耕地面积不足世界人均的47%，全国600多个县的人均耕地面积不足联合国粮农组织确定的 0.8 亩临界值。我国石油、天然气等保有探明储量严重不足，能源结构不尽合理。在我国已探明的能源储量中，煤炭和石油的储量分别为 9015 亿吨和 33 亿吨，在一次性能源的生产和消费中煤约占 75%左右。因此，节约耕地、节约能源应当成为公路交通运输发展的重要方针。

（6）环境友好。目前，我国的环境状况虽然局部有所改善，但总体仍在恶化，形势相当严峻。大气污染以烟尘和二氧化硫为主，城市中的大气污染问题更突出，而在污染物构成中，汽车尾气排放氮氧化物、二氧化硫等所占的比例有逐年升高的趋势。因此，公路交通运输基础设施的建设，应当有利于减少污染物排放总量。

（7）保证国家安全。可持续发展的前提之一是国家安全，这是《里约环境与发展宣言》的原则之一，即保障国家主权完整和领土不受侵犯。因此，公路交通体系的建立，应立足于平时的经济建设，并与通信等设施建设相互配套，在外部入侵，或内部洪涝、地震等灾害事件突发时，这将有利于信息的传递、救援部队的派遣、应急物资的运输、被困人员的疏散等，以保证国家和人民生命财产安全。

第三节　公路建设项目可持续发展影响因素分析

公路交通系统的发展是公路交通自身发展条件改善和外部环境因子影响的结果。在公路交通系统的发展过程中，公路交通作为交通运输系统的子系统，作为社会经济系统的一部分，对其发展的影响因素主要有交通地理特征（地理区位、地质构造、气候条件、地貌形态等）、自然资源分布、区域经济发展水平、环境承载能力、交通安全性、不同运输方式间协调发展程度、交通设施（包括道路设施和交通工程设施两大系统水平）科技发展水平、人才资源培养、交通管理水平等。根据各因素对公路交通可持续发展影响的时间长短，可将其分为长期影响因素、中期影响因素和短期影响因素，如表6-1所示。

表6-1　公路交通可持续发展影响因素分类

作用时间	公路交通发展影响因素
长期	交通地理特征、自然资源分布
中期	区域经济发展水平、环境承载能力、交通安全性、不同运输方式间协调发展程度、交通设施水平
短期	科技发展水平、人才资源培养、交通管理水平

交通地理特征、自然资源分布可被认为是公路交通可持续发展的长期影响因素。交通地理特征是公路交通区位的支配因素，自然资源的分布是公路建设项目建设和运营的约束因素。这两种制约公路交通可持续发展的长期影响因素较难改变。

区域的社会经济发展水平、环境承载能力、交通安全性、不同运输方式间协调发展程度以及交通设施水平等可被认为是公路交通可持续发展的中期影响因素。区域社会经济发展水平对公路交通的发展影响主要表现在两个方面：一是产业结构的发展变化影响交通网络运输方式特性的改变，二是在一段时期内经济需求的变化影响交通线路等级、通行能力及工程规模。可持续发展模式和传统发展模式的最大区别在于：可持续发展模式强调环境的可持续性，认为环境是可持续发展的基础。特定空间范围内的环境容量是有限的，而超过环境容量界限的污染物排放将导致环境承载能力的不胜负荷，如果交通运输的发展突破了相应的环境承载能力，将会对社会经济大发展带来负面影响。对安全性的需求是人类的最基本需求，实现安全性高的交通运输是可持续发展对交通发展的基本要求之一。交通运输系统可以看作是由一些相互竞争或相互作用的交通运输方式子系统所组成的，系统中存在利益冲突的多个独立个体或因素，也包含对各个目标有不同评价标准的参与者，因此需要进行系统协调。系统协调的基本思想是通过某种方法来组织和调控所研究的系统，寻求解决矛盾或冲突的方案，从而使系统从无序转换到有序，达到协同或和谐的状态。系统协调的目的就是减少系统的负效应，提高系统的整体输出功能和整体效应。交通设施是公路交通自身可持续发展的基础，道路设施是主体，交通工程设施包括交通安全设施和机电系统，是保证公路交通运输正常运行和充分发挥道路通行能力的必要管理手段。可以通过整合、协调、克服、维修和养护这些中期影响因素来改善区域及道路本身的交通发展条件，为实现公路交通可持续发展奠定基础。

科技发展水平、人才资源培养等可被认为是公路交通可持续发展的短期影响因素。公路交通可持续发展是人们追求公路交通发展的一种理想模式。实际上，公路交通系统的发展与其他系统发展一样，都存在系统演化和发展的过程，其发展过程类似于 S 形的 Logistic 曲线形式，如果将这一过程视为一个阶段，那么当公路交通系统完成一个阶段的增长过程后，公路交通系统的发展达到了一个临界点或是系统演化的分叉点，要保障公路交通的可

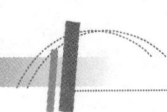

持续发展，突破限制因素对公路交通系统发展的制约，一方面要协调公路交通发展与社会经济、资源、环境之间的关系，另一方面要依赖科学技术水平及公路交通人才，开拓新的交通环境、资源容量，只有这样才能使公路交通的发展空间进一步加大，延长在一定时期内公路交通可持续发展状态的时间，同时突破环境、资源容量限制，使其发展过程呈螺旋式上升，步入良性循环轨道，进入一个新的发展阶段。

通过对公路建设项目可持续发展含义的阐释以及对公路建设项目可持续发展影响因素的分析，可为后续的公路建设项目可持续发展评价指标的选取及评价研究打下良好的基础，同时也可为决策部门制订可持续发展的公路交通战略措施奠定基础。

第七章　桥梁设计标准化管理

在进行桥梁工程设计的过程中，设计人员需要结合当地的自然条件和桥梁工程等资料进行全面的认证研究，运用最先进的成果和理论，体现设计者独特的理解，对设计目标进行总体的把握，提升设计的针对性和有效性。随着社会经济的快速发展，建造桥梁规模越来越大，系统更加的复杂，具有越来越多样的功能，呈现出以下几方面的特点，需要巨大的投资，对施工技术水平要求比较高，对环境产生极为严重的影响，大大增加灾害发生的概率，需要投入巨大的人力、物力和财力进行全面的维护。因此，在桥梁设计过程中，要保证桥梁结构的耐久性，提升防灾性，设计人员要充分估计到灾害出现的程度；设计人员要坚持抵御各种灾害设计的原则，构建完善的设计方案，保证桥梁工程的质量。在本章中，主要介绍国内外桥梁结构先进理念，主要包括桥梁抗风、桥梁抗震以及桥梁防船撞以及桥梁耐久性的理念，从而为我国桥梁工程结构设计提供借鉴和帮助。

第一节　桥梁抗风设计

对大跨和柔性的桥梁结构，设计人员不仅要做好静力设计分析，还要做好桥梁的防风设计，在通常情况，大跨径桥梁抗风性能设计主要包括风洞试验和数值模拟等环节。下面就如何做好桥梁的抗风设计展开论述。

（一）桥梁抗风分析

风属于地球中的一种自然现象，当风力达到一定程度以后，就会对桥梁的稳定性产生非常明显的影响。在1940年，美国华盛顿州的大跨度悬索桥塔科马大桥在建成仅4个月以后，受到8级大风的影响，产生了剧烈的振动，导致倒塌。根据事故调查的结果，人们逐渐认识到风荷载动力的影响，桥梁抗风设计理论得到了前所未有的发展，形成了相对完善的桥梁抗风设计规范和原则。

1. 风的特性

在地球的周围，有一层厚度可达1000千米大气，受到太阳辐射、水陆分布以及地球自转的影响，地表温度不均匀，从而使得大气中产生不均性，形成竖向对流和水平流动，在地球上产生了风。因为当空气变冷之后，质量会加重，产生下沉现象。当空气变热以后，重量减轻，就会上升，空气的流动从而产生了风。

2. 风产生的灾害

风灾具有普遍性，是地球上比较严重的灾害，风灾过后，会导致巨大的人员伤亡和财产损失，影响着人们正常的生产生活。风灾发生频率很高，可以导致非常严重的次生灾害，并且持续的时间很长。根据大量统计的结果，与其他灾害相比，风灾发生的次数导致的死亡人员，造成的经济损失都是最多的。

3. 抗风的原则

在风吹动的过程中，遇到障碍物能够把一部分的动能转化为作为这个障碍物的外力，这被称为风荷载。当风遇到钝体截面的桥梁结构时，就会呈现涡旋和流动的分离，从而产生十分复杂的空气作用力。当桥梁结构的跨度超过 200 米以上，在风的作用下，就会产生静力和动力两种特性。

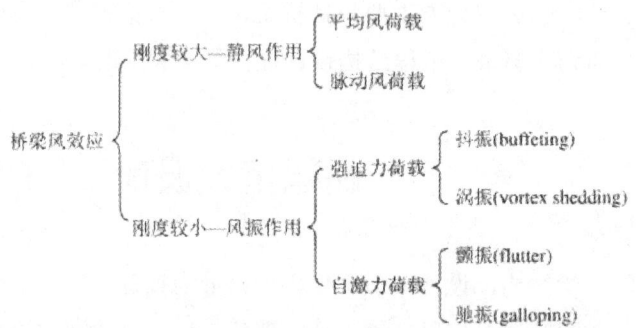

图 7-1　桥梁结构风荷载和效应

在风的动力作用下，导致桥梁风致振动，在这种情况下，就会反过来影响空气流动，从而形成风与结构的相互影响。如果空气力受结构振动影响较少，空气作用力就会产生一种强迫力，导致桥梁结构出现有限的振幅强迫振动。如果空气力受到结构振动影响较大，受振动结构反制约空气作用力，从而导致桥梁结构产生发散性的振动。根据我国《公路桥梁抗风设计规范》内容，在进行抗风设计过程中，要满足以下规范要求，第一，在桥梁设计使用过程中，在最大风速的条件下，整个桥梁结构不能出现毁坏性的发散性振动。第二，在设计风荷载等共同作用下，要保证整个桥梁的刚度和强度，要避免出现静力失稳的问题。第三，对结构非破坏性风致振动的振幅应避免影响到行车安全，保证行车的舒适度；第四，在设计过程中，要通过气动措施、结构措施以及机械措施等提升桥梁结构整体的抗风能力。

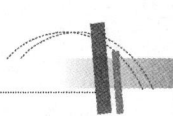

（二）静风荷载

在户外的物体，都会或多或少受到气流的影响，在气流经过非流线型桥梁结构时，就会产生静风荷载。如下图所示。

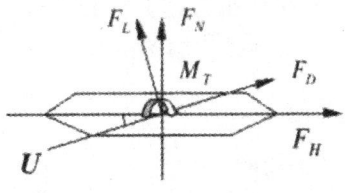

图 7-2

F_D 和 F_H 代表静风荷载阻力分量，F_L 和 F_N 分别代表静风荷载升力，M_T 代表静风荷载升力矩分量。

$$F_D = \frac{1}{2}\rho U^2 H C_D \text{ 或 } F_H = \frac{1}{2}\rho U^2 H C_H$$

$$F_L = \frac{1}{2}\rho U^2 B C_L \text{ 或 } F_N = \frac{1}{2}\rho U^2 B C_N$$

$$M_L = \frac{1}{2}\rho U^2 B^2 C_M$$

$\rho = 1.225\text{kg/m}^3$，U 代表设计风速，B 和 H 代表结构竖向和侧向的投影宽度，C_L 和 C_D 代表风轴方向的升力系数和阻力系数，C_n 和 C_h 代表体轴方向的升力系数和阻力系数，C_M 代表升力矩系数。在计算过程中，设计风速会受到基本风速、场地粗糙度以及离地高度的影响，因此，进行桥梁设计过程中，要尽量选择基本风速小的地区。在通常情况下，如果基本风速条件相同，地表粗糙度越大，平均速度救护越小，但是阵风风速就会越大。随着高度的增加，平均风速也会增加，而脉动风速会随着高度的增加而减少。

1. 主梁和拱肋

在主梁和拱肋设计过程中，截面形式和结构设计对静风荷载产生非常明显的影响。根据实际设计的情况，桥梁的截面形式越接近流线型，越会产生较小的静风荷载，反之则会越大。在桥梁使用过程中，静风荷载结构尺寸主要包括主梁的高度和和宽度，其中宽高比越大，静风荷载就会越小，反之则会越大。

对拱桥而言，包括两片或者两片以上的拱肋，对于作用于拱肋上的静风荷载，在通常情况下，可以忽略升力矩分量，剩余的阻力分量和升力分量主要取决于最外侧拱肋和高度的外轮廓形状，并且就整座桥而言，不同位置的拱肋受到的阻力和升力也是不同的。因此，为了有效地减少静风荷载，主要采用提高外侧拱肋的外轮廓宽高比，或者实现桥梁截面的

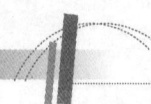

流线化等措施，保证桥梁结构的稳定性和安全性。

2. 桥墩和桥塔

在通常情况下，桥梁的桥墩和桥塔主要采用竖直构件，风产生的力量会沿着高度方向截面变化。与此同时，由于竖直构件截面长宽比与主梁相比非常小，因此，可以忽略升力和升力矩分量，在设计过程中，要重点考虑阻力分量。由于桥墩和桥塔几何形状不同，产生的静风阻力系数也就会不同。

截 面 形 状	t/b	桥墩或桥塔的高宽比						
		1	2	4	6	10	20	40
风向 ▯b	≤1/4	1.3	1.4	1.5	1.6	1.7	1.9	2.1
风向 ▢b	1	1.2	1.3	1.4	1.5	1.6	1.8	2.0
风向 ▭b	≥4	0.8	0.8	0.8	0.8	0.8	0.9	1.1
→ ◇ 正方形或八角形 → ○		1.0	1.1	1.1	1.2	1.2	1.3	1.4
○ 12边形		0.7	0.8	0.9	0.9	1.0	1.1	1.3
⦾ 光滑表面圆形 若 $DV_s \geq 6m^2/s$		0.5	0.5	0.5	0.5	0.5	0.6	0.6

图 7-3

随着桥墩和桥塔高度不断增加，桥梁的静风荷载大大增加，为了保证桥梁的稳定性，设计人员要考虑到墩柱或者塔柱的外形和静风荷载。

3. 主缆和拉索

在悬索桥中，主要的施工主缆和吊索是流线型的圆截面，这仍然会受到静风荷载的影响。随着社会经济的发展，当前大跨度悬索桥主缆主要为钢丝束股，然后再根据若干束股编程一根主缆，在通常情况下，钢股丝数主要包括61.91.127等，从而组成相对稳定的正六边形，极大地便利了施工，可以有效减少束股之间的孔隙率，从而减少主缆截面外径。

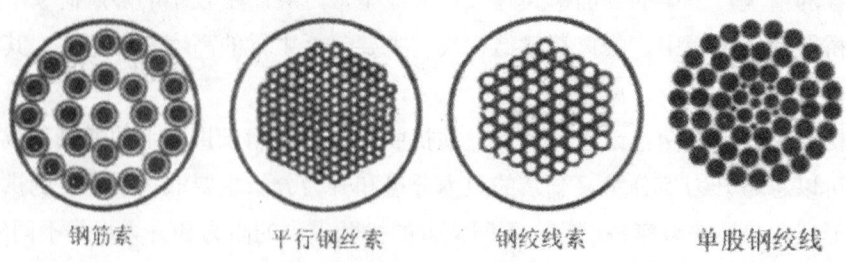

钢筋索　　　　　平行钢丝索　　　　　钢绞线索　　　　　单股钢绞线

图 7-4

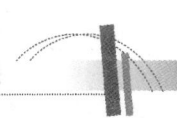

在斜拉桥设计过程中，主要采用钢索，主要由高强度钢筋、钢丝以及钢绞线组成。对大跨度斜拉桥而言，主要包括平行钢丝锁和钢绞线两种形式，由于平行钢丝锁孔隙率比较小，那么在相同强度下的外径就会比较小，而相对阻力也会比较小，反之，则会变大。

（三）风速振动设计

对桥梁而言，由于桥型、跨径以及施工材料的不同，就会产生不同形式的风致振动。对大跨度斜拉桥而言，在风的作用下，会产生迟振、颤振以及抖振等风致振动。因此，在桥梁设计过程中，设计人员要不断提升桥梁的抗风性能，最大限度地降低风致振动。

1. 主梁的颤振和迟振

颤振，简单地说，就是桥梁产生一种破坏性的纯扭转或者弯曲的自激的振动，当风速达到临界风速时，振动救护在气流的反作用下不断吸收能量来克服结构中自身的阻尼，从而大大增加振幅，导致桥梁结构出现破坏。而驰振就是破坏性横风向弯曲的发散自激振动，出现这种现象主要由于升力曲线的负斜率引起的。在通常情况下，桥梁颤振稳定性标准主要是颤振检验风速是否达到临界的风速。根据《公路桥梁抗风设计规范》规定，颤振临界风速估算公式能够有助于设计人员分析颤振临界风速的主要因素。

$$V_{cr} = \frac{5}{\sqrt{\pi}} \eta_s \eta_\alpha \frac{\sqrt[4]{mI_m}}{\sqrt{\rho b}} f_t$$

根据颤振临界风速估算公式，在通常情况下，影响临界风速的主要原因包括主梁的截面形状、功角效应系数、主梁等因素。其中对阻尼比较大和流线型比较好的截面，颤振临界风速比较高。−3°或者+3°攻角的颤振临界风速低于 0°攻角。在设计过程中，设计人员要增加主梁等效质量或者惯矩，这能够提升颤振的临界风速；另外，还可以提升桥梁扭转基频。

2. 主梁或者拱肋涡振

在风经过钝截面的桥梁结构的过程中，就会产生流动分离或者再附形式旋涡的脱落，从而出现交替变化的涡激力，如果旋涡脱落频率出现接近结构的某阶的自振频率，就会出现出现结构动力失稳破坏的情况。当涡激振动频率接近桥梁结构的固有频率时，就会产生较大幅度的振幅，出现涡激共振的情况。

在实际评价过程中，涡激共振主要包括三个方面的评价指标，具体包括：第一，如果涡振锁定风速小于设计基准风速，设计人员要结合实际情况分析涡振问题，对于大跨度的缆索承重桥梁，涡振锁定风速在 5 米每秒到 20 米每秒之间。第二，我国《公路桥梁抗风设计规范》建议，主要以节段模型风洞试验为准则，为了保证桥梁的稳定性，要保证最大振

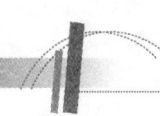

幅小于允许值的范围。第三，涡振发展频度与经济性指标相关，从理论层面讲，涡振锁定风速如果小于设计的基准风速，并且涡振最大振幅大于允许值，在实际过程中，要采用涡振控制措施。就目前而言，根据现场实验和测量有不同程度涡振的桥梁，如香港的昂船洲桥斜拉桥和上海的卢浦大桥拱桥等。

3. 拉索风雨激振

斜拉桥长拉索在风雨交加的条件下，会产生较大幅度的振动，也称为拉索风雨激振，主要原因是形成了上雨线或者下雨线，以及上下雨线。根据最新的研究成果，影响拉索风雨激振原因是多方面的，第一，整个拉索的空间状态，通常采用倾角和偏角来标示，在不同倾角的振幅会产生不同的差别。第二，拉索的结合尺寸主要包括直径和长度，根据风洞试验的结果，在直径80厘米以上和200米以上长度的拉索都有可能出现风雨激振；第三，对风雨激振的条件来说，主要可以采用风速和雨强来表示。实际试验的结果表明，5m/s到15m/s的风速等因素都会引起拉索风雨激振，因此，在设计过程中，要结合实际情况，制定相应的解决对策。

（四）附加控制措施

根据《公路桥梁抗风设计规范》的规定，为了提升桥梁的抗风性能，在实际设计过程中，可以采用气动措施、结构措施以及机械措施。其中气动措施主要改变构件的截面外形或者改变气流绕流流态。采用这种方法可以改变较小的结构，投入成本较少，在附加措施中成为首选。其中结构措施主要是提升桥梁的刚度和质量，能够有效完善结构外部和内部约束，但是采用这种方法需要投入巨大的资金，在整个桥梁结构总方案出现变化以后，可以采用这种方法。机械措施就是增加阻尼器，从而保证桥梁结构的稳定性。

1. 主梁颤振控制气动措施

在实际过程中，为有效地控制桥梁主梁颤振情况，根据当前的研究现状，无论采用钢箱梁，还是刚桁梁，在传统悬索桥中，颤振稳定性的上限1500m，如果超出这一上限，设计人员就要采用颤振控制措施改进桥梁的起动稳定性。在悬索桥加劲梁颤振控制过程中，采取的气动措施主要包括稳定板、开槽等措施，能够满足5000m长度的悬索桥，具有足够的颤振临界风速。

2. 主梁或者拱肋涡振控制气动措施

就目前而言，我国大跨度桥梁跨径不断增加，相应的主梁或者拱肋的涡振问题也逐渐增加，需要对大跨度桥梁涡振控制，保证桥梁的整体稳定性。比如香港昂船洲大桥，设计人员为了避免这种问题，设置了原理相似的导流板。

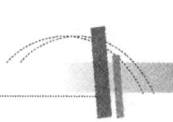

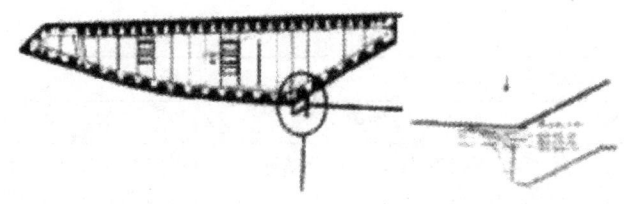

图 7-5

3. 拉索风雨激振控制气动措施

在实际过程中，由于在拉索表面形成了上雨线和下雨线，从根本上改变了原来拉索流线型的截面。因此，在拉索风雨激振最有效的方式就是破坏表面雨线。在通常情况下，主要采用气动措施，主要是在拉索表面缠绕螺旋线和可知不规则的凹坑，从而把振幅控制在允许值范围以内。

除此之外，在实际过程中，还采用辅助拉索措施，但是在实际实施过程中非常困难。还有就是提高拉索阻尼，采用不同形式的阻尼器，保证桥梁结构的稳定性。

第二节　桥梁抗震标准设计

在进行桥梁抗震设计的过程中，首先需要掌握地震运动的特点，考虑到地震级别和烈度，产生桥震的危害等。为了有效提升桥梁的抗震性，就要采用完善的设计理念。

（一）地震与桥梁抗震

地震是由于地球内部构造运动从而产生的一种自然现象，在实际运动中，影响范围会很广，破坏性极大，可以造成巨大的人员伤亡和财产损失。在通常情况下，地震振动可以通过震级和烈度来衡量，其中震级主要是衡量地震大小，主要通过地震最大振幅和震源释放的应变能标示。烈度主要表示地震对建筑物的影响程度，与地震释放的能量、深度、距离有着很大关系。

强烈的地震会产生巨大的灾害，如果在桥梁结构设计过程中，没有做好抗震设计，发生地震就会导致非常严重的后果。在 2008 年汶川地震中，一共有 6000 多座桥梁受到不同程度的损害，大约有 10%左右的桥梁属于严重破坏或者倒塌，需要灾后重建。

根据《公路桥梁抗震设计细则》规定，明确了桥梁抗震设计的类别和抗震设防目标。下面就针对桥梁的抗震设备类别和设防目标展开论述。

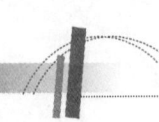

表 7-1

桥梁抗震设防类别	设防目标	
	E1 地震作用	E2 地震作用
A 类	一般不受损坏或者不需要进行修复，可以继续进行使用	可能局部出现轻微的损伤，不需要进行修复或者进行简单的修复即可
B 类	一般不受损坏或者不需要进行修复，可以继续进行使用	要保证不能出现倒塌或者严重的结构损伤，在经过临时的加固以后，可供应急交通使用
C 类	一般不受损坏或者不需要进行修复，可以继续进行使用	要保证不能出现倒塌或者严重的结构损伤，在经过临时的加固以后，可供应急交通使用
D 类	一般不受损坏或者不需要进行修复，可以继续进行使用	

根据《公路桥梁抗震设计细则》的要求，要坚持量水平和两阶段设计的原则。在第一阶段，主要采用弹性抗震设计，对应 E1 地震作用的抗震设计，从而达到设计的规范标准；第二阶段，主要采用延性抗震设计方法，还要采用能力保护原则，主要对应 E2 地震作用的抗震设计，保证整个桥梁结构具有良好的延伸性能，避免出现剪切破坏等模式，保证桥梁结构具有足够的位移能力。

（二）桥梁抗震设计的原则

合理的抗震设计，要求设计出来的结构在强度、刚度和延性等指标上有最佳的组合，使结构能够实现抗震设防的目标。抗震设计应遵循以下原则：

1. 桥梁抗震结构设计体系的整体性和规范性

桥梁的上部结构需是连续的，整体性能好，可以有效防止地震来临时抗震的结构构件的掉落，同时结构体系的整体性对于抗震结构发挥空间作用也是十分关键的。另外抗震的结构设计体系还应规范，几何尺寸、刚度以及质量无论是在平面还是在立面空间内，布置都应该对称、均匀并且规范，满足桥梁工程的实际情况。

2. 选择合适的施工场地

首先场地的选择要保证厂址是比较安全的，除安全性之外还有一个原则：尽量选择具有坚硬土的场地而不是软粘土场地，因为当地震到来时，软粘土场地更容易发生地基失效的情况。

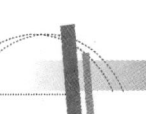

3. 提高抗震结构和构件的性能

地震之所以会对桥梁造成破坏是因为：地震引起桥梁结构振动，因此，进行结构设计时，尽可能少地使地震产生的振动能量传到桥梁结构内部去，同时抗震结构及构建又具有较好的强度、刚度以及延性，便可以有效地防止结构受到的破坏。桥梁抗震结构的刚性可以有效地控制结构的变形，而延性以及强度则决定了抗震结构的抗震能力。由于地震的反复振动会导致结构和构建的变形，从而减弱结构的强度以及刚度，因此在进行抗震结构设计时还应该重视结构及构件的延性设计。

4. 抗震设计的能力设计原则

强度安全度的差异性是能力设计的核心思想。能力设计思想强调强度安全度差异，即在不同构件（延性构件和能力保护构件—不适宜发生非弹性变形的构件统称为能力保护构件）和不同破坏模式（延性破坏和脆性破坏模式）之间确立不同的强度安全度。通过强度安全度差异，确保结构在大地震下以延性形式反应，不发生脆性的破坏模式。在我国以前的建筑抗震设计中，普遍采用"强柱弱梁，强剪弱弯，强节点弱构件"的设计思想。

（三）桥梁常用减隔振措施

为了满足桥梁的抗震需要，提升桥梁的抗震性能，设计人员要结合桥梁的结构和情况特点，采取一些针对性措施，找到设计的薄弱环节，不断完善概念设计，设计出完善的方案和思路。

1. 阻尼器

在桥梁设计过程中，设计人员根据桥梁的结构特点，延性和外加阻尼不断释放地震的作用，从而减少桥梁的结构损失，消除薄弱环节，就目前而言，桥梁阻尼装置种类有很多，使用较为广泛的是粘滞阻尼装置。

2. 减隔震支座

减隔震支座在早期设计时，根据地震动峰值加速度来决定支座所承受的水平力，按静力法，根据水平力计算支座本体及锚固螺栓的抗剪强度，当地震动峰值加速度较大时，支座所承受的水平力很大，有时可达承载力的 30%～40%，此时仅仅依靠加大支座本身的结构尺寸，硬抗地震力，对支座和桥墩本身的受力都是不利的，因此科研单位开发出了抗震型盆式橡胶支座。抗震型盆式橡胶支座是在一般盆式橡胶支座的基础上设置一个摩擦系数大于 0.2 的滑动面，并在固定支座和单向支座上设置橡胶减震条。在正常使用时，固定支座不滑动，起固定支座作用，能承受 0.2P 的水平力（P 为支座垂直反力），起固定支座的作

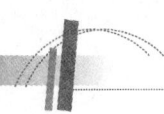

用，当达到的地震力大于 0.2P 时，设置在固定支座上的滑动面相对滑移，橡胶减震条受压缩，当达到一定的水平力时（约 0.25P），橡胶减震条的侧挡板屈服，橡胶卸载，通过以上两种措施以期达到地震消能的作用。

（1）铅芯橡胶支座的应用

铅芯橡胶支座是在一般板式橡胶支座的基础上，在支座中心放入铅芯，以改善橡胶支座的阻尼性能的一种抗震支座。铅芯橡胶支座承受结构物的重量及水平力，使铅芯产生滞回阻尼的塑性变形，并通过橡胶提供水平恢复力。铅芯橡胶支座竖向刚度大、承载性能好，能稳定地支撑桥梁上部结构的荷载，而且水平刚度适中，能满足地震产生的大位移需要，可通过调整铅芯的面积，改变铅芯橡胶支座的阻尼比，能有效吸收地震能量。

（2）高阻尼橡胶支座的应用

高阻尼橡胶支座作为隔震支座，具备承载能力、恢复能力和阻尼（吸收能量）三位一体的功能，滞回曲线饱满，对风振和大、中、小地震都能发挥隔震效果，在发生大地震后，也不会产生残余变形，而且特性变化很小，无需更换。高阻尼橡胶支座的弹性性能和阻尼特性对温度的依赖性很小，适用于广泛的领域。

高阻尼橡胶支座的弹性刚度（等效刚度）依赖于变形的大小，变形小时刚度大，变形大时刚度小，呈非线性状态。对于风载荷，高阻尼橡胶支座的初期刚度能取得制动功能。对于地震，因为大变形时刚度小，可以取得良好的隔震效果。而且，对于过大的变形，会引起橡胶硬化现象，使橡胶的刚度增加，可以期望能有控制上部结构过大变位的效果。

（3）摩擦摆式隔震支座

摩擦摆式隔震支座的本质也是摩擦阻尼支座，但它是依靠两个曲面的摩擦来实现支座的正常功能。支座的下支座板是一个较大半径的凹球面，地震时支座中心部分的摆动球面板，沿下支座板的凹球面发生摆动位移，利用一个简单的钟摆机理延长下部结构的自振周期，以减小地震力的作用。同时在地震时，摆动球面沿下支座板摆动时，球面板的标高发生变化，使上部结构抬高，通过势能做功，达到消耗地震能的目的。支座的摆动面板在地震后，可以通过上部结构的自重自动复位。

摩擦摆式隔震支座可以任何方向滑动，由温度变化引起的位移也由两个曲面的摆动来实现，当产生地震时，将剪力板剪断，支座可以向任何方向滑动，通过摩擦和高度变化，来消耗地震能。

该支座的作用原理比较简单，桥面支承在可滑动球形曲面上，当桥面与桥墩发生相对位移时，它就像钟摆一样运动。该体系的运动方程近似于一个质量相等的钟摆运动，钟摆长度为球面的曲率半径。通过改变曲率半径，可以改变支座的摆动周期，达到预期的隔震周期。通过支座水平运动时重力的竖向提升，将动能转化为势能，消耗地震能量，地震后支座在重力作用下，具有一定的复位能力。

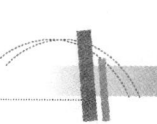

第三节 桥梁工程耐久性设计

一般而言，在桥梁的设计中，人们最关心的是桥梁的适用性、经济性、安全性以及美观度，而对于桥梁结构设计的耐久性却很少有人问津。这主要表现在三个方面：第一，在桥梁的结构设计过程中最多考虑的是桥梁的强度，对于桥梁的耐久性却很少考虑；第二，一般而言，在桥梁结构的使用生命周期中，最为重要的是其使用极限。在实践中我们发现：在对桥梁进行设计时，对新建成桥梁的承载强度极限比较重视，却忽视了桥梁的使用极限，这是非常危险的；第三，在桥梁施工前的设计中会充分考虑各方面的需要，因此比较重视建造结构的设计，而很少考虑在以后的桥梁使用过程中如何进行结构维护。正是在这样的背景下进行桥梁设计，才导致了当前桥梁班塌事故频发、桥梁结构使用性能下降、桥梁使用寿命缩短等严重后果，最终成为当前桥梁建设事业发展的桎梏。

在整个桥梁工程施工作业当中，需要对桥梁的疲劳损伤问题做好全方位的考虑，这样才能够确保日后桥梁的正常投入使用。站在桥梁结构所承受的动荷载力进行分析，其中包含了风荷载、车辆荷载等方面的具体内容。在桥梁结构当中会有随即变化的应力形成，这有可能对桥梁结构带来一定的振动作用，从而导致积累性疲劳损伤的形成。整个桥梁工程施工作业当中，选用的施工材料若不是连续性或均匀性，那么很容易存在各类缺陷问题，不仅如此，在循环性荷载的影响下，有的问题会不断地扩大，形成合并性损伤，并且致使桥梁构件外表上有一定的裂纹产生。

在以往的钢桥设计工作当中，在整个探究内容中，疲劳损伤是非常重要的内容，疲劳问题会使得钢材有裂缝问题的出现，这是非常多发的一种现象。可是，伴随着混凝土结构的广泛运用，对疲劳损伤的探究强度需逐渐地增加。2013 年，某高架桥的现浇箱梁及变截面连续箱梁的科学设计，包含有 3×35 等现浇预应力等截面连续箱梁及预应力变截面连续箱梁，在此过程中的科学设计，对于今后桥梁的后期使用具有非常现实的重要作用。

桥梁工程设计当中，非常容易受到外界因素的影响，使得桥梁遭受到一定程度的侵蚀，同时还有车辆、超载、人为因素的影响，给桥梁结构带来了各种不同程度的损害。针对大跨度桥梁来讲，我国从 20 世纪 80 年代起就开始修建斜拉桥，并且各类桥梁损害问题、桥梁坍塌事故频繁发生，一些桥梁因拉索耐久性问题需将全部的拉索实施更换，这不但影响到了桥梁的正常使用，并且使得桥梁工程成本大大增加。需要指出的是，桥梁设计问题一般是科学合理性及耐久性方面的问题，所以，在进行桥梁工程设计的时候一定要加以特别的重视。

目前，我们国家逐渐强化了对桥梁结构耐久性能的重视程度，同时获得了较为显著的

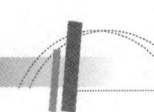

成效。桥梁工程设计工作当中，需要从桥梁施工材料、统计角度做出综合性的分析，选择广大工作人员易接受的方法，以推动工程施工可操作性能大大提升，促使整个桥梁的耐久性得到有效的保障。

桥梁工程设计工作当中，选择高质量的施工材料是确保桥梁安全性的基础性保障要素，唯有严格地按照具体规定选用高质量的施工材料，才能够使得整个桥梁的安全性得到真正的保障。在桥梁原材料当中，混凝土耐久性是由构成的具体材料决定的，其中包含水泥使用数量、强度、水灰配合比等，桥梁相关规范当中对于混凝土的实际要求有着明确的界定，为此一定要严格地遵循现有的规定来进行混凝土的使用。同时，强化混凝土耐久性体现在以下两个方面：其一，在混凝土有裂缝出现的情况下，需在第一时间做出修补处理，采用科学合理的办法做好裂缝形态发展的有效掌控；其二，需强化混凝土保护层厚度，以促使钢筋得到一定的保护，防止有腐蚀、生锈的现象发生。

安全性是整个桥梁工程设计中至关重要的一个方面，科学合理的安全性能设计可促使整个桥梁工程质量得到较为显著的提升。在桥梁当中，安全性是非常关键的根本性因素，其对桥梁的使用质量、使用年限将产生直接性的影响，为此，唯有促使桥梁工程设计质量得到明显的提升，才能够保证桥梁的安全系数，运用科学合理的设计方案，达到桥梁耐久性方面的使用要求，防止桥梁在地震、荷载影响下有损坏、倒塌的情况发生。可以说，若想杜绝桥梁出现安全性问题，就要从桥梁工程设计上做好工作，挑选科学合理的桥梁设计方案，同时不断强化桥梁耐久性设计，创建安全高质量的桥梁工程。

第八章　桥梁检测与桥梁维修

第一节　桥梁检测概述

桥梁检测分为桥梁建设施工质量的检测与桥梁运营期间的结构安全性检测两部分。前者主要是针对桥梁建设期间的施工监控中的检测、桥梁结构状态整体性能的荷载试验，以及施工过程中的成品、半成品质量的控制检测。后者主要是针对现役桥梁的结构安全性、结构实体材料，如混凝土的碳化、钢筋的锈蚀、裂缝的大小程度等实体材料的性能进行检测，判定其安全性和耐久性；对桥梁进行动静载试验，检验桥梁的结构承载能力和动力特性，通过对桥梁结构的检测，判定桥梁的结构安全。

桥梁检测的内容较多，主要涉及以下八个方面：

（1）表面检测。主要是对混凝土表面缺陷、破损以及钢构件锈蚀裂纹进行检测，采用激光传感器检测裂缝的分布，采用数字相机、热像仪以及超声波检测裂缝的宽度及深度，采用玻璃纤维传感器和超声波、雷达检测开裂的趋势和内部缺陷等。

（2）应力和变形。主要是利用激光检测变形，利用加速传感器和光纤传感器检测桥体结构的振动和应力。

（3）强度和刚度。分别利用超声波、芯样试压和拉拔试验来检测混凝土强度和弹性模量。

（4）混凝土碳化或风化程度。主要是通过钻芯取样检测碳化深度、氯化深度以及酸侵蚀深度。

（5）渗透性。主要是通过现场渗透试验检测渗透性。

（6）钢筋锈蚀。主要是采用半电位法检测锈蚀位置和程度。

（7）钢板裂纹。主要是采用侵蚀法和探伤仪检测。

（8）结构整体性能状况。主要是通过动静载试验检验。

根据以上检测内容，我们可以将检测大致分为以下两个方面：

（1）桥梁结构材料缺损状况检测

桥梁结构材料缺损状况检测，主要包括对桥梁结构材料的物理、化学、力学性能三大指标的检测，它是我们对桥梁结构材料缺损原因分析与判断的基本依据。

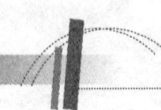

（2）桥梁结构整体性能检测

桥梁结构整体性能检测主要是采用动静载试验的方法，对桥梁结构的整体性能、功能状况进行鉴定，即对桥梁结构的强度、刚度和稳定性进行检验。

本章主要介绍桥梁结构材料缺损状况检测的常用方法和动静载试验。

第二节　桥梁检测常用方法

在役桥梁结构材料检测数据包括：桥梁几何尺寸、构件材质强度、钢筋和钢材锈蚀、混凝土氯离子含量、混凝土电阻率、拉索（吊杆）索力、桥梁墩台与基础变位等。

一、混凝土强度检测方法

桥梁结构混凝土强度常规检测方法包括：

（1）无损检测法：回弹法、超声波法、超声回弹综合法等；

（2）半（微）破损检测法：拔出法、钻芯法、射击法等；

（3）破损检测法：钻芯法。

目前桥梁检测常用回弹法、超声回弹综合法、取芯法、回弹结合取芯法等测定混凝土强度。

（一）回弹法检测混凝土强度

1. 原理

回弹法是用回弹仪的弹簧驱动重锤，通过弹击混凝土表面，测出重锤被反弹回来的距离（高度），以回弹值作为与强度相关的指标，来推定混凝土强度的一种方法。

2. 步骤及方法

（1）测区、测点的选择

① 单个检测时，应在每个构件上均匀布置测区；批量检测时，应随机抽取并使所选构件具有代表性，抽检数量不得少于同批构件总数的 30%，且构件数量不应少于 10 个。

② 测区宜选在使回弹仪处于水平方向检测的混凝土浇筑侧面。当不满足这一要求时，可使回弹仪设置在非水平方向上的构件表面或底面。

③ 相邻两测区的间距不应大于 2m，测区离构件端部或施工缝边缘的距离不宜大于0.5m，且不宜小于 0.2m。

④ 测区宜选在构件的可测表面上并均匀分布，在构件的重要部位及薄弱部位应避开预埋件。

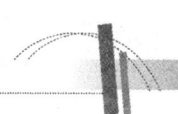

⑤ 测区宜选在构件的两个基本对称的测试面上。当不对称时，也可布置在一个可测面上，且应均匀分布。

⑥ 测区的面积不宜大于 $0.04m^2$。

⑦ 测区表面应清洁、平整、干燥，不应有疏松层、浮浆、涂层、油垢、蜂窝、麻面等。

⑧ 测点宜在测区范围内均匀分布，相邻两测点的净距一般不小于 20mm。测点距外露钢筋、预埋铁件等的距离不宜小于 30mm。测点不应在气孔和外露石子上。

⑨ 同一测点只能弹击一次，每个测区应记取 16 个回弹值。

（2）测区平均回弹值的计算

计算回弹值时，应从该测区的 16 个回弹值中，分别去除 3 个最大值和 3 个最小值，剩余的 10 个回弹值按下式计算：

$$R_m = \frac{\sum\limits_{i=1}^{n} R_i}{10}$$
（8-1）

式中　R_m——测区平均回弹值，精确至 0.01；

　　　R_i——第 i 个测点的回弹值。

非水平方向检测时，按下式进行修正。

$$R_m = R_{m\alpha} + R_{a\alpha}$$
（8-2）

式中　$R_{m\alpha}$——非水平状态测试的平均回弹值；

　　　$R_{a\alpha}$——按表 1-2-1 查出的回弹修正值。

表 8-1　非水平状态检测时的回弹修正值表

$R_{a\alpha}$	检测角度（°）							
	向上				向下			
	90	60	45	30	−30	−45	−60	−90
20	−6.0	−5.0	−4.0	−3.0	2.5	3.0	3.5	4.0
25	−5.5	−4.5	−3.8	−2.8	2.3	2.8	3.3	3.8
30	−5.0	−4.0	−3.5	−2.5	2.0	2.5	3.0	3.5
35	−4.5	−3.8	−3.3	−2.3	1.8	2.3	2.8	3.3
40	−4.0	−3.5	−3.0	−2.0	1.5	2.0	2.5	3.0
45	−3.8	−3.3	−2.8	−1.8	1.3	−1.8	2.3	2.8
50	−3.5	−3.0	−2.5	−1.5	1.0	1.5	2.0	2.5

注：表中的数值可用内插法求得，精确至 0.1。

水平方向检测混凝土顶、底面时，按下式修正：

$$R_m = R_m^t + R_a^t$$
（8-3）

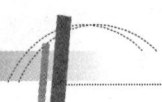

$$R_{\mathrm{m}} = R_{\mathrm{m}}^{\mathrm{b}} + R_{\mathrm{a}}^{\mathrm{b}} \tag{8-4}$$

式中： $R_{\mathrm{m}}^{\mathrm{t}}$ 、 $R_{\mathrm{m}}^{\mathrm{b}}$ ——水平方向检测混凝土顶底面时的平均回弹值，精确至 0.01；

$R_{\mathrm{a}}^{\mathrm{t}}$ 、 $R_{\mathrm{a}}^{\mathrm{b}}$ ——顶、底面回弹修正值，按表 8-2 取值。

表 8-2 不同浇筑面的回弹修正值表

项目	$R_{\mathrm{m}}^{\mathrm{t}}$ 或 $R_{\mathrm{m}}^{\mathrm{b}}$						
	20	25	30	35	40	45	50
$R_{\mathrm{a}}^{\mathrm{t}}$	2.5	2.0	1.5	1.0	0.5	0	0
$R_{\mathrm{a}}^{\mathrm{b}}$	−3.0	−2.5	−2.0	−1.5	−1.0	−0.5	0

注：表中的数值可用内插法求得，精确至 0.1。

（3）测区混凝土强度的确定

构件混凝土强度推定值 $f_{\mathrm{cu,e}}$ 按下列公式确定：

① 当构件测区数大于 10 个时：

$$f_{\mathrm{cu,e}} = m_{f_{\mathrm{cu}}^{\mathrm{c}}} - 1.645 s_{f_{\mathrm{cu}}^{\mathrm{c}}} \tag{8-5}$$

$$m_{f_{\mathrm{cu}}^{\mathrm{c}}} = \frac{\sum\limits_{i=1}^{n} f_{\mathrm{cu},i}^{\mathrm{c}}}{n} , \quad S_{f_{\mathrm{cu}}^{\mathrm{c}}} = \sqrt{\frac{\sum\limits_{i=1}^{n} \left(f_{\mathrm{cu},i}^{\mathrm{c}}\right)^2 - n\left(m_{f_{\mathrm{cu}}^{\mathrm{c}}}\right)^2}{n-1}}$$

式中 $m_{f_{\mathrm{cu}}^{\mathrm{c}}}$ ——测区混凝土强度换算值的平均值，精确至 0.1MPa；

n ——单个检测构件时，取一个构件的测区数；对批量检测时，取所有被抽检测区数之和；

$S_{f_{\mathrm{cu}}^{\mathrm{c}}}$ ——测区混凝土强度换算值的标准差，精确至 0.1MPa。

② 当构件测区数少于 10 个时， $f_{\mathrm{cu,e}} = f_{\mathrm{cu,min}}^{\mathrm{c}}$ 。

③ 当测区强度值出现小于 10MPa 值时， $f_{\mathrm{cu,e}} < 10\mathrm{MPa}$ 。

④ 当批量检测时，按式（8-5）计算。

（二）超声回弹综合法检测混凝土强度

1. 原理

超声回弹综合法是采用超声仪和回弹仪，在混凝土的表面进行测试，利用超声波穿透内部的声速值和试件表面硬度的回弹值来推算测区结构混凝土强度的方法。一般而言，声波在混凝土传播速度越快，其强度就越高。

2. 测量步骤及要求

（1）当构件只有两个相邻表面可测时，采用角测法测量，每个测区布置 3 个点。

（2）当构件被测部位只有一个可检测面时，可采用平测方法测量混凝土的声速，每个

测区布置 3 个测点。

（3）布置超声平测点时，超声测距宜采用 350～450mm。平测时修正后的混凝土声速值按下列公式计算：

$$v_\alpha = \frac{\lambda}{3} \sum_{i=1}^{3} \frac{I_i}{t_i - t_0}$$ （8-6）

式中：v_α——修正后平测时混凝土声速代表值（km/s）；

I_i——平测第 i 个测点的超声测距（mm）；

t_i——平测第 i 个测点声时读数（μs）；

λ——平测声速修正系数，对测或斜测时为 1，对测与平测时 $\lambda = V_d / V_p$，V_d 为对测声速，V_p 为平测声速。

（4）当被测构件不具备对测与平测的对比条件时，宜选取有代表性的部位，以一定间距逐点测量再用回归方法求出声速值。

（5）当在混凝土的顶面或底面测试时，测区声速值按下式确定：

$$V = 1.034v$$ （8-7）

3. 混凝土强度确定

混凝土强度按下式计算：

当粗集料为卵石时

$$f_{cu,i}^c = 0.0056 v_{ai}^{1.439} R_{ai}^{1.769}$$ （8-8）

当粗集料为碎石时

$$f_{cu,i}^c = 0.0162 v_{ai}^{1.656} R_{ai}^{1.410}$$ （8-9）

式中　$f_{cu,i}^c$——第 i 个测区混凝土抗压强度换算值（MPa），精确至 0.1MPa。

（三）钻芯法检测混凝土强度

1. 定义

钻芯法是指利用专用设备，从混凝土结构物中钻取芯样来测定混凝土抗压强度的一种方法。该方法还可以检测混凝土的裂缝、结构分层、孔洞和离析等情况，具有直观、准确的特点。

2. 使用原则

当发生下列情况之一时，可用钻芯法检测混凝土强度：

（1）怀疑试块抗压强度的测试结果时；

（2）因材料、施工或养护不当而发生混凝土质量问题时；

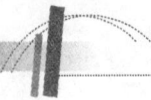

（3）混凝土遭受自然灾害、火灾、化学侵蚀时；

（4）需检测经多年使用的结构物中混凝土强度时。

3．注意事项

（1）钻芯法适用于抗压强度不大于 80MPa 的普通混凝土抗压强度的检测，对于强度等级高于 80MPa 的混凝土、轻集料混凝土和钢纤维混凝土的强度检测，应通过专门的试验确定。

（2）钻取位置应选结构受力较小、具有代表性的位置。

（3）对于强度等级小于 C10 的混凝土，钻芯过程易破坏砂浆与集料的黏结力，测试结果不准的，不易采用钻芯法。

（4）对于使用多年的旧结构应尽量采用非破损检测技术，必须采用钻芯法时，对取样位置、取样数量等应严格控制。

（5）取样位置应避开主筋、预埋件和管线的位置，并尽量避开其他钢筋。

（6）钻取芯样后的构件应及时对孔洞进行修补。

4．芯样钻取要求

（1）用钻芯法与非破损法综合测定强度时，应与非破损法取同一测区。

（2）按单个构件检测时，每个构件的芯样数不应少于 3 个，较小构件可取 2 个，但最小样本量不宜少于 15 个。

（3）芯样直径应为 100mm，且不宜小于集料最大粒径的 3 倍，但采用小直径芯样时，其直径应为 70～75mm，且不得小于集料最大粒径的 2 倍。

（4）芯样高度和直径之比宜为 1.00。

5．芯样混凝土强度

芯样强度的换算值按下列公式计算：

$$f_{cu,cor} = \frac{F_C}{A} \tag{8-10}$$

式中：$f_{cu,cor}$——芯样试件混凝土强度换算值（MPa）；

F_C——芯样试件抗压试验测得的最大压力（N）；

A——芯样试件抗压截面面积（mm^2）。

6．混凝土强度确定

检测批混凝土强度推定值按下列公式确定：

$$f_{cu,\theta 1} = f_{cu,cor,m} - k_1 s_{cor} \tag{8-11}$$

$$f_{cu,\theta 2} = f_{cu,cor,m} - k_2 s_{cor} \tag{8-12}$$

$$f_{cu,cor,m} = \frac{\sum\limits_{i=1}^{n} f_{cu,cor,i}}{n} \qquad (8-13)$$

$$S_{cor} = \sqrt{\frac{\sum\limits_{i=1}^{n}\left(f_{cu,cor,i} - f_{cu,cor,m}\right)^2}{n-1}} \qquad (8-14)$$

式中：$f_{cu,cor,m}$——芯样混凝土强度平均值，精确至 0.1MPa；

$\qquad f_{cu,cor,i}$——单个芯样混凝土强度值，精确至 0.1MPa；

$\qquad f_{cu,\theta1}$——混凝土强度推定上限值，精确至 0.1MPa；

$\qquad f_{cu,\theta2}$——混凝土强度推定下限值，精确至 0.1MPa；

$\qquad k_1$，k_2——上、下限值系数，按表 8-3 取值；

$\qquad S_{cor}$——样本标准差，精确至 0.1MPa。

表 8-3 上、下限值系数表

试件数	15	20	30	40	50	60	70	80	90	100
k_1（0，10）	1.22	1.27	1.33	1.37	1.40	1.42	1.43	1.44	1.45	1.46
k_2（0，10）	2.57	2.40	2.22	2.13	2.07	2.02	1.99	1.96	1.94	1.93

注：表中的数值可用内插法求得，精确至 0.01。

（四）拔出法检测混凝土强度

1. 定义

拔出法是指利用专用设备，从混凝土结构物中拔取嵌入混凝土的锚固件来测定混凝土强度的一种方法。利用拔出法检测混凝土强度具有精度高、破损程度小、使用方便、适用广等特点。

2. 原理

在硬化的混凝土表面钻孔、磨槽、嵌入锚固件，使用拔出仪进行拔出试验，测定极限拔出力，并根据预先建立的拔出力与混凝土强度之间的相关关系检测混凝土强度，如图 8-1 所示。

3. 分类

拔出法按锚固件埋入混凝土时间先后顺序分为两种：一是在浇筑混凝土时预先埋入锚固件，待混凝土硬化后进行拔出试验，称为预埋拔出法；二是在硬化的混凝土构件上嵌入锚固件后进行拔出试验。

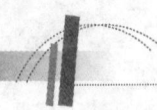

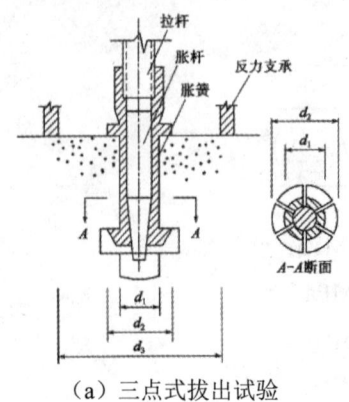

（a）三点式拔出试验

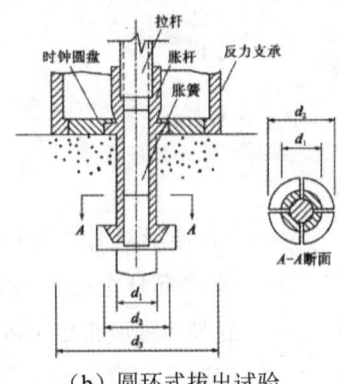

（b）圆环式拔出试验

图 8-1　拔出法检测混凝土强度装置图

4. 测试要求

（1）单个构件检测时，应在构件上均匀布置 3 个测点。

（2）测点宜布置在构件混凝土成型的侧面，在构件受力较大及薄弱部位应布置测点，相邻两测点的间距不应小于 10h（h 为锚固深度），测点距构件边缘的距离不应小于 4h。

（3）测试面应平整、清洁、干燥，对饰面层、浮浆等应予清除，垂直度偏差不应大于 3°。

（4）钻孔直径应比规定值大 0.1mm，且不宜大于 1.0mm。

（5）钻孔深度应比锚固深度 h 深 20～30mm。

（6）环形槽深度 c 应在 3.6～4.5mm 之间。

5. 强度确定

混凝土强度的推定值按下列公式计算：

$$f_{\mathrm{cu},e1} = m_{f_{\mathrm{cu}}^{\mathrm{c}}} - 1.645 S_{f_{\mathrm{cu}}^{\mathrm{c}}} \tag{8-15}$$

$$f_{\mathrm{cu},e2} = \frac{1}{m} \sum_{j=1}^{m} f_{\mathrm{cu,min},j}^{\mathrm{c}} \tag{8-16}$$

$$m_{f_{\mathrm{cu}}^{\mathrm{c}}} = \frac{1}{n} \sum_{i=1}^{n} f_{\mathrm{cu},i}^{\mathrm{c}} \tag{8-17}$$

$$S_{f_{\mathrm{cu}}^{\mathrm{c}}} = \sqrt{\frac{\sum_{i=1}^{n} \left(f_{\mathrm{cu}}^{\mathrm{c}} \right)^2 - n \left(m_{f_{\mathrm{cu}}^{\mathrm{c}}} \right)^2}{n-1}} \tag{8-18}$$

式中：　$m_{f_{\mathrm{cu}}^{\mathrm{c}}}$——批抽检构件混凝土强度换算值的平均值，精确至 0.1MPa；

　　　　$f_{\mathrm{cu,min},j}^{\mathrm{c}}$——第 j 个构件中的最小测区混凝土强度换算值，精确至 0.1MPa；

　　　　$f_{\mathrm{cu},i}^{\mathrm{c}}$——对应于第 i 个测点的混凝土强度换算值；

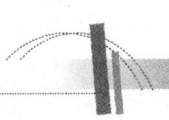

$S_{f_{cu}^c}$——批抽检构件混凝土强度换算值的标准差，精确至 0.1MPa，当平均值小于 25MPa 时，$S_{f_{cu}^c}$>4.5MPa；当平均值不小于 25MPa 时，$S_{f_{cu}^c}$>5.5MPa；

m——批抽检的构件数；

n——批抽检构件的测点总数。

二、钢筋锈蚀检测

（一）概述

1. 钢筋锈蚀

钢筋锈蚀是一个复杂的化学反应过程，当混凝土中的碱浓度超过一定临界值后，材料中如微晶和隐晶硅等活性矿料就会起化学反应，从而生成一种凝胶，而这种凝胶往往是吸水膨胀的，一旦混凝土遭受水的浸入，就使混凝土中的钢筋表面的凝胶膨胀，从而产生过高的内应力，导致混凝土胀裂，使混凝土的表面剥落，直接影响结构物耐久性。钢筋锈蚀将严重影响桥梁的承载能力。

2. 检测原则

钢筋锈蚀检测主要的原则：钢筋锈蚀状况的检测范围应为主要承重构件或承重构件的主要受力部位，或根据一般检查结果表明钢筋可能存在锈蚀的部位。对外观检查后发现梁（板）构件主要受力部分存在以下情况时，需进行钢筋锈蚀状况的检测：

（1）当发现构件主要受力部分主筋位置处存在沿梁纵向有水平裂缝的情况时；

（2）当构件主筋位置处检查的碳化深度大于原设计混凝土保护层厚度时；

（3）根据检查表明钢筋有锈迹、锈胀等锈蚀迹象时。

3. 检测方法

钢筋锈蚀检测方法主要有：

（1）半电池电位检测法。是指利用混凝土中钢筋锈蚀的电化学反应引起的电位变化来判定钢筋锈蚀状态的方法。该方法虽然不能提供锈蚀速率的具体数据，但它是目前唯一可用于现有桥梁直接检测混凝土锈蚀程度的非破损技术。该检测技术设备简单，便于现场检测，在钢筋混凝土桥梁结构的耐久性评定中广泛应用。

（2）重量损失法与截面损失法。这两种方法都需要在桥梁构件上截取已锈蚀钢筋的试件进行检测（局部破损检测），缺点是仅能反映桥梁构件局部的锈蚀率。

下面着重介绍半电池电位检测法。

（二）半电池电位检测法

1. 测区与测点的选择

（1）钢筋锈蚀检测范围应为主要承重构件或承重构件的主要受力部位。但测区不应有

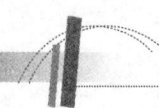

明显的锈蚀胀裂、脱空或层离现象。

（2）在测区上布置间距一般为 20cm×20cm 的测试网格，每个网格节点为一测点，一般不宜少于 20 个测点。

（3）测点位置距构件边缘应大于 5cm。当一测区内相邻测点的读数超过 150mV 时，通常应减小测点的间距。

2. 测试

（1）用钢丝刷、砂纸打磨测区混凝土表面，去除涂料、浮浆、污迹和尘土等，并用接触液将表面润湿。

（2）完成锈蚀电位测量仪与钢筋的连接。用铜/硫酸铜电极接电位仪表的正输入端，用钢筋接电位仪表的负输入端。

（3）测点读数变动不超过 2mV，可视为稳定。在同一测点，同一支参考电极重复测读的差异不应超过 10mV；不同参考电极重复测读差异不应超过 20mV。

3. 判定标准

（1）在对已处理的数据进行判读之前，按惯例将数据加以负号，绘制等电位图，然后进行判读。

（2）按照表 8-4 的规定判断混凝土中钢筋发生锈蚀的概率或钢筋正在发生锈蚀的锈蚀活动程度。

表 8-4　混凝土钢筋锈蚀电位评定标准表

电位水平（mV）	钢筋状况	评定标准
≥-200	无锈蚀活动性或锈蚀活动不确定	1
(-200，-300]	有锈蚀活动性，但锈蚀状态不确定，可能坑蚀	2
(-300，-400]	有锈蚀活动性，发生锈蚀概率大于 90%	3
(-400，-500]	有锈蚀活动性，严重锈蚀可能性极大	4
<-500	构件存在锈蚀开裂区域	5

注：1. 量测时，混凝土结构或构件应是自然状态。

　　2. 表中电位水平为采用铜/硫酸铜电极时的量测值。

三、混凝土中氯离子含量测定

混凝土中氯离子是诱发钢筋锈蚀的重要因素，为了避免钢筋过早锈蚀，应严格控制混凝土原材料中氯离子的含量。氯离子含量的测定方法有两种：试验室化学分析法和滴定条法。滴定条法可在现场完成氯离子含量的测定。

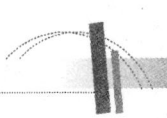

1. 基本要求

（1）混凝土中的离子含量，可在现场按混凝土不同深度取样，测定结果需能反映氯离子在混凝土中随深度变化的分布特点，根据钢筋处混凝土氯离子含量判断引起钢筋锈蚀的危险性。

（2）氯离子含量测定应根据构件的工作环境条件及构件本身的质量状况确定测区，测区应能代表不同工作条件及不同混凝土质量的部位，测区宜参考钢筋锈蚀电位测量结果确定。

2. 测试步骤

（1）钻孔分层取样，并按一定深度间隔标记，将粉状试样烘干、称重、备好待测。

（2）取定量试样用蒸馏水自然浸泡，用磁力搅拌器搅拌均匀。

（3）连接电极、主机和计算机，打开操作软件。

（4）通过软件，用标定溶液标定电极。

（5）试样溶液中加入电极稳定液，用标定完的电极测量，单个试样测试时间为2～3min。

（6）通过计算机将测量数据导出或储存。

3. 氯离子含量的评判标准

（1）氯化物浸入混凝土可引起钢筋的锈蚀，其锈蚀危险性受到多种因素的影响，如碳化深度、混凝土含水率、混凝土质量等，因此应进行综合分析。

（2）根据每一取样层氯离子含量的测定值，做出氯离子含量的深度分布曲线，判断氯化物是混凝土生成时已有的，还是结构使用过程中外界渗入及浸入的。

（3）可按表8-5的评判经验值确定混凝土中的氯离子引起钢筋锈蚀的可能性。

表8-5　混凝土中氯离子含量评定标准表

氯离子含量（占水泥含量的百分比）	钢筋状况	评定标准
＜0.15	很小	1
[0.15，0.40)	不确定	2
[0.40，0.70)	有可能诱发钢筋锈蚀	3
[0.70，1.00)	会诱发钢筋锈蚀	4
≥1.00	钢筋锈蚀活化	5

四、混凝土钢筋分布及保护层厚度检测

1. 原理

当混凝土内钢筋或其他金属物体在电磁场内会引起电磁场磁力线的改变，造成局部电

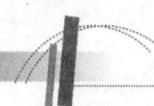
磁场强度的变化，这种变化和金属大小与电磁场源中心距离存在一定的对应关系。根据这一原理，通过仪器探头测量并由仪表显示出磁场源与钢筋或金属物的对应关系，即可估测混凝土中钢筋的位置、深度和尺寸。

2. 技术要求

（1）仪器的测量范围应大于 120mm。

（2）被测钢筋直径范围应为 $\phi6 \sim \phi50mm$，并不少于符合钢筋规定的 12 个档次。

（3）按单个构件检测时，应根据尺寸大小，在构件上均匀布置，但每个测区不应少于 3 个。

（4）测区应均匀分布，相邻两测区的间距不宜小于 2m。

（5）构件上每测区应不少于 10 个测点，其间距应小于保护层测试仪传感器长度。

3. 钢筋分布与保护层厚度确定

（1）对于缺少资料及无法确定钢筋直径时，应首先测量钢筋直径，测量时宜测读 5～10 次，求其平均值即为该钢筋的直径。

（2）将保护层测试仪传感器在构件表面平行移动，当仪器显示值为最小时，传感器正下方即是所测钢筋的位置，其值即为该处保护层厚度。

（3）将传感器在原处左右转动一定角度，仪器显示最小值时传感器长轴线的方向即为钢筋的走向。

4. 钢筋分布及保护层厚度评定

（1）根据下列公式确定混凝土保护层厚度平均值：

$$D_n = \frac{\sum_{i=1}^{n} D_{ni}}{n} \tag{8-19}$$

式中：D_{ni}——测点 i 混凝土保护层厚度，精确至 0.1mm；

n——检测构件或部位的测点数。

按照下式计算确定测量部位混凝土保护层厚度特征值：

$$D_{ne} = D_n - k_p s_D \tag{8-20}$$

式中：s_D——测点保护层厚度的标准差，$s_D = \sqrt{\dfrac{\sum_{i=1}^{n}(D_{ni})^2 - (D_n)^2}{n-1}}$；

k_p——合格判定系数值，按表 8-6 取值。

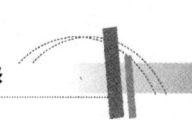

表 8-6　混凝土保护层厚度合格判定系数值表

n	10～15	16～24	≥25
k_p	1.695	1.645	1.595

（2）保护层厚度评定标准

根据测量部位实测保护层厚度特征值 D_{ne} 与设计值 D_{nd} 的比值，混凝土保护层厚度的评定标度按表 8-7 确定。

表 8-7　钢筋保护层厚度评定标准表

D_{ne} / D_{nd}	对钢筋耐久性影响	评定标准
＞0.95	很小	
（0.85，0.95]	不确定	1
（0.70，0.85]	有可能诱发钢筋锈蚀	3
（0.55，0.70]	会诱发钢筋锈蚀	4
≤0.55	钢筋锈蚀活化	5

五、混凝土碳化深度检测

碳化深度的检测是混凝土强度检测中需要进行的一项工作，它是通过在混凝土新鲜断面喷洒酸碱指示剂，观察指示剂颜色变化来确定混凝土碳化深度。一般在进行碳化深度的测量时，应先进行保护层和锈蚀电位、电阻率的测量，然后进行碳化深度及氯离子含量的测量。技术要求及步骤如下：

（1）测区数不应小于 3 个，测区应均匀布置。

（2）取所有碳化深度测点测值的平均值作为该构件每测区的碳化深度值。

（3）每一测区应布置 3 个测孔，3 个测孔应呈"品"字排列，孔距根据构件尺寸大小确定，但应大于 2 倍孔径。

（4）测孔距构件边角的距离应大于 2.5 倍保护层厚度。

（5）钻孔结束后用圆形毛刷将孔中碎屑、粉末清除，露出混凝土新鲜面。

（6）将配制好的酚酞浓度为 1%～2% 的酚酞指示剂喷到测孔壁上。

（7）用测深卡尺测量混凝土表面至酚酞变色交界处的深度，精度为 1mm，测量不少于 3 次，取其平均值，并精确至 0.5mm，作为该测点的混凝土碳化深度值。

（8）当酚酞指示剂从无色变为紫色时，混凝土未碳化；酚酞指示剂未改变颜色处的混凝土已经碳化。

六、超声法检测混凝土结构内部缺陷方法

超声波在混凝土中传播时，遇到混凝土内有空洞、裂缝、不密实等缺陷时，超声波将会在缺陷界面上进行反射和绕射，可以根据这些现象用超声波仪器的声时、声程和频率等参数来确定缺陷存在和大小。超声法检测方法总体上有两类：第一类用厚度振动式换能器进行平面测试；第二类采用径向振动式换能器进行钻孔测试。

1. 混凝土不密实区和空洞等检测

检测不密实区和空洞时，可采用平面测试法、钻孔或预埋管测法，其中钻孔或预埋管测法主要在新浇筑混凝土时采用，对于现役桥梁混凝土检测应采用平面测试法。运用超声波仪器，在构件的被测部位布置声波发、接装置，进行声时、波幅和频率的测量，来判断混凝土不密区、空洞位置以及表面损伤层的范围。

构件的被测部位应具有一对或两对相互平行的测试面，测试范围原则上应大于被怀疑的区域，同时应在同条件的正常混凝土区域进行对比测试。一般对比测点数不宜少于 20 个，测点间距一般在 100～300mm。

当被测部位混凝土中某些测点的声学参数被判为异常值时，可结合异常测点的分布及波形状况，确定混凝土内部不密实区、空洞的位置和范围。

2. 混凝土裂缝深度检测

混凝土裂缝深度检测有单面平测法、双面斜测法和钻孔对测法三种，下面仅介绍单面平测法。

在检测混凝土裂缝深度时，裂缝中应没有积水和其他能够传声的夹杂物，且裂缝附近混凝土应相当匀质。当结构的裂缝部位只有一个可测表面，估计裂缝深度不大于 500mm 时，可采用单面平测法。平测时应在裂缝的被测部位，以不同的测距，按跨缝和不跨缝布置测点进行检测。

（1）不跨缝测量：将 T 和 R 换能器置于裂缝附近同一侧，以 T、R 两个换能器内边缘间距（l_i'）为 100mm、150mm、200mm……依次移动，分别读取声时值，绘制时距关系图，如图 8-2 所示，或用回归分析法求出声时与测距之间的回归方程：

$$l_i = a + bt_i \qquad (8\text{-}21)$$

每测点声波实际传播距离为：

$$l_i = l_i' + |a| \qquad (8\text{-}22)$$

式中：l_i——第 i 点声波实际传播距离（mm）；

l_i'——第 i 点的 R、T 换能器边缘间距（mm）；

a——时距图中斜直线截距（mm）。

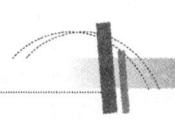

混凝土声速值为：

$$u = (l'_n - l'_1) / (t'_n - t'_1) \qquad （8\text{-}23）$$

$$u = b$$

式中：l'_n、l'_1——第 n 点和第 1 点的测距（mm）；

t'_n、t'_1——第 n 和第 1 点读取的声时值（μs）；

b——回归系数。

（2）跨缝测量：如图 8-3 所示，将 T、R 换能器分别置于裂缝两侧，l'_i 取 100mm、150mm、200mm……，分别读取声时值，同时观察首波相位的变化。

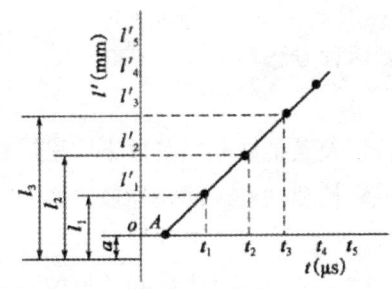

图 8-2　平测时距关系图

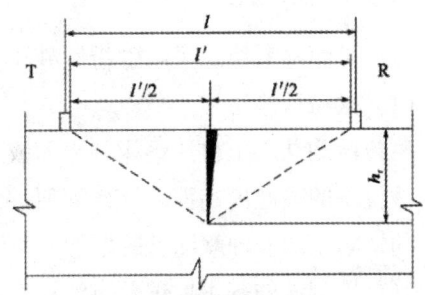

图 8-3　跨缝测深示意图

裂缝深度按下式计算：

$$h_{ci} = \frac{l_i}{2} \sqrt{\left(\frac{t_{ci} v}{l_i}\right)^2 - 1} \qquad （8\text{-}24）$$

$$m_{hc} = \frac{1}{n} \sum_{i=1}^{n} h_i \qquad （8\text{-}25）$$

式中：l_i——第 i 点的声波实际传播距离（mm）；

h_i——第 i 点计算的裂缝深度（mm）；

t_{ci}——第 i 点跨缝平测时的声时值（μs）；

m_{hc}——各测点计算裂缝深度的平均值（mm）；

n——测点数。

（3）裂缝深度确定原则。

当在某测距发现首波反相时，可用该测距及两个相邻测距的测量值按式（8-24）计算裂缝深度值，取此三点 h_{ci} 平均值作为该裂缝的深度值 h_c。

当未发现首波反相时，将按式（8-24）、式（8-25）计算 h_{ci} 及平均值 m_{hc}。将各测距与 m_{hc} 作比较，凡测距小于 m_{hc} 和大于 $3 m_{hc}$ 的数据组，均应剔除，然后取余下 h_{ci} 的平均值作为该裂缝的深度值。

七、钢构件常用检测

钢结构构件一般分为外观检查和内部缺陷检测两种。外观检查主要是通过肉眼观察，借助标准样板、量规和放大镜等工具对钢构表面的焊缝、连接处等部位的表面缺陷和尺寸偏差进行检测。内部缺陷检测主要是利用超声波等检测仪器对钢构件内部可能存在的缺陷进行检测。钢材焊接质量、裂纹、高强螺栓拉力以及涂层状况等指标是钢构件的重要检测项目。

1. 构件表面缺陷检测

构件表面缺陷检测采用磁粉检测和液体渗透检测两种方法。

（1）磁粉检测法

磁粉检测法用于检测钢构件表面或近表面的裂纹以及其他缺陷，其效果比采用超声波或射线检测的灵敏度高而且操作简便、结果可靠。磁粉检测法对表面缺陷最灵敏，对表面以下的缺陷，随着埋藏深度的增加，检测灵敏度下降。

磁粉检测法的基本原理及方法：当钢构件被磁化后，若在构件表面和近表面存在裂纹等缺陷时，便会在该处形成一磁场，当对该磁场撒放磁粉时便会在磁场周围形成有规则的聚集影像，这样就可以判断构件表面是否存在缺陷。一般情况下，用四氧化三铁或三氧化二铁作为磁粉，如果被检构件没有缺陷，则磁粉在构件表面均匀分布。当构件上有缺陷时，由于缺陷内含有空气或非金属，位于构件表面或近表面的缺陷处堆积比较多的磁粉而被显示出来，形成肉眼可见的缺陷图像。为了提高检测灵敏度，可采用荧光磁粉，从而在紫外线照射下更容易观察到构件中存在的缺陷。

（2）液体渗透检测法

液体渗透检测法是一种检查构件或材料表面缺陷的方法，它不受材料磁性的限制，比探伤法的应用范围更加广泛。其原理为，利用黄绿色的荧光渗透液或红色的着色渗透液对缝隙良好的渗透性，渗透清洗处理，放大缺陷痕迹，用目视法观察，对缺陷的性质和尺寸做出适当评价。液体渗透检测法应用于各种金属、非金属等材料的表面缺陷的检查。其优点是应用不受限制，原理简明易懂，检查方便，易掌握，显示缺陷直观，可以同时显示不同方向的各类缺陷。

2. 构件焊接检测

构件焊接质量主要用超声波等仪器进行检测。

（1）超声波探伤检查

用超声波仪器发出的超声波垂直射到被检测工件中，通过荧光屏的波形来判断被测工

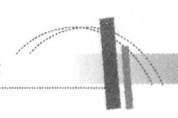

件中有无缺陷。若无缺陷时，则荧光屏上只能见到始波和底波，当有缺陷时屏幕就会有缺陷波。当工件中有缺陷时，可根据各波形之间的间距推断出缺陷深度即各波形之间的间距之比等于所对应的工件中的长度之比求出。

$$AQ = \frac{AB}{A'B'} - A'Q' \qquad (8\text{-}26)$$

式中：AQ——缺陷位置（深度）；

　　　AB——工件的厚度；

　　　$A'B'$——始波与底波间距；

　　　$A'Q'$——始波与缺陷波的间距。

（2）射线探伤检查

射线探伤是利用射线可穿透物质和在物质中有衰减的特性来推断缺陷的一种检测方法。射线可以分为 X 射线、γ 射线和高能射线三种，常用的是 X 射线。运用 X 线透过工件后的射线强度变化来判断缺陷是否存在，具体可按《金属熔化焊焊接接头射线照相》（GB/T3323—2005）中的探伤方法、步骤、评判依据进行缺陷评定。

3. 高强螺栓拉力检测

用手动扭矩扳手或专用定扭电动扳手检测高强螺栓实际拉力值与高强螺栓设计预拉力值的差值，来判断螺栓的紧固程度。

八、钢构件漆膜厚度检测

漆膜厚度检测一般有两种方式，即标杆千分尺法和磁性测厚仪法。下面简单介绍磁性测厚仪操作方法。

（1）将已涂漆的最低（或未涂漆的底板）处打磨并擦洗干净。

（2）将仪器探头放在底板上按下电钮，再按下磁芯，当磁芯跳开时，若指针不在零位，应旋动调零电位器使指针回到零位，重复数次。

（3）取标准厚度片放在调零用的底板上，再按上述步骤（2）操作。

（4）取距样板边缘不少于 1cm 的上、中、下三个位置进行测量。将探头放在样板上，按下电钮，再按下磁芯，使之与被测漆膜完全吸合，此时指针缓慢下降，待磁芯跳开表针稳定后，即可读出漆膜厚度值。

（5）取各点厚度的算术平均值作为漆膜的平均值，精确度为 2μm。

（6）测点要求：对主要表面面积＜1cm² 的试件，作 1～3 点测量；对 1cm²≤主要表面面积≤1m² 的试件，在选择参比面内作 3～5 点测量；对主要表面面积多 1m² 的试件，作 9 点 10 次测量，第 1 次与第 10 次测量点重合；钢桁梁梁底面积多 1m² 的试件，故选用 9 点 10 次测量的方法。测点布置见图 8-4。

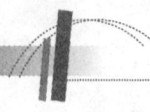

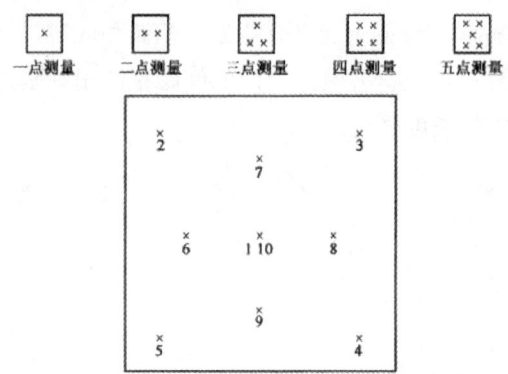

图 8-4　9 点 10 次测量测点分布示意图

九、索力检测

索力检测主要是指对斜拉索索力和吊杆杆力进行检测。斜拉索是斜拉桥的主要受力构件之一，它的受力状态是桥梁安全与正常使用的重要指标，监测与检测索力对于及时反映拉索的工作状态和调整拉索的结构内力极为重要。下面着重介绍斜拉索的索力检测。

目前斜拉索的索力监测常用方法有：压力传感器法、磁通量传感器法、光纤光栅智能筋法和频率法。除频率法外，其他三种都是预先设置监测，而频率法是对未预先设置索力监测传感设备的斜拉桥进行索力检测的常用方法。下面介绍频率法检测索力的方式。

1. 检测原理

频率法是依据索力与索的振动频率之间存在对应关系的特点，在已知索长度、两端约束情况、分布质量等参数的前提下，将高灵敏度的拾振器绑在斜拉索上，拾取拉索在环境振动激励下的振动信号，经过滤波、信号放大、A/D 转换和频谱分析即可测出斜拉索的自振频率，进而由索力与拉索固有频率之间的关系获得索力的一种间接方法。

对于张紧的斜拉索，当其垂度的影响忽略不计时，无阻尼时的自由振动微分方程为：

$$EI\frac{\partial^4 \omega}{\partial x^4} - F\frac{\partial^2 \omega}{\partial x^2} + m\frac{\partial^2 \omega}{\partial t^2} = 0 \tag{8-27}$$

式中：$\omega(x,t)$ ——斜拉索在 t 时刻垂直于索向的挠度；

$\quad EI$ ——索的抗弯刚度；

$\quad t$ ——时间；

$\quad F$ ——索内拉力，假定沿索均匀分布，不随时间而变化

$\quad m$ ——索单位长度的质量。

经化简，索力计算公式为：

$$F = 4ml^2\left(\frac{f_n}{n}\right)^2 \tag{8-28}$$

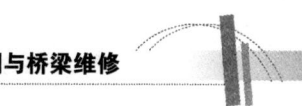

式中：n——索固有频率的阶数（即拉索长度内的半波个数）；

　　　f_n——索的第 n 阶固有频率（s^{-1}），$f_n = nf_1$，f_1 为第一固有频率；

　　　l——拉索的自由或挠曲长度。

在实际应用中，拉索的边界条件常常介于两端固定和两端铰支之间，其差别仅仅与拉索抗弯刚度有关。因此在通常情况下可以认为拉索两端为铰支，并通过调整拉索的长度来修正由于模型简化所造成的误差。

2. 检测

现场测量时可采集拉索的随机振动信号，也可采用人工激振法使拉索振动。用索力动测仪进行测量时一般用人工振动拉索，采集斜拉索的振动波形，然后通过谱分析获得该拉索振动的频域功率谱曲线，根据谱曲线的峰值分布，可采集到拉索的若干阶固有频率，再根据公式（8-28）求得索力。

第三节　桥梁荷载试验

桥梁荷载试验是指通过施加荷载的方式对桥梁结构或构件的静、动力特性进行的现场测试，其目的就是通过加载试验，记录桥梁在荷载作用下的结构反应，为桥梁结构技术及承载能力评定和日后养护、维修与加固的决策提供科学依据和支持。

桥梁荷载试验包括静载试验和动载试验。静载试验是指通过在桥梁结构上施加与控制荷载等效的静态外加荷载，利用检测仪器设备测试桥梁结构控制部位与控制截面的力学效应的现场试验。动载试验是指测试桥梁结构或构件在动荷载激振和环境荷载作用下的受迫振动特性和自振特性的现场试验。荷载试验工作流程见图8-5。

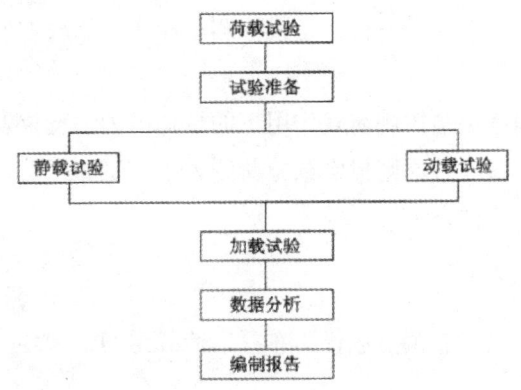

图 8-5　桥梁试验流程图

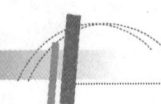

一、试验条件

根据《公路桥梁荷载试验规程》（JTG/T J01—2015）（以下简称《荷载试验规程》）和《承载能力评定规程》相关规定，当出现以下情况之一时，需对桥梁进行荷载试验：

（1）桥梁主要承重构件的材料缺损严重影响结构的承载能力，桥梁技术状况等级被定为四、五类。

（2）桥梁的荷载等级需要提高。

（3）桥梁需要通过超重车辆。

（4）桥梁重大的加固改建后需要验收。

（5）当采用其他方法难以准确判断桥梁能否承受预定荷载时。

但是，对于一些特大型桥梁，当发生承重构件严重缺损，桥梁达到危险类或桥梁技术状况达到五类时，桥梁存在严重的施工质量隐患或施工质量不明确以及存在潜在落梁等情况时，都不应对桥梁进行静载试验。

二、试验程序及工作内容

荷载试验应按照试验准备、现场实施和试验结果分析三个阶段开展工作。

1. 试验准备阶段工作

（1）资料准备。收集设计资料、施工和监理资料、施工监控资料、竣工资料。

（2）现场调查。主要调查桥梁结构的总体尺寸、主要构件截面尺寸、主要部位的高程、桥面平整度、支座工作状况、材料的物理力学性能、结构物的裂缝、缺陷、损伤和钢筋锈蚀状况等。

（3）测试孔选择。对拟试验桥联（座）进行现场踏勘和外观检查，选择具有代表性桥孔作为测试孔，同时宜考虑便于支架搭设或检测车操作，加载方便，仪器设备连接容易实现等。

（4）方案编制。根据试验控制荷载作用下的结构内力、变位及结构基频等的理论计算结果，结合测试内容，按等效原则拟定试验荷载大小、试验工况、加载位置及方法，制订试验加载、测点布设及测试方案。

2. 现场实施阶段工作

（1）现场准备。包括试验测点放样、布置，荷载组织，现场交通组织及试验测试系统安装调试等。

（2）预加载试验。在正式实施加载试验前，应先进行预加载试验，检验整个试验测试系统工作状况，并进行调试。

（3）正式加载试验。按照预定的荷载试验方案进行加载试验，并记录各测点测值和相关信息。

（4）过程监控。监测主要控制截面最大效应实测值，并与相应的理论计算值进行分析比较，关注结构薄弱部位的力学指标变化、既有病害的发展变化情况，判断桥梁结构受力是否正常，再加载是否安全，确定可否进行下一级加载。

3. 试验结果分析阶段工作

（1）理论计算。按照实际施加状况情况对桥梁结构内力、应力（应变）和变形进行理论计算。必要时应对裂缝宽度、动力响应等进行分析。

（2）数据分析。对原始测试记录进行分析处理，提取有价值的信息。

（3）报告编制。根据理论计算和测试数据的对比分析，对试验结果做出判断与评价，形成荷载试验报告。

三、静载试验

1. 定义

将静止的荷载作用于桥梁上指定位置，运用仪器测试出桥梁结构的应变（应力）变位、裂缝、倾角和索（杆）力等参数，从而推断桥梁结构在荷载作用下的工作状态和使用能力，它是目前评估桥梁结构承载能力最成熟的一种检测方法。

2. 试验目的

静载试验首要目的是检验桥梁结构设计与施工的质量，对于一些新建的特大型桥梁在交竣工时一般应进行静载试验，来评定桥梁结构整体安全性。其次是验证桥梁结构设计理论和计算方法，直接了解结构承载情况，借以判断桥梁结构实际承载能力，对于桥梁使用某种新方法、新材料时也往往需要用荷载试验来获得数据。最后为桥梁养护、维修及加固改造提供基础技术资料。

3. 试验工况及截面基本要求

桥梁静载试验应按桥梁结构的最不利受力原则和代表性原则确定试验工况及测试截面。测试截面选择时，通常根据桥梁结构的内力包络图，并考虑应力分布，按最不利受力原则选定截面，然后拟定相应的试验工况。具体桥梁截面可按表8-8选定。

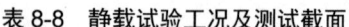

表 8-8　静载试验工况及测试截面

桥型	试验工况	测试截面
简支梁桥	跨中截面主梁最大正弯矩工况	跨中截面
连续梁桥	①主跨支点位置最大负弯矩工况；	①主跨（中）支点截面；
	②主跨跨中截面最大正弯矩工况；	②主跨最大弯矩截面；
	③边跨主梁最大正弯矩工况	③边跨最大弯矩截面
悬臂梁桥	①墩顶支点截面最大负弯矩工况；	①墩顶支点截面；
	②锚固孔跨中最大正弯矩工况	②锚固孔最大正弯矩截面
铰拱桥	①拱顶最大剪力（或正弯矩）工况；	①拱顶两侧 1/2 梁高（或拱顶）截面；
	②拱脚最大水平推力工况	②拱脚截面
无铰拱桥	①拱顶最大正弯矩及挠度工况；	①拱顶截面；
	②拱脚最大负弯矩工况；	②拱脚截面；
	③跨中及近吊杆（索）最大拉力工况	③典型吊杆（索）
门式刚架桥	①跨中截面主梁最大正弯矩工况；	①跨中截面；
	②锚固端最大或最小弯矩工况	②锚固端梁或立墙截面
斜腿刚架桥	①跨中截面主梁最大正弯矩工况；	①中跨最大正弯矩截面；
	②腿顶主梁截面最大负弯矩工况	②斜腿顶中主梁截面或边主梁截面
T 形刚构桥	①墩顶截面主梁最大负弯矩工况；	①墩顶截面；
	②挂孔跨中截面主梁最大正弯矩工况	②挂孔跨中截面
连续刚构桥	①主跨墩顶截面主梁最大负弯矩工况；	①主跨墩顶截面；
	②主跨跨中截面主梁最大正弯矩及挠度工况；	②主跨最大正弯矩截面；
	③边跨主梁最大正弯矩及挠度工况	③边跨最大正弯矩截面
斜拉桥	①主跨中孔跨中最大正弯矩及挠度工况； ②主梁墩顶最大负弯矩工况； ③主塔塔顶纵桥向最大水平位移与塔脚截面最大弯矩工况	①中跨最大正弯矩截面； ②墩顶截面； ③塔顶截面（位移）及塔脚最大弯矩截面
悬索桥	①加劲梁跨中最大正弯矩及挠度工况； ②加劲梁 3L/8 截面最大正弯矩工况； ③主塔塔顶纵桥向最大水平位移与塔脚截面最大弯矩工况	①中跨最大弯矩截面； ②中跨 3L/8 截面； ③塔顶截面（位移）及塔脚最大弯矩截面

注：L 为桥梁计算跨径。

加固或改造后的桥梁有下列情况之一时，应按下述原则增加试验工况和测试截面：

采用增大边梁截面法进行改造后的多梁式梁（板）桥，宜根据结构对称性增加横桥向的偏载工况。

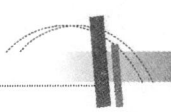

（2）采用置换混凝土进行改造的桥梁，宜在混凝土转换区域内增加测试截面，并确定相应的试验工况。目的是验证处置效果，了解新旧混凝土的协调变形能力及裂缝修补后的工作性能，在修补区域专门设置工况和测试截面。

（3）受力裂缝宽度超过设计规范限值且经过修补的结构构件，宜在典型裂缝位置增加测试截面，并确定相应的试验工况。

（4）对于加宽改造的桥梁，应增设横向联系试验工况。

4. 其他要求

（1）对于悬索桥、斜拉桥及高墩桥梁，应进行桥塔、墩的纵桥向位移测试。必要时，应进行主塔塔顶三维坐标测试。悬索桥、斜拉桥应进行加劲梁的竖向挠度及水平位移测试，加劲梁水平位移测点宜布置在梁端。悬索桥应进行主缆控制截面的三维坐标测试。

（2）加固或改建后的桥梁，宜根据情况增加下列测试内容：

① 粘贴板（片）材加固后的桥梁的典型结合面处，新旧结构各自的应力（应变）及新增材料的最大应力（应变）。采用粘贴钢板（碳纤维板或碳纤维布）、增大截面、新增构件或置换构件对桥梁结构进行加固后，新旧结构之间的可靠黏结是保证二者共同受力的关键。新增构造与旧结构之间由于龄期、材料等差异，会产生裂缝或发生剥离，其程度往往会随着外荷载的变化而有所发展。通过静载试验手段测试新旧构件在同一位置的应力（应变）可以判断二者的协调变形和共同受力情况。

② 新增构件、置换构件后桥梁的典型新旧构件结合面处最大应力（应变）。

③ 体外预应力法加固后桥梁的受弯构件体外预应力钢束的偏心距。通过体外预应力改造后的桥梁，体外预应力的偏心距对结构本身的应力及其极限承载能力影响较大，合理控制体外预应力钢束在运营过程中的偏心距大小及其变化幅度范围是保证改造措施合理的因素之一。

④ 新、旧结构典型截面的结合面开裂或剥离情况。

⑤ 斜拉桥部分拉索更换后的拉索及相邻 3 根索位置的截面应力（应变）情况。

5. 试验方案

静载试验方案一般包括测试截面、试验工况、测试内容、试验荷载、测点布置、试验过程控制和试验数据分析等内容。

（1）加载方案

加载方案最重要的工作是根据桥梁现有的状况进行结构分析计算，最大加载量与加载位置即要保证桥梁的绝对安全，又要准确测出桥梁的应变、位移、动力响应等参数值。静载试验可采用车辆加载或加载物（堆置铁块、预制块件、水箱等）直接加载，采用车辆加载时，宜采用三轴载重车辆。

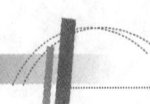

（2）控制荷载

静力荷载试验效率是指某一控制截面在试验荷载作用下的计算效应与该截面对应的设计控制效应的比值。根据《公路桥梁荷载试验规程》（JTG/T J21-01—2015）的规定，静载试验荷载效率系数 η_q 宜介于 0.85～1.05 之间，一般要求采用较高的荷载试验效率时 η_q 宜介于 0.95～1.05 之间。静载试验效率按式（8-29）计算：

$$\eta_q = \frac{S_s}{S(1+\mu)}$$
（8-29）

式中　S_s——静载试验荷载作用下，某一加载试验项目对应的加载控制截面内力或位移的最大计算效应值；

　　　S——控制荷载产生的同一加载控制截面内力或位移的最不利效应计算值；

　　　μ——按规范取用的冲击系数值。

荷载试验中实际采用的试验荷载与控制荷载往往不同，为保证试验效果，通常采用控制截面的静载试验荷载效率进行控制。整体式结构的控制截面为整体截面，多梁（肋）式结构的控制截面是受力最不利梁（肋）的控制截面。中小跨径桥梁多为多梁（肋）式结构，是针对单梁（肋）按照横向分布理论进行的设计，荷载试验通常以内力效应最大的梁（肋）为试验加载控制对象，兼顾其他梁的荷载效率不超限。

（3）应变测点布置

荷载试验测点包括应变测点和位移（挠度）测点，分布在桥梁结构受力和变形较大的部位，如弯矩最大、挠度最大、主应力最大的部位。常见截面的单向应变测点布置见表8-9。结构对称时，1/2 横截面的应变测点可减少，但不宜少于 2 个。

表 8-9　截面应变测点布置表

构件名称	主要截面类型		控制点布置要求
混凝土主梁	板式截面	整体式实心板	①板底面测点不宜少于 5 个，对称布置；②侧面测点不宜少于 2 个
		整体式实空板	①板底面测点不宜少于 5 个，对称布置；②侧面测点不宜少于 2 个；③腹板对应位置宜布置测点
		装配式空心板	①每片板底面测点不宜少于 2 个；②侧面测点不宜少于 2 个
	梁式截面	混凝土 T 梁	①每片梁底面测点为 1～2 个；②每片梁侧面测点不宜少于 2 个
		π 形梁	①每片梁底面测点为 1～2 个；②每片梁侧面测点不宜少于 2 个

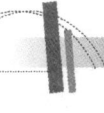

续表

构件名称	主要截面类型		控制点布置要求
混凝土主梁	梁式截面	分离式箱梁	①每片梁底面测点为1~2个； ②单腹板侧面测点不宜少于2个
		整体式箱梁	①每箱室顶、底板不宜少于2个； ②单肋侧面测点不宜少于2个； ③箱梁外侧也可布置测点
钢箱梁及钢—混组合梁	钢箱梁		①每箱室顶、底板不宜少于3个，且贴近腹板布置； ②每腹板测点不宜少于3个； ③加劲肋可有选择性布置测点
	钢—混组合梁	π形梁	①单纵梁顶、底板不宜少于2个； ②单纵梁侧面测点不宜少于3个； ③混凝土下缘测点不宜少于5个，对称布置
		I形梁	①顶、底面测点不宜少于2个； ②单侧面测点不宜少于3个
拱肋	钢筋混凝土	矩形、箱形	①顶、底面测点不宜少于2个； ②单侧面测点不宜少于3个
	钢管混凝土	各种肢形	不宜少于4个，对称分布；钢管与缀板连接处宜布置测点
桥墩	圆形		不宜少于4个，对称分布
	矩形、箱形		①横向桥向每侧不宜少于3个； ②纵桥向每侧不宜少于3个

　　位移测点的测值应能反映结构的最大变位及其变化规律。主梁竖向位移的纵桥向测点宜布置在各工况荷载作用下挠度曲线的峰值位置。

　　竖向位移测点的横向布置应充分反映桥梁横向挠度分布特征，整体式截面不宜少于3个，多梁式（分离式）截面宜逐片梁布置，测点布置见表8-10。

表8-10　主梁竖向位移测点布置表

构件名称	主要截面类型		控制点布置要求
混凝土主梁	板式截面	整体式实心板	横桥向底面或桥面不宜少于3个
		整体式实空板	横桥向底面或桥面不宜少于3个
		装配式空心板	每片板底面不宜少于1个或桥面不宜少于3个
	梁式截面	混凝土T梁	每片梁底面不宜少于1个或桥面不宜少于3个
		π形梁	每片梁底面不宜少于1个或桥面不宜少于3个
		分离式箱梁	每片梁底面不宜少于1~2个或桥面不宜少于3个
		整体式箱梁	横桥向梁底面不宜少于3个或桥面不宜少于3个
钢箱钢混组合梁	钢箱梁		横桥向梁底面不宜少于5个或桥面不宜少于3个
	钢混组合梁		每片纵梁底面不宜少于1个或桥面不宜少于3个

（4）加载方法

正式加载之前应进行预加载。一般采用分级加载的第一级荷载或单辆试验车作为预加载。

试验荷载应分级施加，加载级数应根据试验荷载总量和荷载分级增量确定，可分成 3～5 级。当桥梁的技术资料不全时，应增加分级。重点测试桥梁在荷载作用下的响应规律时，可加密加载分级。加卸载过程中，应保证非控制截面内力或位移不超过控制荷载作用下的最不利值。

加载时间间隔应满足结构反应稳定的时间要求。应在前一级荷载阶段内结构反应相对稳定、进行了有效测试及记录后方可进行下一级荷载试验。当进行主要控制截面内力（变形）加载试验时，分级加载的稳定时间不应少于 5min；对尚未投入运营的新桥，首个工况的分级加载稳定时间不宜少于 15min。加卸载稳定时间取决于结构变形达到稳定所需的时间。同一级荷载内，结构最大变形测点在最后 5min 内的变形增量小于第一个 5min 变形增量的 15%，或小于测量仪器的最小分辨值时，通常认为结构变形达到相对稳定。若因连接较弱或变形缓慢而造成测点观测值稳定时间较长，如结构的实测变形（或应变）值远小于计算值，一般应适当延长加载稳定时间。

试验过程中发生下列情况之一时，应停止加载，查清原因，采取措施后再确定是否进行试验：

① 控制测点应变值已达到或超过计算值；

② 控制测点变形（或挠度）超过计算值；

③ 结构裂缝的长度、宽度或数量明显增加；

④ 实测变形分布规律异常；

⑤ 桥体发出异常响声或发生其他异常情况；

⑥ 斜拉索或吊索（杆）索力增量实测值超过计算值。

6. 试验结果分析

（1）校验系数

校验系数 η 应包括应变（或应力）校验系数及挠度校验系数，其值应按 $\eta = S_e / S_s$ 计算。常见桥梁结构试验的应变（或应力）、挠度校验系数应符合表 8-11 所示的常值范围。

表 8-11　常见桥梁结构试验校验系数常值

桥梁类型	应变（或应力）校验系数	挠度校验系数
钢筋混凝土板桥	0.20～0.40	0.20～0.50
钢筋混凝土梁桥	0.40～0.80	0.50～0.90
预应力混凝土桥	0.60～0.90	0.70～1.00

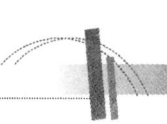

续表

桥梁类型	应变（或应力）校验系数	挠度校验系数
圬工拱桥	0.70～1.00	0.80～1.00
钢筋混凝土拱桥	0.50～0.90	0.50～1.00
钢桥	0.75～1.00	0.75～1.00

同类桥型校验系数越小，结构的安全储备越大。校验系数过大或过小应从多方面分析原因：过大可能因为组成结构的材料强度或弹性较低，结构各部分连接性能较差，刚度较低等；过小可能因为材料的强度或弹性较高，桥面铺装及人行道等与主梁（肋）共同受力，拱上建筑与拱圈共同作用，计算理论或简化图式的影响等。试验时加载物的称量误差、仪表的观测误差等也对校验系数有一定影响。一般来说，新建桥梁的校验系数较小，旧桥的校验系数较大。校验系数超出常值范围时，通常结合动载试验成果进行综合分析判断。

（2）相对残余变形系数。

主要控制测点的相对残余变形（或应变）ΔS_p 越小，说明结构越接近弹性工作状况。ΔS_p 不宜大于 20%。当 ΔS_p 大于 20%时，表明桥梁结构的弹性状态不佳，应分析原因，必要时再次进行荷载试验加以确定。

（3）对于常规结构，实测的结构或构件主要控制截面应变沿梁高分布符合平截面假定，实测的控制点变形或应变与荷载的关系曲线接近于直线，说明桥梁结构或构件处于弹性工作状况。

（4）试验中产生的新裂缝控制要求：新建桥梁其裂缝宽度不应超过《公路钢筋混凝土及预应力混凝土桥涵设计规范》（JTGD62—2012）（以下简称《混凝土桥涵设计规范》）规定的容许值，卸载后其扩展宽度应闭合到容许值的 1/3；在用桥梁的裂缝宽度不宜超过现行《承载能力评定规程》的规定。

四、动载试验

1. 定义

动载试验是指将动力荷载（行驶的汽车荷载等）作用于桥梁结构上，以便测出桥梁结构的某些动力特性，从而推断桥梁结构在动载作用下受冲击、振动影响的特性。

2. 试验目的

测定结构自振特性参数和动力响应值。自振特性参数包括结构的自振频率（自振周期）、阻尼比和振型。桥梁动力响应一般指桥梁在特定动荷载作用下的动应力、动挠度、加速度、动力放大系数、冲击系数。

桥梁动载试验应测试桥跨结构的自振频率和冲击系数。存在下列情形之一时，动载试

验应增加测试桥跨结构的振型和阻尼比；必要时，应测试桥梁结构的动挠度和动应变，并掌握车辆振源特性：

（1）单跨跨径超过 80m 的梁桥、T 形刚构桥、连续刚构桥和单跨跨径超过 60m 的拱桥、斜拉桥、悬索桥及其他组合结构桥梁。

（2）存在异常振动的桥梁。

（3）仅依据静载试验不能系统评价结构性能时。

3. 动载试验的激振方法

桥梁动载试验工况应根据具体的测试参数和采用的激振方法确定。激振方法可根据结构特点、测试的精度要求、方便性及现场实际情况确定，宜采用环境随机激振法、行车激振法和跳车激振法，也可采用起振机激振法或其他激振方法。

（1）环境随机激振法（脉动法）是指在桥面无任何交通荷载以及桥址附近无规则振源的情况下，通过测定桥梁由风荷载、地脉动、水流等随机激励引起的微幅振动来识别结构自振特性参数的方法。该方法需对采集的长样本信号进行能量平均，以便消除随机因素的影响。对悬索桥、斜拉桥等自振频率较低的桥型，为保证频率分辨率和提高信噪比，采集时间一般不小于 30min。对小跨径桥梁，采集时间可以酌情减少。环境随即激振法更适合大跨柔性桥梁。

（2）行车激振法，是利用车辆驶离桥面后引起的桥梁结构余振信号来识别结构自振特性参数，对小阻尼桥梁效果较好。为提高信噪比，获取尽可能大的余振信号，可采用不同的车速进行多次试验，或在桥跨特征截面设置弓形障碍物进行激振（有障碍行车激振）。通常结合行车动力响应试验统筹考虑获取余振信号。

（3）跳车激振法，是通过让单辆载重汽车的后轮在指定位置从三角形垫块上突然下落对桥梁产生冲击作用，激起桥梁的振动。该方法更适用于其他方法不易激振的、刚度较大的桥梁，如石拱桥、中跨径梁式桥等。梁式桥采用跳车激振法时，一般进行车辆自重附加质量影响的修正。对跨径小于 20m 的简支梁桥，车辆自重的影响不可忽略。

（4）起振机激振法，是指利用起振机采用可控的定点正弦激励或正弦扫描激励使结构产生稳态振动。该方法测试精度高，但需要较为庞大的起振机设备，运输不方便，同时安装起振机对桥面将产生一定的损伤，在需要高精度识别桥梁结构动力特性时，可以采用此方法。

4. 桥梁动载试验的仪器设备

测振传感器、光线示波器、磁带记录仪、数字信号处理系统。

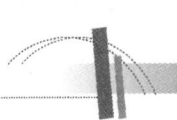

5. 测试截面及测点布置

桥梁动载试验的测试截面应根据桥梁结构振型特征和行车动力响应最大的原则确定。一般可根据桥梁结构规模按跨径 8 等分或 16 等分简化布置。桥塔或高墩，宜按高度分 3～4 个阶段分段布置。

对常见的简支梁桥及连续梁桥，根据具体情况可参照表 8-12 选择测试截面。

表 8-12　梁桥前 5 阶模态传感器布置方案表

模态阶数	至少需要的传感器数			测点布设位置		
	简支梁	两等跨连续梁	三等跨连续梁	简支梁	两等跨连续梁	三等跨连续梁
1	1	2	3	$L/2$	$L/4$，$3L/4$	$L/6$，$L/2$，$5L/6$
2	2	4	6	$L/4$，$3L/4$	$L/8$，$3L/8$，$5L/8$，$7L/8$	$L/12$，$L/4$，$5L/12$，$7L/12$，$3L/4$，$11L/12$
3	3	6	9	$L/6$，$L/2$，$5L/6$	$L/12$，$L/4$，$5L/12$，$7L/12$，$3L/4$，$11L/12$	$L/18$，$L/6$，$5L/18$，$7L/18$，$L/2$，$11L/18$，$13L/18$，$5L/6$，$17L/18$
4	4	8		$L/8$，$3L/8$，$5L/8$，$7L/8$	$L/16$，$3L/16$，$5L/16$，$7L/16$，$9L/16$，$11L/16$，$13L/16$，$15L/16$	
5	5			$L/10$，$3L/10$，$L/2$，$7L/10$，$9L/10$		

注：L 为简支梁为计算跨径，其他为跨径总长。

大型桥梁振型测试可将结构分成几个单元分别测试，整个试验布置一个固定参考点（应避开振型节点），每次测试都应包括固定参考点。将几个单元的测试数据通过参考点关联，拟合得到全桥结构振型图。

在测试桥梁结构行车响应时，应选择桥梁结构振动响应幅值最大部位为测试截面。用于冲击效应分析的动挠度测点每个截面应至少 1 个。采用动应变评价冲击效应时，每个截面在结构最大活载效应部位的测点数不宜少于 2 个。

6. 试验工况

（1）无障碍行车试验。宜在 5～80km/h 范围内取多个大致均匀分布的车速进行行车试验。车速在桥联（孔）上宜保持恒定，每个车速工况应进行 2～3 次重复试验。采用测速仪或由实测时程信号在特征部位的起讫时间确定实际车速。

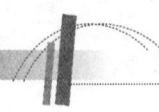

（2）有障碍行车试验。可设置弓形障碍物模拟桥面坑洼进行行车试验，车速宜取 5～20km/h，障碍物宜布置在结构冲击效应显著部位。

（3）制动试验。车速 30～50km/h，制动部位应为动态效应较大位置。对漂浮体系桥梁，应测试主梁纵向位移等项目。

7．试验测试内容与分析

（1）测试内容

桥梁自振特性试验应包括竖平面内弯曲、横向弯曲自振特性以及扭转自振特性的测试。应根据试验目的和需要确定测试纵桥向竖平面内弯曲自振特性。

动力响应测试参数应包括动挠度、动应变、振动加速度、速度及冲击系数。

（2）无障碍行车试验荷载效率

无障碍行车试验荷载效率按式（8-30）计算。

$$\eta_{d} = \frac{S_{d}}{S_{i\max}} \tag{8-30}$$

式中：η_{d}——动载试验荷载效率；

S_{d}——动载试验荷载作用下控制截面的最大内力或变形；

$S_{i\max}$——控制荷载作用下控制截面的最大内力或变形（不计冲击）。

（3）资料整理内容

资料整理内容包括：动载试验荷载效率；各试验工况下动挠度、动应变、加速度等的时域统计特性，包括最大值、最小值、均值和方差等；典型工况下主要测点的实测时程曲线，典型的自振频谱图；实测自振频率与计算频率比较列表；冲击系数—车速相关曲线图或列表；其他必要的图表、曲线、照片等数据或资料等。

桥梁结构阻尼可采用波形分析法、半功率带宽法或模态分析法得到。结构阻尼参数宜取用多次试验所得结果的均值，单次试验的实测结果与均值的偏差不应超过±20%。计算冲击系数时宜取同截面多个测点的均值，同时，应优先采用桥面无障碍行车下的动挠度时程曲线计算。桥梁结构性能分析通过下列方法进行：

① 比较实测自振频率与计算频率。实测自振频率大于计算频率时，可认为结构实际刚度大于理论刚度，反之则实际刚度偏小。

② 比较自振频率、振型及阻尼比的实测值与计算数据或历史数据，可根据其变化规律初步判断桥梁技术状况是否发生变化。

③ 比较实测冲击系数与设计所用的冲击系数，实测值大于设计值时应分析原因。

④ 结构部位出现缺损时，一般自振频率会降低，振型出现变异。一般来讲，变异区段即为缺损所在区段。阻尼比参数：可以通过和同一座桥的历史数据对比，或同类桥梁历史

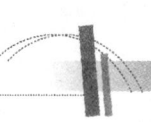

经验数据对比，粗略判断桥梁结构的技术状况是否出现劣化，如阻尼比明显偏大，则桥梁结构技术状况可能存在缺损或出现劣化。

分析计算和资料整理内容如下：

① 动载试验荷载效率。即各试验工况下挠度、动应变、加速度等的时域统计特性，包括最大值、最小值、均值和方差等。

② 典型工况下主要测点的实测时程曲线和典型的自振频谱图。

③ 实测自振频率与计算频率列表比较。

④ 冲击系数—车速相关曲线图或列表。

⑤ 其他必需的图表、曲线、照片等数据或资料。

五、试验报告内容

（1）试验概况。

（2）试验目的及依据。按桥梁结构类型和控制荷载的性质说明试验目的；列出试验所依据的标准规范、规程、设计图纸及其他相关资料。

（3）试验内容。

（4）试验仪器设备。包括仪器设备名称、编号、主要技术参数等。

（5）试验过程。对静载试验、动载试验分别说明。

（6）试验分析与结论。包括静载试验、动载试验的结论、试验过程裂缝状况等现象，给出试验测试截面的几何参数、力学参数、应变与挠度校验系数以及裂缝产生与变化等情况。

（7）技术建议。

（8）附件。典型原始测试数据和工作照片，必要的加载试验照片，正文中需要辅助说明的其他相关支撑资料。

第四节　桥面系维修与更换

一、桥面铺装

1. 常见病害与成因

水泥混凝土桥面常见病害：断缝、错台、起皮、露骨、坑槽等病害。

沥青混凝土桥面常见病害：泛油、拥包、裂缝、沾染、坑槽、车辙等病害。桥面铺装层具体病害与成因见表8-13。

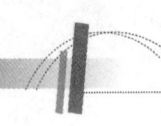

表 8-13　桥面铺装层常见病害与成因

分类	病害	原因	成因
混凝土桥面	断缝破损	1、2、3	1. 施工不规范； 2. 温度变化与养护； 3. 车辆荷载偏大、车流量大； 4. 主梁刚度结构、连接不均匀沉降、伸缩缝； 5. 材料配合比未达到设计要求； 6. 沥青老化； 7. 面层厚度薄
混凝土桥面	错台	1、4	
混凝土桥面	露骨（钢筋）、坑槽	1、3、5	
沥青混凝土桥面	泛油、拥包	1、5	
沥青混凝土桥面	裂缝	1、2、3、6	
沥青混凝土桥面	波浪和高低差	1、4	
沥青混凝土桥面	坑槽	1、3、5、6	
沥青混凝土桥面	车辙	3、7	

2. 维修方法

（1）混凝土铺装修补。凿除局部病害混凝土，外观形状最好呈长方形或方形，凿深至露出集料，洗净润湿凿坑表面，涂上相同强度等级的水泥砂浆（或其他黏结材料），铺浇新混凝土并平整表面。

（2）沥青混凝土铺装修补。当桥面平整度较差而主梁刚度有一定富余时，可对沥青混凝土面层整体铣刨处理并重新铺筑。当因主梁刚度较弱造成桥面铺装不平整时，可先增加主梁刚度与横向联系，或增设传递荷载的横梁，再进行铺装修补。

（3）桥面沥青凹凸不平的修补。如果凹痕细小，则应先除去碎石，然后加热沥青砂胶并将凹痕周围的沥青推挤到凹痕处使它与周围水平，最后进行表面处治。如果凹陷面积很大或表面很不平整，则应稍稍加热沥青砂胶，然后除去沥青碎石，将隆起的材料压挤下或除去多出的材料，加入新的沥青材料使其平整，完成表面处治。

如因构件连接处不均匀沉陷引起的桥面凹凸不平，可在桥面下用液压千斤顶顶升，调整构件连接处的高程，使顶面平齐，同时对面层进行铣刨后重新铺一层与原层面相同的材料。

（4）铺装层裂缝修补。对于铺装层的裂缝应做到"即裂即填""即裂即补"，及时填补、灌浆。

对于微裂缝，首先应采用性质温和的清洁剂清洗，确保裂缝部位清洁、干净，然后根据需要灌注聚合物黏结剂或填充缝隙的密封胶。

对于细小裂缝，此类裂缝是因铺装表面的凹痕或撕裂造成，水暂时还没进入铺装层内部，具体的处置方法：对于宽度在 1～2mm 的裂缝，可用注入环氧树脂胶的方法处理；对于宽度在 2mm 以上的裂缝，宜用注入环氧沥青黏结料的办法处理。

（5）桥面铺装层更换。当桥面铺装层整体损伤时可重新铺筑新的铺装层。

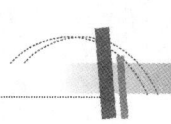

二、排水系统

1. 常见病害与成因

排水系统的常见病害：泄水管、排水槽杂物堵塞，排水管道损坏漏水等。

泄水管、排水槽杂物堵塞主要是因桥面垃圾、泥沙、车辆丢弃物未得到及时清理所致。排水管道损坏、漏水多是因管道安装差、管道接口连接不牢脱落损坏、管道年久失修所致。

2. 维修方法

（1）发现泄水管、排水槽堵塞时应及时疏通堵点，保证管道通畅。

（2）排水管道损坏漏水时应及时修理。

三、栏杆、护栏和防撞墙

1. 常见病害与成因

栏杆、护栏和防撞墙的常见病害有构件撞损、遭窃，金属构件涂层损伤、锈蚀，混凝土构件裂缝、缺损等。

栏杆、护栏和防撞墙等构件撞损多是桥面交通事故等突发事件所致。

栏杆、护栏和防撞墙等金属构件涂层损伤、锈蚀，混凝土构件裂缝、缺损等病害除与施工质量、车辆撞击等突发事件有关外，北方地区冬季除雪撒除冰盐也是产生此类病害的原因。

2. 维修方法

（1）缺失的栏杆、护栏和防撞墙的零部件应及时补装。

（2）混凝土栏杆、护栏和防撞墙的裂缝应及时封缝、灌缝处理。

（3）严重缺损、变形的栏杆、护栏和防撞墙应及时维修、更换。

（4）涂层受损、锈蚀的钢构件应及时除锈并重新涂装。

第五节　伸缩缝维修与更换

一、伸缩缝常见病害

（1）锌铁皮伸缩缝的常见缺陷：①软性防水材料如沥青砂或聚氯乙烯胶泥等老化、脱落；②伸缩缝凹槽填入其他硬物，不能自由变形；③锌铁皮上压填的铺装层如水泥混凝土

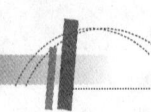

或沥青混凝土等断裂、剥离；④伸缩缝缝上后铺压填部分发生沉陷，高低不平；⑤墩台下沉，出现异常的伸缩，车辆行驶时出现冲击及噪声。

（2）钢板伸缩缝的常见缺陷：①角钢与钢筋混凝土梁锚固不牢，钢板松动；②缝内塞进石块或其他异物，使伸缩缝接头活动异常；③排水管发生破坏损伤或被堵塞；④表面钢板焊接部位损伤破坏；⑤梳形钢板伸缩缝在梳齿与承托板的焊接处出现裂缝，甚至被剪断。

（3）橡胶伸缩缝的常见缺陷：①橡胶条破坏损伤；②橡胶条剥离；③在橡胶嵌条连接部位漏水；④锚固构件破损、锚固螺栓松脱；⑤伸缩缝构造部位下陷或凸出；⑥车辆行驶时不适，发生噪声。

二、病害处理

伸缩缝出现上述病害时，可采取以下相应措施及时维修或更换：

（1）当 U 形锌铁皮伸缩缝的软性填料老化脱落时，先清除其缝隙泥土，重新注入新的填缝料；当其铺装层破坏时，应凿除重新铺装，凿除破损部位应划线切割，清除旧料后再浇筑新面层。

（2）当钢板伸缩缝的钢板与角钢焊接开裂时，应清除污垢后重新焊牢；当梳齿断裂或出现裂缝后，也应及时焊接修补。

（3）为防止螺杆与螺母松动，螺纹上可以涂防松胶水，螺杆与螺母面少量点焊固定，螺孔内最好灌注防水和防松环氧树脂。对于钢构件出现锈蚀现象时，应立即进行防腐处理。

（4）当伸缩缝出现下列病害时应及时拆除并更换。①U 形锌铁皮伸缩缝：锌铁皮老化、开裂、断裂；②钢板伸缩缝：钢板变形、螺栓脱落，不能正常运行；③橡胶条伸缩缝：橡胶老化、脱落，角钢变形、松动。

三、更换伸缩缝的基本要求

（1）更换伸缩缝应满足结构变形要求，严格控制开口量，应安装平整、锚固可靠。

（2）槽口新浇筑混凝土强度等级应比原结构混凝土提高一级，宜采用早强混凝土。

（3）新更换的伸缩缝下应设置排水装置。

四、案例

案例 1

某桥桥宽 20m，主跨为 80m 箱梁结构，边跨为 50mT 梁结构，在主跨与边跨之间安装480 型模数式伸缩缝，已使用 16 年，中梁断裂，危及行车安全，及时予以更换。伸缩缝结构形式如图 8-6 所示。

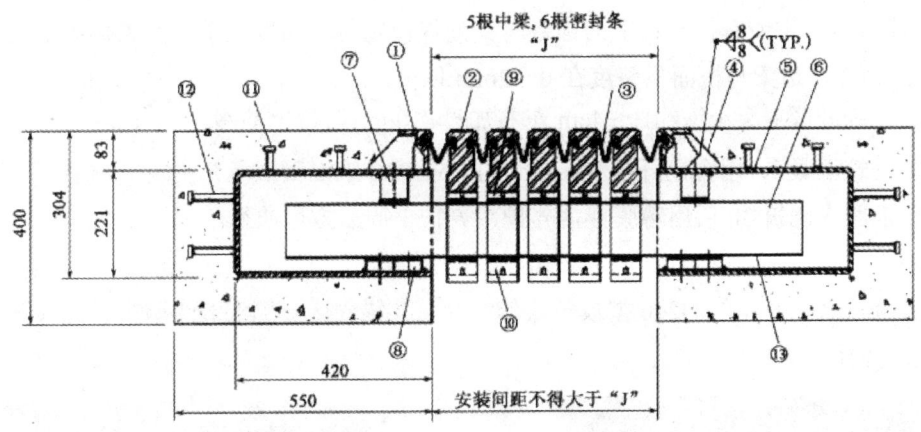

图 8-6　D480 模数式路面处伸缩缝（尺寸单位：mm）

①边梁；②中梁；③止水带；④加劲梁；⑤支撑箱体；⑥支撑横梁；
⑦上承固定支座；⑧下承固定支座；⑨上承滑动支座；
⑩下承滑动支座；⑪、⑫锚栓；⑬不锈钢板

（1）更换原则

更换时，一般按原伸缩缝规格进行采购更换，如规格有变化，需根据温度、混凝土实际收缩引起的梁缩短量、混凝土徐变引起的梁缩短量、制动力引起的板式橡胶支座变形而导致的伸缩量等诸多因素确定新缝规格。新缝安装前，应根据安装温度在出厂时确定各单元间距并锁定，在现场进行微调。

（2）安装步骤与方法

旧缝拆除：

① 当不中断交通施工时，可采取半幅封闭方案，保证车辆双向通行。

② 将原伸缩缝锚固区水泥混凝土用空压机、风镐破碎凿除，凿毛至原预留槽口尺寸位置，深度约 50mm、宽度约 100mm。以保证新浇筑混凝土与原结构连接面不留有夹层。

③ 断开旧缝与原预埋锚固筋的连接，吊出旧缝。

④ 用高压水枪或空压机进行清理，确保槽口干净整洁。

新伸缩缝安装：

① 各单元间距值的确定。由生产单位根据安装温度及其他影响因素在生产时确定，出厂前将各单元间间距值锁定。现场安装前在工程师指导下，松开夹钳，按照厂家提供的温度调节表调整伸缩缝开口，并保证夹紧角的稳固性。

② 加设调平吊装装置。用 25 号槽钢每隔 2～3m 左右布设一道与伸缩缝的连接构造，连接方式：用 ϕ20mm 、长 80mm 的螺栓将槽钢与角钢连接。

③ 用直尺或角钢对照伸缩缝的边梁平面，使之与桥面层相平，长度与桥梁宽度一致，

两中心线重合，将所有控制箱上的锚钉与钢筋焊接定位。精度要求：整条伸缩装置直线度应≤1.5mm/m，边梁与桥面平整度在 0～2mm 以内。

④ 在锚固区混凝土深约 3～4cm 左右加设 ϕ10mm 防裂钢筋网。

⑤ 浇筑混凝土。用含钢纤维 30kg/m³ 的 C50 钢纤维混凝土填充浇筑，浇筑后移除夹钳。

⑥ 混凝土浇筑 3h 后用薄膜覆盖养护，养护 1 周后方可通行。

案例 2

某大桥运营 20 年的 D240 型模数式伸缩缝，其锚固区一侧混凝土破损并发展为较明显的坑洞，见图 8-7。

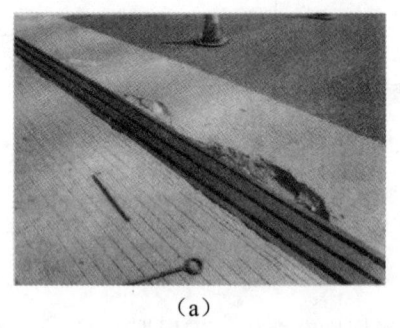
（a）

（b）

图 8-7　伸缩缝锚固区混凝土破损图

伸缩缝锚固区混凝土破损、坑洞修复的难度主要在于施工时间有限、修复材料与旧混凝土的黏结强度、修复材料对养护的敏感性以及修复材料自身的耐久性等。该工程采用 JN-RX 高韧性环氧混凝土进行修复处治。

（1）施工方法

在修复时，先切割待修补区域，清理坑洞后，铺设一定数量的钢筋网片，现场搭配好 JN-RX 高韧性环氧混凝土，直接浇筑，充分浇捣后，养护 2～6h 即可开放交通。

（2）特点

采用高韧性环氧混凝土对锚固区破损的伸缩缝进行修补，其优点：

① 冲击韧性强，高韧性环氧混凝土的抗冲击能力是高强水泥砂浆的 100 倍以上。

② 黏结能力卓越，能黏结钢、混凝土、岩石、玻璃、木材、沥青等材料。

③ 机械性能良好，其抗拉强度及黏结强度均高于混凝土本体强度。

④ 抗老化性及耐腐蚀（酸、碱及水等）性优异。

⑤ 固化条件宽松，固化速度可根据施工需要适当调整。

⑥ 施工操作简便，无需大型施工设备。

⑦ 应用方式灵活，可根据具体情况采用纯胶液、砂浆或混凝土等多种形式。

⑧ 与基材相容性良好，且色泽与水泥混凝土基本一致。

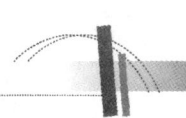

第六节　支座维修与更换

一、支座常见病害

（1）支座构件开裂，如轴承出现裂纹、切口等病害。

（2）支座老化，如橡胶支座出现橡胶老化、变质等病害。

（3）支座脱空、脱落。

（4）支座偏移，受力不均。

（5）支座滑动面不平整。

（6）支座螺母松动或螺栓脱落。

（7）支座止滑装置的损坏。

（8）支座限制移动装置的损坏。

（9）支座滚轴的偏移和下降。

（10）支座滚轴和下降销子的损坏。

（11）油毛毡支座的破裂、脱落、酥烂等病害。

（12）弧形支座滑动面、滚动面生锈，不能自由转动。

（13）摆柱式支座的混凝土摆柱出现脱皮、露筋等病害。

（14）钢辊轴式支座辊轴（摇轴）纵向位移偏大或发生横向位移。

（15）支座座板：①锚栓切断；②支座座板翘起、扭曲、断裂；③座板贴角焊缝开裂；④支座座板混凝土压坏、剥离、掉角。

二、支座维修与更换

（1）日常应保持支座各部分的完整、清洁，及时扫除垃圾、积雪和冰块等。

（2）滚动支座滚动面上应定期涂一层润滑油，一般是每年一次。涂油前，应先擦净滚动面。

（3）钢支座应进行除锈防腐，支座各部分除钢辊和滚动面外，其余均应刷漆保护。

（4）对固定支座应检查锚栓的坚固程度，支承垫板应平整紧密，及时拧紧接合螺栓。

（5）橡胶支座应经常清扫污水，排除墩台、台帽上的积水，防止橡胶支座接触油脂，对梁底及墩、台帽上的残存机油等应进行清洗，防止因橡胶老化、变质而失效。盆式橡胶支座应定期清扫，并设置支座防尘罩，防止灰尘落入或雨、雪渗入支座内。支座外露部分应定期涂刷防锈漆进行保护。

（6）梁支点承压不均匀时，应进行调整。调整时可采用千斤顶将梁上部顶起，然后移动调整支座的位置。在矫正支座位置以后，恢复上部构造时，为避免桥孔结构倾斜，应徐

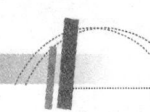

徐下落，并注意千斤顶的工作状态是否均衡，同时调整顶升用木框架的楔子，以保证上部结构能恢复原位。

（7）支座座板翘起、扭曲、断裂和焊缝开裂时应及时修补或更换，若为老式支座，可首先考虑更换为新型支座。更换时可采用上述顶升法。抬高支座时可采用捣筑砂浆，加入钢板垫层或预制钢筋混凝土垫块等来适应梁体升高。

更换支座时可参考如下要求：

（1）基本要求

① 更换前，应先进行病害成因分析。

② 更换的支座应与结构体系相适应。

③ 支座更换宜采用整联顶升，横桥向应严格同步。更换前，应验算相邻墩台处顶升位移差对结构的影响。

④ 宜将同一墩台上的同一排支座全部更换，充分发挥支座整体效应。

⑤ 支座更换时，顶升位置、顶升顺序和顶升量应通过计算确定。

（2）注意事项

① 更换支座时，在支座旁边的梁底或端横隔处设置千斤顶，将梁（板）适当顶起，使支座脱空，然后进行调整或更换。

② 当需要抬高支座时，可根据抬高量的大小选用以下措施：当抬高 0～100mm 以内时，可用钢板垫入；就地浇筑钢筋混凝土支座垫石，垫石高度按需要设置，一般应大于 100mm。

③ 当设置支架顶升更换支座时，应对支架结构进行验算。

三、案例

某主引桥支座分别是盆式橡胶支座和板式橡胶支座，桥梁检测后发现主桥盆式橡胶支座四氟板挤压损坏，并发生脱落；引桥板式橡胶支座出现剪切变形、开裂等病害。

1. 主桥支座更换

根据原大桥设计文件，按表 8-14 进行技术选型，用千斤顶整体抬高后更换，见图 8-8。

表 8-14　支座技术参数表

位置	承载能力（kN）	纵向位移（mm）	横向位移（mm）	容许转角（rad）	摩擦系数
上游	12500	±400	±3	≥±0.02	0.03
下游	12500	±350	±40	≥±0.02	0.03

注：1. 支座尺寸及安装位置按照原设计文件取用，以现场测量结果为准。

2. 以 16℃为标准温度，此时支座以零位移状态安装。其他温度下，应做温差修正。修正量以施工阶段现场实测的支座位移与温度关系为准。

图 8-8　梁体整体抬高图

2. 引桥支座更换

引桥支座更换时，支座中心均应与支座垫石中心对齐，安装温度为 16℃±1℃，更换时整体抬高 T 梁。

第七节　混凝土表面缺陷的处治

一、定义

混凝土表面缺陷是指混凝土结构物或构件表面的空洞、蜂窝、麻面、表面风化、剥落、碳化、裂缝（开裂）、露筋、局部破损等病害。

二、常见病害及原因分析

（1）混凝土梁（板）的空洞、蜂窝、麻面病害，主要是因施工操作不良、材料配合比不符合规范要求等原因引起的。

（2）混凝土表面风化，一般是由地区环境或气候影响作用造成的，如渗入混凝土中的水在低温下结冰膨胀，从内部破坏混凝土的微观结构，经多次冻融循环后，损伤积累将致使混凝土风化酥裂，强度降低。

（3）混凝土梁体保护层剥落或露筋，一般是设计不当、施工质量不过关造成的。

（4）混凝土碳化与泛碱，主要是环境因素造成的，或梁体有开裂现象，雨水渗透将致使混凝土出现泛碱现象。

（5）混凝土梁（板）裂缝与开裂。混凝土裂缝包括由材料内部的初始缺陷、微裂缝的扩展而引起的结构性裂缝和施工不当、温度变化等因素造成的非结构性裂缝。混凝土裂缝是由设计、施工不当等诸多因素造成，可根据具体情况分析，查找原因。

上述混凝土缺陷详见表 8-15。

表 8-15　混凝土缺陷常见现象与成因

病害	特征	原因	成因
麻面	表面粗糙,或有许多小凹坑	1	1.施工不当;
蜂窝	局部酥松、砂多浆少	1、3	2.温度变化与养护;
空洞	构件内有空隙、局部无混凝土	1、6	3.设计不当;
裂缝	表面呈不规则裂纹和网格状	1、2、3	4.材料配合比未达到规范要求;
剥落	表面砂浆脱落,粗集料外露	1、3、4	5.雨水渗透;
风化	表面出现机械、物理、化学性质损坏	1、3、4、5	6.钢筋过密
碳化或泛碱	表面呈白色	1、2、5	

三、缺陷处理

1. 混凝土缺损处理

(1)常用处理方法:对于较严重的混凝土表面缺陷,修复处理方法有直接浇筑法、喷射法和压浆法。对于大面积表面缺损,宜采用喷浆修补法,该方法具有以下特点:用较小的水灰比,较多的水泥,获得较高的强度和密实度;喷射的砂浆层与受喷面之间,具有较高的黏结强度和耐久性;工艺简单,工效较高;材料消耗较大,当喷层较薄或不均匀时,干缩率大,易发生裂缝。

对空洞、蜂窝、表面风化、剥落等混凝土表观缺陷应先将松散部分清除,再用高强度混凝土、水泥砂浆或其他材料进行修补,新补的混凝土要密实,与原结构应结合牢固、表面平整。若发现混凝土构件露筋或保护层剥落,应先将松动的保护层用凿子、风镐或采用高速射水法等方法清除后,再清除钢筋锈迹,然后采用直接浇筑法、喷射法和压浆法等方式进行修复。如损坏面积不大,可用水泥砂浆人工涂抹法或环氧砂浆修补;如损坏面积过大,可用喷射高强度等级水泥砂浆的方法修补。

(2)施工要求:

① 在昼夜平均气温低于5℃的冬季时,对修补的混凝土构件应采取保温措施,保证混凝土的凝固硬化。

② 用于修补的原材料,其强度和其他质量指标应不低于原构件材料,必要时可加入适量减水剂以提高修补混凝土的和易性。修补用的混凝土强度等级应比原强度等级提高一级,在 pH 值小于 5.6 的地区,所用水泥应根据环境特点采用耐酸的硅酸盐水泥、铝硅酸盐水泥等。

③ 修补受拉区用的混凝土宜选用环氧树脂配制,修补受压区用的混凝土宜选用膨胀水泥配制。用水泥混凝土或砂浆修补的构件应加强养生,有条件时宜用蒸汽养生或封闭养生。

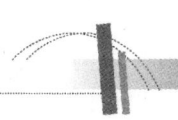

2. 混凝土裂缝修补

裂缝处理的目的是恢复混凝土结构整体性、提高耐久性和抗渗性。一般根据缝宽大小确定裂缝的处治方式，当缝宽＜0.15mm 时，采用封闭方式处理；当缝宽≥0.15mm 时，采用压力灌注法处理。采用封闭方式处理时，一般涂刷环氧树脂胶；采用压力灌浆法灌注裂缝时，宜采用环氧树脂胶或其他灌缝材料灌注。胶黏剂宜采用快速固化的 A 级胶。

对于预应力混凝土梁，无论是 A 类构件还是 B 类构件出现的裂缝，以及沿预应力钢束的纵向裂缝、锚固区局部承压的劈裂裂缝都应及时处理，以确保预应力梁的结构安全和耐久性。裂缝灌浆法工艺流程：

（1）准备阶段。依据裂缝数量、长度及宽度，对材料、埋嘴、灌浆设备进行规划和安排。

（2）钻孔。在裂缝交叉处钻孔，对深孔还需在裂缝表面进行骑缝钻孔，作为压力灌浆的异向孔。

（3）清孔及裂缝表面处理。对裂缝用高压空气将孔眼吹干净，使其不被灰渣阻塞，然后沿裂缝走向两侧 30～50mm 范围的表面进行处理，然后用丙酮擦洗，清除裂缝周围的油污，清洗时应注意还要将裂缝堵塞。

（4）粘贴压浆嘴。用砂纸除去压浆嘴底盘的铁锈，并用丙酮清洗干净。然后用胶水将底盘与孔眼对准粘贴在裂缝上。压浆嘴间距一般为 20～40cm。每一道裂缝至少一个进浆孔及一个排气孔。

（5）裂缝表面封闭。对已处理过的裂缝表面用环氧树脂胶泥沿裂缝走向进行封闭，形成宽度为 60～80mm 的封闭带。

（6）环氧封闭固化后，进行气密性检查，以检查封闭带效果。在封闭带上及灌浆嘴周围涂上肥皂水，将压缩气体通过压浆嘴压入，使气压控制在 0.15～0.3MPa，如发现泡沫出现，说明此部位漏气，需对该处进行再次封闭，直到全封闭为止。

（7）配制浆液。裂缝、宽度、部位及现场施工温度、配制压浆液，每次不宜超过 1kg。

（8）压力灌浆。将配制好的压浆液倒入压浆罐内，待空压机压力为 0.15～0.3MPa 时，打开出浆开关进行压灌。一般的灌装顺序：顶板及底板的裂缝可由左向右、由桥下游端向上游端逐步压浆，对于竖向、斜向裂缝自下而上进行。

（9）封口与检查。待灌浆液固化后将压浆嘴拆除，并将粘贴压浆嘴处用环氧胶泥处理，打磨平整，如裂缝灌浆面积大可将表面进行混凝土涂装处理，保持构件外观一致性。

3. 钢筋锈蚀处理

（1）遇有钢筋外露锈蚀的混凝土表层缺陷，处理前应对生锈钢筋进行除锈处理，以增

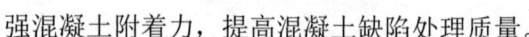

强混凝土附着力，提高混凝土缺陷处理质量。

（2）除锈可采用手工除锈、电动（钢丝刷、砂轮）或小风铲等除锈工具，除锈后应将表面清理干净。

（3）阻锈剂的质量及性能指标应符合有关现行国家、行业标准的相关规定。

（4）采用外加热源或压缩空气除去残留在钢筋表面上的灰尘、水珠、水迹，必要时可用棉布、海绵等吸湿工具抹去，保持钢筋表面干燥状态。

（5）为确保除锈效果，应对需保护的钢筋涂刷 2～3 道阻锈剂。

（6）缺陷处理后宜在修补范围及周边涂刷渗透型阻锈剂。

（7）新浇混凝土采用阻锈剂溶液时，混凝土拌和物的搅拌时间应延长 1min；采用阻锈剂粉剂时，应延长 3min。

（8）不得采用以亚硝酸盐类为主要成分的阳极型阻锈剂。

4. 混凝土表面涂装处理

为提升加固后的耐久性和保持原结构物或构件美观，在混凝土缺陷处理后应对处理的部位进行涂装，以有利于今后的日常检查，判断是否发生新的缺陷尤其是产生新的裂缝。

混凝土表面涂装方法：

（1）清除混凝土表面外露铁件。凿去铁件周围混凝土达到不少于 60mm 深度，除去铁件后，用饮用水将混凝土表面清洗干净，涂刷一道环氧类混凝土界面处理剂，并用不低于原有混凝土质量等级的水泥砂浆修补平整。

（2）混凝土表面存在的裂缝、缺陷等，应使用与涂层系统相容的材料修补平整。

（3）采用高压水（压力不小于 20MPa）清洁待涂混凝土表面，彻底除去混凝土表面上的不牢灰浆、尖角、碎屑、苔藓、油污等污染物及其他松散附着物。

（4）用饮用水将待涂表面冲洗干净。采用外加热源或压缩空气除去残留在混凝土表面上的水珠、水迹，必要时可用棉布、海绵等吸湿工具抹去，涂装前的混凝土表面应无明显的流水、渗水现象，尽量使混凝土表面处于表面干燥状态。对可见的混凝土表面气孔、缺陷等，应使用环氧腻子修补平整，确保涂层的光滑连续。

（5）在涂装开始时应检查混凝土基层的含水率，按封闭漆、中间漆、面漆的工序进行施工，各种涂料的使用应按规定的方法进行。可采用高压无气喷涂方法施工，当条件不允许时，可采用刷涂或滚涂。

（6）在涂装下一道工序前，应对上一道涂层进行表面清洁，应使用饮用水彻底除去涂层上的盐分、泥尘、油污等污染物，可用清洁剂清除油污。如上一道涂层太光滑影响下一道涂层的黏结强度时，应对上一道涂层进行打毛处理。

（7）涂层之间的重涂间隔应参照产品使用说明，并根据现场气温确定，涂装应在无雨的天气进行，风力小于 4 级，同时空气相对湿度应在 85%以下，基材表面温度应高于露点温度至少 3℃。

四、案例

某桥在专项检查时，发现梁体存在大量缺陷，包括桥塔混凝土空鼓、层裂和表层剥落，主梁及桥墩混凝土缺损（包括剥落、空鼓、蜂窝、麻面）、露筋等；发现桥塔锚固区裂缝、箱梁底板横向裂缝、腹板斜裂缝等受力裂缝和其他非受力裂缝。裂缝修补方案如下：

1. 裂缝处理

对于裂缝宽度小于 0.15mm 的裂缝，采用环氧胶泥封闭，对于宽度大于或等于 0.15mm 的裂缝，采用压力灌注环氧树脂修补。

（1）裂缝封闭施工工艺

① 在裂缝缝口处凿一"V"形槽，其槽口上宽 1～2cm，槽深 0.50cm，槽口表面应尽量平整。

② 用钢丝刷清理混凝土表面的缝口，吹清槽缝内灰砂，烘干混凝土表面，再用丙酮或二甲苯洗擦，保持槽内混凝土面无灰尘、油污等。

③ 在裂缝四周涂一层环氧砂楽。

④ 嵌入环氧砂浆并刮平。

（2）裂缝灌浆施工工艺（图8-9）

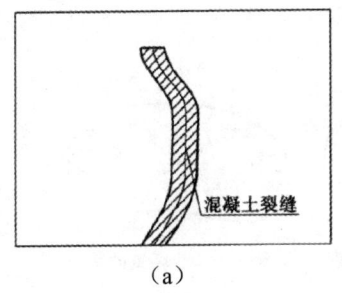
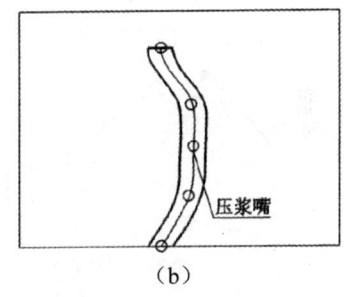

图 8-9 裂缝灌注示意图

① 裂缝混凝土表面处理：用钢丝刷反复刷裂缝表面处的混凝土，直至表面浮浆脱落，然后用无油压缩空气清除灰尘，再用丙酮试剂擦洗表面至干净。

② 安装压浆嘴，每条裂缝必须安装进浆嘴、排气嘴和出浆嘴，且裂缝首尾各一个。如裂缝中间缝隙宽则压浆嘴少，如缝隙窄则压浆嘴多，但压浆嘴最大间距控制在 30～50cm 之间。

③ 裂缝表面封闭。用密封胶封闭裂缝表面，胶泥厚不小于 1mm，宽度为 2～3cm。

④ 密封检查。从裂缝下端或左侧的压浆嘴输入 0.4MPa 无油压缩空气，相邻或右嘴排气时，将逐个关闭所有阀门，而后沿缝附近涂刷肥皂水检查是否漏气，若有气泡冒出说明该处漏气，做好标记，用裂缝表面封闭胶对漏气的区域进行封闭，待达到强度后再进行气检，如此反复，直至整条裂缝不漏气为止。

⑤ 配制灌注胶。按灌注胶产品说明书要求的比例将主剂与固化剂倒在容器中进行配制，然后用低速搅拌器搅拌均匀溶剂制成灌注胶。

⑥ 裂缝灌浆。用 0.2MPa 无油压缩空气为动力缓慢起灌，当相邻压浆嘴之间无冒气时关闭该阀，逐一将排气阀关闭，直至最后一个阀门关闭。对于连通缝灌浆，宜先在内侧灌胶，外侧观察裂缝出胶情况，当外侧的压浆嘴出胶后由低到高逐个关闭阀门。为保证灌胶质量，当达到灌浆规定压力后，应保持压力稳定，以满足灌浆质量要求。

⑦ 封口。待裂缝内浆液达到初凝而不外流时可拆下灌浆嘴，再用密封胶抹平封口。

2. 对于蜂窝与麻面和掉角等缺陷处理

（1）蜂窝与麻面处理（图 8-10）

① 首先应凿除蜂窝、麻面表面疏松层，当露出新鲜混凝土时再凿毛，然后用清水刷洗混凝土凿面，使表面无浮渣、粉尘、油污等。

② 对于露出的钢筋应先进行除锈处理，对于锈蚀严重的钢筋须在原钢筋上绑扎同样直径的钢筋，进行补强。

③ 在混凝土表面涂抹环氧浆液，提高黏结力。

④ 用环氧砂浆填补清除部位。

蜂窝麻面清理后　　　　　涂环氧浆液　　　　　环氧砂浆

图 8-10　混凝土缺陷修复顺序示意图

（2）混凝土掉角修复（图 8-11）

① 凿除部分掉角处的混凝土，直至露出钢筋，钢筋与混凝土内侧距离应大于 15mm。

② 对露出钢筋进行除锈、防锈处理，对于锈蚀严重的钢筋须在钢筋上绑扎同样直径的钢筋进行补强。

③ 在清理完钢筋与混凝土表面后，均匀涂上底胶——环氧胶液，而后浇筑新的环氧砂浆。

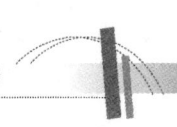

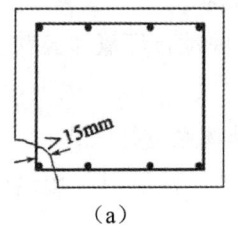
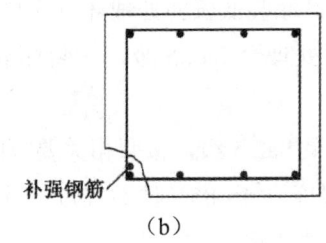
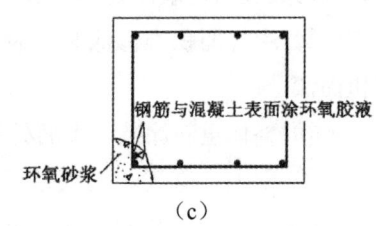

（a）　　　　　　　　　（b）　　　　　　　　　（c）

图 8-11　混凝土掉块处理顺序示意图

第八节　钢桥维修

一、钢构件锈蚀

钢构件腐蚀将直接削弱构件断面，导致承载力降低，它是钢桥最普遍的病害。因此，应对钢构件的锈蚀和原涂装劣化进行检测，判定锈蚀程度，根据劣化程度进行涂层。新涂装的寿命周期和涂装设计应根据环境、桥梁结构及构件、涂料及其配套体系、涂装工艺和涂料价格确定。钢构件最易劣化的部位：钢桥纵梁上翼缘杆节点和支座处、板件棱角和螺栓处。

（1）钢构件涂膜劣化类型按《铁路钢梁涂膜劣化评定》（TB/T2486—1994）判定。劣化类型为 3 级粉化时，应清除涂层表面污渍，用细砂纸除粉化物，然后覆盖 2 道相应面漆。

（2）当旧涂层未锈蚀，劣化类型为 2～3 级起泡、裂纹或脱落时，用手动工具或动力工具清理损坏的区域周围疏松的涂层，并延伸至未损坏的涂层区域 50～80mm 坡口，局部涂相应底漆和面漆。如要保持涂层表面一致，可在局部涂面漆后，全部再覆盖面漆。

（3）当旧涂层锈蚀，劣化类型为 2～3 级生锈时，应清除松散的涂层，直到良好结合的涂层区域为止，旧涂层表面清理干净，未损坏的涂层区域边用细砂纸除粉化物，然后局部涂装相应防锈底漆和相应中间漆、面漆。

（4）当旧喷锌或铝涂层发生劣化类型为 2～3 级生锈时，应除去松动的锌或铝涂层和涂料涂层直到良好结合的锌或铝涂层区域为止，钢表面锈蚀清理应达到 Sa2.5 级。对于不损坏的涂料和锌或铝涂层区域边缘按上述要求处理。对于电弧喷锌或铝或铝涂层清理部位，也可改涂特制环氧富锌防锈底漆 2 道，然后涂装相应一道中间漆和两道面漆。

（5）当劣化类型为 3 级以上生锈时，应进行彻底的表面处理再重新涂装与原涂层相一致的涂料层。

（6）防腐工艺要求。根据损坏的面积大小，钢桥外表面可分为以下三种重涂方式：

① 小面积维修涂装。先清理损坏区域周围松散的涂层，延伸至未损坏区域 50～80mm，

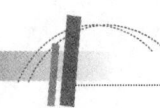

并应修成坡口，表面处理至 Sa 级，涂装低表面处理环氧涂料和面漆。

② 中等面积维修涂装。表面处理至 Sa2.5 级，涂装环氧富锌底漆，环氧（云铁）漆和面漆。

③ 整体重新涂装。表面处理至 Sa2.5 级，按照相关要求的涂装体系进行涂装。

④ 雨天、雾天、雪天以及湿度大于 85%时不宜进行涂装施工。涂装时环境温度宜在 5～38℃之间，钢材表面温度应高于露点 3℃以上。

二、高强螺栓松动

（1）更换螺栓的基本要求

经检查判明有严重锈蚀（有肉眼可见的锈蚀麻面）、裂纹或折断的高强度螺栓应立即更换。经检查判明有严重欠拧、漏拧或超拧的高强度螺栓应予以卸下。如卸下的高强度螺栓无严重锈蚀、严重变形（严重变形指不能自由插入栓孔）、裂纹者，以及施拧未超过设计预拉力 15%以上者，则进行除锈涂油后可以再用，否则应予更换。

更换的高强度螺栓、螺母及垫圈应符合《钢结构用高强度大六角头螺栓》（GB/T1229）的规定，其强度级别、规格尺寸应与原有者相同。重新安装经拆卸后清除过的高强度螺栓或更换新高强度螺栓时，应将栓孔内壁及孔口处的锈蚀污物清除干净。更换高强度螺栓时，每次更换数量不得超过该节点处每根杆件上高强度螺栓总数的 10%；对于螺栓数量较少的节点，则要逐个更换。更换应在桥上无车时进行。

安装高强度螺栓时，螺栓头下及螺母支承面下都应放一个垫圈。垫圈孔边有 45°倒角一侧应与螺栓头下的过渡圆弧相配合，不得装反。

维修拧紧高强度螺栓一般应采用扭角法，分初拧和终拧两步进行。初拧扭矩值和终拧转角应采用应变仪测定法进行检测确定。如无应变仪等测试手段，初拧扭矩值和终拧转角可参考该桥原高强度螺栓施工竣工文件确定。

如高强度螺栓的扭矩系数能确保稳定在 0.11～0.15，且标准偏差小于 0.010 时，可采用扭矩法施工。扭矩法施工也分初拧和终拧两步进行。

扭矩值按下式计算：

$$M=kNd \tag{8-31}$$

式中：M——终拧扭矩；

　　　k——扭矩系数；

　　　N——高强度螺栓施工预拉力（设计预拉力+预拉力损失）；

　　　d——高强度螺栓公称直径。

初拧扭矩应为终拧扭矩的 60%。

高强度螺栓螺母和垫圈的外露部分应在高强度螺栓拧紧后涂底漆和面漆，防止锈蚀。

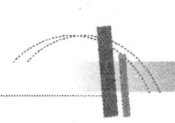

铆钉和高强度螺栓脱落时，在用高强度螺栓更换铆钉时，宜整节点全部更换，不宜部分更换。

（2）螺栓更换方法

① 铲除高强度螺栓。可采用直径 3～4mm 的钻头先由钉头中心钻孔，然后轻轻铲除钉头剩余部分，或使用能保证不烧伤钢料、配有平口、特制的焰割工具割除钉头（平常所用的焰割工具不能使用），再用手锤轻轻取出钉杆，操作中应避免伤及钢板。

② 用相同规格的螺栓或铆钉更换，当更换铆钉数量较多时，可采用高强度螺栓代替铆钉。

③ 高强度螺栓的更换。对于大型节点，更换数量不宜超过 10%；对于螺栓数量较少的节点，则要逐个更换，以防止节点滑动，如板面（摩擦面）不满足要求，应进行处理。

三、钢构件焊缝

对钢梁的焊缝应进行周密检查、细则观测，对存在的缺陷应当分析原因，进行妥善处理。在焊缝及附近钢材上发现裂缝后，可根据裂缝位置、性质、大小及数量，采取相应的措施：作为防止裂缝发展的临时措施，可在裂缝的尖端钻出与钢板厚度大致相等的圆孔，但直径最大不超过 32mm，裂缝的尖端必须落入孔中；作为永久性加固措施，可采用高强度螺栓连接拼接的方法进行加固。加固时，裂缝尖端处凡能钻孔者均应钻孔。个别构件开裂严重不易处治者，应及时抽换杆件或换梁。

对于钢桥面板个别焊接连接部位出现的疲劳裂纹，可采用碳弧气刨的方法去除裂纹，然后重新焊接。栓焊钢梁节点处如有开裂或脱落者，应清除干净后重新腻缝，腻缝宜在干燥天气进行。

对于因主应力引起的纵肋焊接接头处的裂纹、次应力引起的纵肋与钢面板焊接连接处的裂纹、纵肋与横肋交叉连接处的疲劳裂纹可采用碳弧气刨的方法去除裂纹，然后重新焊接。对于纵肋或横肋等部位母材上出现的少量疲劳裂纹，可在裂纹发展前先在裂纹前端钻止裂孔，以阻止裂纹的进一步扩展，然后再进行加固处理。

四、钢构件裂纹

杆件损伤如有裂纹、脱层、弯曲扭歪、缺口、孔洞等病害，要及时研究，并进行修理。对于杆件滑移或者焊缝开裂严重，应采取抽换杆件或换梁的方式进行维修。

（1）一般情况下，可以通过在裂纹端部钻孔来阻止其进一步扩展。然而，孔洞必须有足够大的直径，避免引起新的裂纹，一般规定孔径不小于板厚。

（2）加螺栓盖板可以用来恢复开裂断面的截面积，以及减少活载应力。

（3）开裂处也可经重新焊接加以修补，但应在咨询专家意见之后才能进行。

（4）杆件弯曲破坏了力的正常传递，局部应力将增大，受压杆件会显著降低其承载能力，故应及时进行矫正和整治。杆件上有缺口或弹孔局部损伤，为防止这部分因断面削弱发生的裂纹，也应对破损处进行加固处理。

五、构件变形矫正

构件变形矫正包括冷矫正和热矫正两种方法。

（1）冷矫正法

冷矫正法是用人力或机械力矫正变形，适用于尺寸较小或变形较小的构件。

① 手工矫正：采用大锤和平台为工具，适用于尺寸较小构件的局部变形矫正，也可作为机械矫正和热矫正的辅助矫正方法。手工矫正是用锤击使金属延伸，达到矫正变形的目的。

② 机械矫正：采用简单弓架、千斤顶和其他机械方式来矫正变形。杆件如角钢、槽钢以及工字钢梁翼缘的局部弯曲，可用撬棍矫正。

（2）热矫正法

热矫正法在我国目前较常见的是采用乙炔气和氧气混合燃烧火焰为热源，对变形结构构件加热使其产生新的变形，来抵消原有的变形。

热矫正法要根据桥梁实际情况谨慎采用。鉴于承受应力的构件加热时因屈服强度降低会发生应力重分配，影响结构体系的力学性能，因此，受力构件禁止使用热矫正法。

（3）变形构件更换或加固

① 检查中发现屈曲、撞击造成损伤、开裂或退化以及验算证明不满足有关要求的构件，应及时更换。桁架构件更换方法是在适当节间两边做临时支撑，在杆件的两端除去连接，再除去杆件，装上新杆件以及换上新的连接件，经检查合格后除去临时支撑。

② 承载能力不足的构件可以通过增贴钢板、型钢或采取增贴钢板+MPC 高强复合材料组合结构等方法加强。附加钢板或型钢可以栓接或焊接到原构件上。在增贴钢板增加杆件承载力时，应进行节点连接验算，不足时则应同时增强节点连接。

③ 可以通过改变结构受力体系，来增加整个桥梁结构的承载能力。这些改变结构受力体系的方法有：增加预应力，相邻桥跨之间建立连续关系，增设组合混凝土桥面板，采用支架、支柱或拉索支撑结构进行支护。

六、补修注意事项

桥梁钢结构出现各类损伤将导致承载能力的降低，因此必须恢复其承载能力。要明确

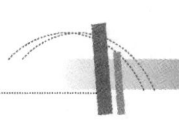

划分修补和加固之间的界限是很难的，补修设计必须考虑结构对象损伤的种类、损伤原因、损伤程度、施工方法和补修后的效果，难以用统一的模式规定修补设计，补修设计基本注意事项如下：

① 注意强度是否满足要求。由于局部补强，使原结构体系、应力分布和应力传递途径发生变化，在计算上往往要从不同角度进行分析。

② 注意是否带来其他新的问题。如更换局部构件，应考虑影响范围。局部加固将使重量增加，注意其对下部结构、基础和对其他构件的影响，以及是否造成应力集中等。

③ 设计时必须考虑可行的施工方法。不中断交通进行补修作业时，需要在交通荷载作用下和振动状态下施工，设计时需进行充分研究，如钢材现场焊接、构件切割等施工质量问题。此外，由于作业空间和作业时间的制约，作业方式、加固构件大小等问题均需研究。

第九节　斜拉桥维修

（1）塔柱多为混凝土结构，其常见的混凝土缺陷处理方法参见本章第四节混凝土表面缺陷的处治。

（2）当在检查过程中发现拉索锚杯内的防护油失效时，则需立即更换防护油。

（3）如发现螺杆或螺母部位的防护油（漆）失效时，对丝杆、螺母等部位进行处理后重新涂刷防护油（漆），或采用其他有效的防腐措施进行处理。

（4）当锚板部位出现锈蚀时，在清除锈蚀后，应及时补涂防护油（漆）进行防腐处理。

（5）对于安装有防护罩的锚头，应对防护罩进行防腐处理，避免其发生锈蚀。

（6）经常检查，如发现垫圈严重老化或损坏时，应及时更换防水垫圈及阻尼垫圈。

（7）如斜拉索防护层出现开裂或损坏，应开窗检查后及时进行干燥处理，并进行修复。

（8）斜拉索的减振装置发现异常或失效时，要及时调整、维修或更换。

（9）当发现斜拉索有明显振动时，应及时检查拉索的减振装置是否拉紧，如减振装置可调，应及时调整减振装置。

（10）当检测发现斜拉索钢丝出现锈蚀、断丝、锚具损坏等状况时，应采取专项检查，随后根据具体情况进行修补或更换。

第十节　悬索桥维修

一、主缆体系维修

1. 主缆维修

（1）主缆各索股的受力应保持均匀，经检查若个别索股受力出现明显偏差、松弛或过紧，应通过索端拉杆螺栓进行调整。

（2）定期对主缆索股的锚头、锚杆、裸露索股、分索器、散索鞍等处涂装防锈油漆。

（3）主缆的防护层如有开裂、剥落，应尽快修复，必要时可切开防护层检查主缆是否锈蚀并作相应处理，处理完毕后应及时修复。采用涂覆黄油防锈并用简易包裹做防护层的，应定期更换黄油及防护层，并保持其完好状态。

（4）发现索夹、索鞍、吊杆等的紧固螺栓松动时应及时紧固。

2. 主缆缠丝修复

（1）发现缠丝损伤或断丝后，在废弃缠丝之前，应在维修段两端保留缠丝2～3圈，采用铜钎焊固定，钎焊温度应不影响缠丝下的主缆钢丝，且要有足够的钎焊长度并且质量良好，然后剪除待换缠丝。

（2）清洁主缆钢丝表面。

（3）涂底漆，涂腻子。

（4）重新缠丝，再将新缠丝的头尾2～3圈用铜钎焊固定。缠丝拉力不低于21kN。

（5）清洁处理缠丝表面。

（6）按主缆原涂装工艺复原涂装层。

3. 索股维修

（1）**断丝拼接**

① 先将断丝处丝股绑扎松开，拉出断丝两端头，剪除两端头部分受损段，再剪一段新钢丝，长度大于剪掉段。

② 磨掉锈蚀锌层，去油污，用套筒挤压接头与一端相接。

③ 处理另一端钢丝接头部位，拉紧钢丝至规定拉力，剪除多余钢丝，用套筒挤压连接接头，复位钢丝并于两侧扎紧索股。

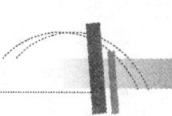

（2）索股拼接

整条断裂索股一般均在散索鞍和锚碇墙之间，新旧索股间采用热铸锚接头连接，新旧丝股热铸锚间可采用螺杆用丝扣连接，再将索股张拉至要求的索力后锚固。

4. 主缆线形的调整

（1）首先应作必要的内力分析。根据验算情况，通过调整吊索大螺母来改变加劲梁的高程。这种调整有时会增大加劲梁局部应力，要特别注意。

（2）如必须用顶推主鞍座和散索鞍座的方法来调整主缆线形，应咨询大桥设计单位或进行专项研究后方能实施。

5. 吊索维修

（1）对已锈蚀的吊索系统各零部件应及时除锈后涂刷防锈漆。

（2）当吊杆的止水密封圈、防雨罩等老化、开裂、破损时，及时修补或更换。

（3）索夹松动或有裂纹、锈蚀时，紧固或更换高强度拉杆以及垫圈。

（4）发现制振十字撑有疲劳断裂时应及时更换。

（5）若吊杆有明显摆动、倾斜或检查发现其受力变化，应查明原因。若吊索锚头出现松动，应予以更换，并进行吊杆复位后的索力检测。

（6）当锈蚀根数和受锈蚀的程度等级叠加后相当的断丝根数超过总丝数的10%时，应更换吊索。

（7）当吊索的冷铸锚头发生裂纹和破损时，也应更换此吊索。更换吊索宜逐根进行，多根同时更换时每次不得超过3根，且这3根吊索不能彼此相邻。

6. 索夹滑移修复

当发生索夹滑移时，应按以下步骤予以恢复：

（1）中断交通。

（2）在桥面设置临时加劲梁，确保待修复索夹所在梁段与相邻梁段间连接牢固。

（3）拆除索夹连接螺栓，将索夹恢复至原位，重新拧紧连接索夹的高强度螺栓。

（4）最后拆除临时加劲梁。

二、锚碇维修

（1）混凝土表面发生锈蚀、剥落、蜂窝、麻面、露筋等病害时，应及时将周围凿毛、洗净，采用同等材料或高性能材料进行修补。

（2）由于混凝土温度收缩、局部应力集中、施工质量不良等原因产生裂缝时，应视裂

缝大小及损坏原因采取不同的措施进行维修。

（3）当裂缝宽度小于规定限值时，可凿槽并采用喷浆封闭裂缝的方法。

（4）当裂缝宽度大于规定限值时，可采用压力灌浆法灌注水泥砂浆、环氧砂浆等灌浆材料修补方法。

（5）锚碇及锚室结构开裂、变形，应及时查明原因，如锚碇板开裂，可增补钢筋混凝土锚碇板，支撑开裂或破损可增加型钢支撑。

第九章　桥梁结构安全评估

第一节　混凝土类构件病害分析

混凝土结构的病害表现形式多种多样，引起病害的原因错综复杂，因此，应综合考虑桥梁结构的材料、设计、施工等工程因素以及桥梁的自然环境和运营环境等外部因素来分析混凝土类构件的病害。从引起病害的原因来看，可以将混凝土类构件的病害划分为两大类：一是由因施工质量与环境作用引起的混凝土结构损伤与破坏；二是由荷载作用或设计不当造成混凝土结构不能承受过大应力引起混凝土结构损伤与破坏，从而导致混凝土结构产生裂缝，最终造成破坏。混凝土结构损伤包括：混凝土的碳化、冻融循环破坏、钢筋锈蚀、裂缝等。

一、环境因素引起的混凝土结构损伤

1. 混凝土的碳化

混凝土的碳化是指混凝土中氢氧化钙与渗透进混凝土中的二氧化碳或其他酸性气体发生反应的过程。一般情况下混凝土呈碱性，在钢筋表面形成碱性薄膜，保护钢筋免受酸性介质的侵蚀，起到"钝化"保护作用。碳化的实质是混凝土的中性化，使混凝土的碱性降低、钝化膜破坏，在水分和其他有害介质侵入的情况下，钢筋发生锈蚀。

2. 氯离子的侵蚀

氯离子对混凝土的侵蚀是由于氯离子从外界环境侵入已硬化的混凝土造成的。海水是氯离子的主要来源，北方寒冷地区冬季道路、桥面撒盐化雪除冰都有可能使氯离子渗入混凝土中。氯离子对混凝土的侵蚀属于化学侵蚀，对结构的危害是多方面的，但最终表现为**钢筋的锈蚀**。

3. 混凝土碱—集料反应

混凝土碱—集料反应一般是指水泥中的碱和集料中的活性硅发生反应，生成碱—桂酸盐凝胶，并吸水产生膨胀压力，造成混凝土开裂。它造成的破坏程度比其他耐久性破坏的

速度要快，后果更为严重，一旦发生，很难加以控制，一般不到两年就会使结构出现明显开裂。

碱—集料反应引起的裂缝与其他原因引起的裂缝的主要区别：

① 碱—集料反应引起混凝土局部膨胀，裂缝的两个边缘出现不平状态（错台）：是碱—集料反应裂缝的特有现象。

② 碱—集料反应与环境湿度有关，在同一工程中潮湿部位出现裂缝，而干燥部位却安然无恙，是碱—集料反应引起的裂缝区别其他原因引起的裂缝的外观特征差别之一。

③ 从裂缝出现的时间来判断，碱—集料反应裂缝出现的时间较晚，多在施工后 5～10 年内出现，而混凝土收缩裂缝出现的时间较早，一般在施工后若干天内出现。

4. 冻融破坏

在严寒地区、水饱和或潮湿状态以及较低温度下，由于渗入混凝土中的水在温度正负变化过程中，集料受冻冰膨胀和渗透压力作用下膨胀，使混凝土内部的微观结构发生变化产生裂缝。经多次冻融循环后，损伤积累将使混凝土剥落酥裂，强度降低。因冻融循环而破坏的混凝土剥落，开始时在混凝土表面出现粒径为 2～3mm 的小片剥落，随着使用年限的增加，剥落量及剥落块直径增大，剥落由表及里，发展速度很快。另外，当北方地区采用撒盐除冰时，由于盐类与冻融循环的共同作用引起另一种盐冻融循环破坏的特殊形式，这种破坏要比单纯的冻融破坏更具有破坏性。盐冻融循环破坏表现为表面分层剥落，集料暴露，但剥落层下面的混凝土完好，在没有干扰的混凝土构件剥蚀表面或裂缝中可见白色盐结晶体。

5. 钢筋锈蚀

混凝土中钢筋腐蚀的首要条件是钝化膜破坏，混凝土的碳化及氯离子侵蚀都会造成覆盖钢筋表面的碱性钝化膜的破坏，加之有水分和氧的侵入，引起钢筋的腐蚀。钢筋腐蚀伴有体积膨胀，使混凝土出现沿钢筋的纵向裂缝，使钢筋与混凝土之间的黏结力破坏，钢筋截面面积减少，造成结构构件的承载力降低，变形和裂缝增大等一系列不良后果，并随着时间的推移，腐蚀会逐渐恶化，最终可能导致结构的完全破坏。对于在役混凝土结构而言，提高混凝土结构耐久性的基本思路是在处置病害根源的基础上封堵裂缝，修补破损混凝土，防止水分的侵入。

6. 表面缺损

混凝土表面缺损包括酸化、风化和冲磨三种破坏。由于集料材质与环境中水质中的硫酸盐、酸、碱等侵蚀成分发生化学反应，产生剥蚀，或由于风化作用，混凝土构件表面产生起毛→砂浆剥落→集料裸露→脱落，由表及里逐层剥落现象。由于水流的冲磨破坏作用

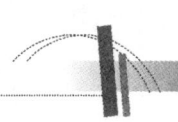

产生水力冲刷的冲磨和空蚀的破坏现象。

二、混凝土结构的裂缝损伤

裂缝是钢筋混凝土桥梁中最普遍、最常见的病害之一，它往往是多种因素联合作用的结果，同时裂缝产生后又与环境作用，往往也会引起其他病害的发生与发展，如钢筋锈蚀、冻融破坏等，这些病害与裂缝形成恶性循环，最终会对桥梁结构的承载能力、耐久性产生较严重的影响。

混凝土结构中的裂缝可从客观成因、力学机理和产生因素等方法进行分类，也可从安全性进行分类。无论从哪个角度分析裂缝的产生，其产生裂缝的核心是混凝土中拉应力大于其抗拉强度或拉应变大于其极限拉应变所导致，它与荷载和变形、应力、温度、材料收缩与徐变、环境水侵蚀性介质等因素有关，混凝土产生裂缝的主要因素见表 9-1。

表 9-1　混凝土产生裂缝的主要因素

分类		因素	产生原因
原材料		水泥	水泥等级低，或失效，水泥的水化热反应慢
		集料	含泥多，集料质量低劣
施工	混凝土	浇筑	浇筑速度太快
		振捣	振捣不足或漏振
		养护	硬化前受到振动或加载，初期养护时干燥；初期冻害
	钢筋	一	位置被扰动，保护层厚度不够
	模板	模板	模板变形，模板漏浆，过早拆模
		支撑	支撑下沉
环境		温、湿度	构件表面温度、湿度差异较大
		水及侵蚀性介质	酸或者盐类的化学作用，碳化，氯化物侵入
受力条件		荷载	超过荷载组合值
		设计	断面及钢筋用量不足，混凝土强度等级低，钢筋接头、锚固方式与布置等不当
		支撑条件	结构不均匀沉降

从力学机理来看，混凝土结构在超越设计组合作用时，结构上的作用超过其抗力，产生压碎裂缝、弯曲裂缝和剪切裂缝等形式的裂缝，这些裂缝属于结构性裂缝，其裂缝的分布及宽度与外荷载作用大小有关，当出现结构性裂缝，预示着结构承载能力可能不足或存在其他严重问题，如图 9-1 所示。

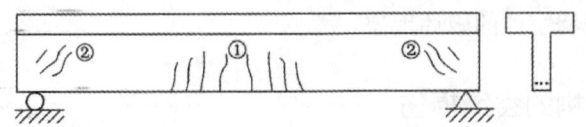

图 9-1 钢筋混凝土梁结构裂缝

①跨中截面附近正下缘受拉区的竖向裂缝，是最常见的结构性裂缝；
②支点附近截面由主拉应力引起的斜裂缝

（1）压碎裂缝

当设计的混凝土抗压强度不够或长期处于超载作用时，使结构上的作用超过其本身的抗力，导致产生局部构件混凝土与压力方向平行的多条短裂缝，随着裂缝加密和混凝土压酥，导致混凝土构件产生压碎裂缝。

（2）弯曲裂缝

当混凝土构件受拉区的拉应力超过混凝土抗拉强度时，弯矩最大截面附近从受拉区边缘开始出现横向裂缝，逐渐向中和轴发展，随着横向裂缝向受压区延伸，受压区出现短而密的纵向裂缝，受压区混凝土和箍筋间纵向受压筋变形形成弯曲裂缝。

（3）剪切裂缝

当箍筋适当时，沿梁端中部发生约 45°、方向相互平行的斜裂纹，随着斜裂纹发展至梁顶部。当箍筋太密时，沿梁端腹部发生与梁底板夹角大于 45°方向的短而密的斜裂导致混凝土酥裂。

（4）不均匀沉降引起的裂缝

不均匀沉降引起的裂缝宽度较大，往往在梁柱节点处产生，常见于双柱或多柱框架式墩台。

（5）网状裂缝

当混凝土出现纵横相交的不规则裂缝时，称为网裂裂缝，也称为收缩裂缝或温度裂缝。它主要是由于商品混凝土运输时间过长使水分蒸发，引起混凝土浇筑时的坍落度过低，使混凝土出现不规则的网状裂缝；或是混凝土中的集料含泥过多及初期养护不当，使得混凝土表面出现塑性收缩而产生裂缝，该裂缝一般深度较浅。

（6）钢筋锈蚀引起的裂缝

混凝土中钢筋发生锈蚀后，其锈蚀产物（氢氧化铁）的体积比原来膨胀 2～4 倍，从而对周围混凝土产生膨胀应力，当膨胀应力大于混凝土抗拉强度时，就会产生裂缝，这种裂缝被称为钢锈裂缝。钢锈裂缝一般沿钢筋长度方向发展为顺筋裂缝。

（7）碱—集料反应裂缝

碱—集料反应裂缝一般是指水泥中的碱和集料中的活性氧化硅发生反应，生成碱—桂酸盐胶并吸水产生膨胀压力，致使混凝土出现开裂现象。

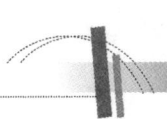

第二节　钢桥及构件病害分析

一、概述

钢桥及钢构件的病害类别，除了承载能力不足外，主要是钢板、杆件的疲劳损伤、开焊和腐蚀，其中多数为疲劳损伤和腐蚀。钢材的疲劳损伤是指钢材在连续的反复荷载作用下，其应力低于抗拉强度，甚至低于屈服点时发生突然破坏的现象，也称为钢构件的疲劳损伤。

1. 钢材疲劳损伤的特征

（1）产生疲劳损伤的主要因素：拉应力、拉应力循环、晶格间产生微错位。

（2）疲劳裂纹扩展方向垂直于主力方向。

（3）疲劳裂纹发展的三个阶段：萌生、稳定扩展、失稳扩展。前两个阶段很难通过观测结构的变形而被发现，第三阶段是脆性破坏，所以疲劳损伤是危险很大的一种破坏形式。

2. 钢桥疲劳损伤的主要因素

（1）结构构造考虑不当。

（2）循环应力幅度与应力循环次数、残余应力。

（3）结构和连接的形状。

（4）杆件相互连接部位产生挠度和位移错动。

（5）因腐蚀而引起钢材表面的变形。

（6）焊接缺陷、制造和加工不当。

3. 疲劳裂纹的分类

从受力角度来看，疲劳损伤的裂纹可分为主应力引起的疲劳、次应力引起的疲劳以及腐蚀疲劳三种形式。

二、钢构件及联结杆件疲劳损伤

因主应力的疲劳损伤可在设计中避免，因此，在桥梁检测中应特别关注次应力、腐蚀疲劳两种情况。

1. 次应力

（1）产生次应力的条件：

① 腹板面外变形，在某小间隙处受到约束引起次应力。

② 两相邻构件变形的差引起次应力，如上承式桁梁、纵梁与横梁连接处。

③ 局部振动在构件连接处引起较大的次应力，如桁架桥中的竖杆及平联、板梁中的桁式平联和横联。

④ 支座竖向转动或活动支座纵向失灵引起的次弯曲。

⑤ 其他不适当的构造设计和施工。

（2）次应力引起疲劳裂缝的特点：

① 设计中没有准确计算次应力大小，所考虑的措施不当。

② 疲劳裂缝多在桥梁运营最初 3 个月内产生。

③ 裂纹多出现在同样构件部位且重复率高。

④ 初期某些裂纹尚未扩展至主要构件（削弱主构件断面），暂不对主要构件的安全构成威胁。

2. 钢材的腐蚀

钢材的锈蚀主要是由于钢和空气中的氧和水起化学作用而产生的，是钢构件主要病害之一，它将削弱钢构件断面，产生疲劳破坏。疲劳破坏是指在静荷载反复作用下，经过一定时间致使疲劳裂纹、腐蚀坑等应力集中处产生裂纹，在不发生塑性变形的情况下产生的突然脆断破坏的一种现象，它主要在腐蚀和高应力共同作用下产生。

3. 杆件裂损的主要部位

① 上承钢板梁。上下翼缘角钢、下翼缘沿支座处盖板（中心）、加劲角钢处下翼缘两侧、水平斜拉杆、下翼缘联结板梁端头上盖板外侧。

② 上承钢板支座上方下翼缘钢板处和上承钢桁梁支座与下翼缘连接铆钉孔处。

③ 下承钢板梁。支座上方纵梁顶弯、梁节点两侧、梁加劲角钢上部、梁联结杆与纵梁联结板处。

④ 下承钢板梁支座连接板处、下承钢桁梁支座上方横梁下部。

⑤ 铆焊下承钢板梁上下水平联结角钢处。

三、钢桥面板损伤

1. 钢桥面板损伤原因

根据疲劳裂纹成因不同，可将正交异性钢桥面板的疲劳裂纹分为两类：一类是由于主应力引起的裂纹，它主要由板件平面内的变幅应力引起；另一类是由面外变形产生的次应力引起的裂纹。

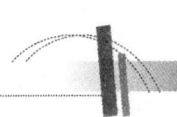

2. 钢桥面板损伤主要部位

（1）纵肋现场焊接接头处。

（2）纵肋与面板焊接连接处。

（3）纵肋与横肋交叉处。

（4）横肋的腹板竖向加劲肋与面板焊接连接处。

第三节　桥梁构件缺损评定

桥梁构件缺损评定依据《技术评定标准》，按照桥梁构件材料的性质、结构类型进行评定。本节介绍桥梁构件缺损评定及各结构形式的桥梁技术状况评定的方法，

一、混凝土类构件缺损评定

1. 混凝土强度检测评定

根据混凝土桥梁结构或构件实测的强度值，依据公式（9-1）计算其推定强度匀质系数或平均强度匀质系数，并根据该值的范围按表 9-2 确定混凝土强度评定值。

表 9-2　桥梁混凝土强度评定标准

K_{bt}	K_{bm}	强度状况	评定标度
≥0.95	≥1.00	良好	1
（0.95，0.90]	（1.00，0.95]	良好	2
（0.90，0.80]	（0.95，0.90]	较差	3
（0.80，0.70]	（0.90，0.85]	差	4
<0.70	<0.85	危险	5

$$K_{bt} = \frac{R_{it}}{R}$$
（9-1）

式中：K_{bt} ——强度匀质系数；

　　　R_{it} ——混凝土实测强度推定值；

　　　R ——混凝土设计强度等级。

2. 钢筋锈蚀电位检测评定

钢筋锈蚀电位直观反映了混凝土中钢筋锈蚀的活动性，通过测试钢筋/混凝土与参考电极之间的电位差，可判断钢筋发生锈蚀的概率，电位差越大混凝土中钢筋发生锈蚀的可能

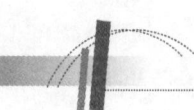

性就越高。根据表 9-3 评定混凝土结构中钢筋发生锈蚀的概率或钢筋锈蚀的活动程度。

表 9-3　混凝土中钢筋锈蚀电位评定标准

电位水平（mV）	钢筋状况	评定标度
≥−200	无锈蚀活动性或锈蚀活动性不确定	1
（−200，−300]	有锈蚀活动性，但锈蚀状态不确定，可能坑蚀	2
（−300，−400]	有锈蚀活动性，发生锈蚀概率大于90%	3
（−400，−500]	有锈蚀活动性，严重锈蚀可能性极大	4
＜−500	构件存在锈蚀开裂区域	5

注：量测时，混凝土桥梁结构或构件应为自然状态。

3. 混凝土结构中氯离子含量检测评定

混凝土中的氯离子可诱发并加速钢筋锈蚀，测量混凝土中氯离子含量可间接评判钢筋锈蚀活化的可能性。混凝土中的氯离子含量，可采用在结构构件上钻取不同深度的混凝土粉末样品的方法通过化学分析进行测定，根据检测结果，按表 9-4 评判其诱发钢筋锈蚀的可能性。

表 9-4　混凝土中氯离子含量评定标准

氯离子含量（占水泥含量的百分比）	诱发钢筋锈蚀的可能性	评定标度
＜0.15	很小	1
[0.15，0.40)	不确定	2
[0.40，0.70)	有可能诱发钢筋锈蚀	3
[0.70，1.00)	会诱发钢筋锈蚀	4
≥1.00	钢筋锈蚀活化	5

4. 混凝土碳化深度检测评定

通过测试混凝土碳化深度，并结合钢筋保护层厚度状况，可评判混凝土碳化对钢筋锈蚀的影响。在评定中可取构件的碳化深度平均值，实测保护层厚度平均值的比值按表 9-5 的规定确定混凝土碳化评定标度。

表 9-5　混凝土碳化评定标准

K_e	评定标度	K_e	评定标度
＜0.5	1	[1.5，2.0)	4
[0.5，1.0)	2	≥2.00	5
[1.0，1.5)	3		

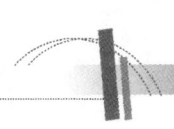

5. 混凝土保护层厚度检测评定

混凝土构件保护层厚度可采用电磁检测的方法进行无损检测。首先，根据某一测量部位各测点混凝土厚度实测值计算混凝土保护层厚度平均值，再按公式（9-2）计算确定测量部位混凝土保护层厚度特征值。根据保护层厚度特征值与设计值的比值，按表 9-6 的规定确定钢筋保护层厚度评定标度。

表 9-6　混凝土钢筋保护层厚度评定标准表

D_{ne}/D_{nd}	对结构钢筋耐久性的影响	评定标度
＞0.95	影响不显著	1
（0.85，0.95]	有轻度影响	2
（0.70，0.85]	有影响	3
（0.55，0.70]	有较大影响	4
≤0.55	钢筋易失去碱性保护，发生锈蚀	5

$$D_{ne} = D_n - K_P S_D \qquad (9-2)$$

式中：S_D——钢筋保护层厚度实测值标准差，精确至 0.1 mm；

K_P——判定系数，按表 9-7 取用。

表 9-7　钢筋保护层厚度判定系数

n	10～15	16～24	≥25
K_P	1.695	1.645	1.595

6. 混凝土蜂窝、麻面评定

混凝土蜂窝、麻面评定，见表 9-8。

表 9-8　混凝土蜂窝、麻面评定标准表

评定标度	评定标准	
	定性描述	定量描述
1	完好，无蜂窝麻面	—
2	较大面积蜂窝麻面	累计面积≤构件面积的 50%
3	大面积蜂窝麻面	累计面积＞构件面积的 50%

7. 混凝土构件剥落、掉角评定

混凝土构件剥落、掉角评定，见表 9-9。

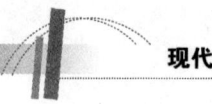

表 9-9　混凝土构件剥落、掉角评定标准表

评定标度	评定标准	
	定性描述	定量描述
1	完好，无剥落、掉角	—
2	局部混凝土剥落或掉角	累计面积≤构件面积的5%，或单处面积≤0.5m²
3	较大范围混凝土剥落或掉角	累计面积＞构件面积的5%且＜构件面积的10%，或单处面积＞0.5m²且＜1.0m²
4	大范围混凝土剥落或掉角	累计面积≥构件面积的10%，或单处面积≥1.0m²

8. 混凝土构件空洞、孔洞评定

混凝土构件空洞、孔洞评定，见表 9-10。

表 9-10　混凝土构件空洞、孔洞评定标准表

评定标度	评定标准	
	定性描述	定量描述
1	完好，无空洞、孔洞	—
2	局部混凝土空洞、孔洞	累计面积≤构件面积的5%，或单处面积≤0.5m²
3	较大范围混凝土空洞、孔洞	累计面积＞构件面积的5%且＜构件面积的10%，或单处面积＞0.5m²且＜1.0m²
4	大范围混凝土空洞、孔洞	累计面积≥构件面积的10%，或单处面积≥1.0m²

二、钢桥及构件缺损评定

1. 钢构件表面涂层劣化评定

钢构件表面涂层劣化评定，见表 9-11。

表 9-11　钢构件表面涂层劣化评定表

评定标度	评定标准	
	定性描述	定量描述
1	完好	—
2	涂层个别位置出现流痕、气泡、白化、漆膜发黏、针孔、起皱或皱纹、表面粉化、变色起皮、脱落等缺陷	累计面积≤构件面积的10%
3	涂层出现较严重流痕、气泡、白化、漆膜发黏、针孔、起皱或皱纹、表面粉化、变色起皮、脱落等缺陷	累计面积＞构件面积的10%且≤构件面积的50%
4	涂层出现严重流痕、气泡、白化、漆膜发黏、针孔、起皱或皱纹、表面粉化、变色起皮、脱落等缺陷	累计面积＞构件面积的50%

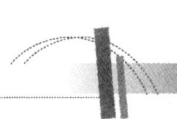

2. 钢构件锈蚀评定

钢构件锈蚀评定表，见表 9-12。

表 9-12　钢构件锈蚀评定表

评定标度	评定标准	
	定性描述	定量描述
1	完好	—
2	构件表面发生轻微锈蚀，部分氧化皮或油漆层出现剥落	锈蚀累计面积≤构件面积的 5%
3	构件表面有较多点蚀现象，氧化皮、油漆层因锈蚀而部分剥落或可以刮除，重要部位有锈蚀成洞现象	钢筋累计面积＞构件面积的 5% 且≤构件面积的 15%，或锈蚀孔洞≤3 个，工字梁孔洞直径≤30mm，板梁≤30mm 且边缘完好；桁梁孔洞直径≤30mm，且≤杆件宽度的 15%
4	构件表面有大量点蚀现象，氧化皮、油漆层因锈蚀而全面剥落，重要部位被锈蚀成洞	钢筋累计面积＞构件面积的 15%，或锈蚀孔洞＞3 个，工字梁孔洞直径＞30mm，板梁＞50mm 且边缘完好；桁梁孔洞直径＞30mm，或＞杆件宽度的 15%

3. 钢构件焊缝开裂评定

钢构件焊缝开裂评定，见表 9-13。

表 9-13　钢构件焊缝开裂评定表

评定标度	评定标准	
	定性描述	定量描述
1	完好	—
2	焊缝部位涂层有少量裂纹	—
3	焊缝部位涂层有大量裂纹，受拉翼缘边焊缝存在裂缝，其他部位焊缝无裂缝	主梁、纵横梁受拉翼缘边焊缝开裂长度≤5mm
4	主要构件焊缝出现较多裂缝，构件出现变形	主梁、纵横梁受拉翼缘边焊缝开裂长度＞5mm 且≤10mm，其他位置焊缝开裂长度≤5mm
5	主要构件焊缝存在大量裂缝甚至完全开裂，主要构件存在明显的变形，变形大于规范值	主梁、纵横梁受拉翼缘边焊缝开裂长度＞10mm，其他位置焊缝开裂长度＞5mm

4. 铆钉（螺栓）损失评定

铆钉（螺栓）损失评定，见表 9-14。

表 9-14　铆钉（螺栓）损失评定表

评定标度	评定标准	
	定性描述	定量描述
1	完好	—
2	铆钉（螺栓）少量损坏、松动或丢失，造成联结部位铆钉（螺栓）失效	损坏、失效数量≤总量的1%
3	焊缝部位涂层有大量裂纹，受拉翼缘边焊缝存在裂缝，其他部位焊缝无裂缝	损坏、失效数量>总量的1%且≤总量的10%
4	主要构件焊缝出现较多裂缝，构件出现变形	损坏、失效数量>总量的10%且≤总量的30%
5	主要构件焊缝存在大量裂缝甚至完全开裂，主要构件存在明显的变形，变形大于规范值	损坏、失效数量>总量的30%

5. 钢构件裂缝评定

钢构件裂缝评定，见表 9-15。

表 9-15　钢构件裂缝评定表

评定标度	评定标准	
	定性描述	定量描述
1	完好	—
2	钢构件出现极少量细小裂纹	
3	钢构件出现较多幼小裂缝，截面削弱，但不影响正常使用	主梁、纵横梁受拉翼缘边裂缝长度≤3mm，或有受拉翼缘焊接盖板端部裂缝≤10mm，或桁梁端横梁与纵梁连接处下端以及腹杆接头处裂缝长度≤20mm
4	主要构件出现较多裂缝，截面削弱	主梁、纵横梁受拉翼缘边裂缝长度>3mm且≤5mm，或有受拉翼缘焊接盖板端部裂缝>10mm且≤20mm，或桁梁端横梁与纵梁连接处下端以及腹杆接头处裂缝长度>20mm且≤50mm
5	主要构件出现较多严重裂缝，截面削弱，主要构件存在明显的永久变形，变形大于限值	主梁、纵横梁受拉翼缘边裂缝长度>5mm，或有受拉翼缘焊接盖板端部裂缝>20mm，或桁梁端横梁与纵梁连接处下端以及腹杆接头处裂缝长度>50mm

6. 钢桥跨中挠度评定

钢桥跨中挠度评定，见表 9-16。

表 9-16 钢桥跨中挠度评定表

评定标度	评定标准	
	定性描述	定量描述
1	完好	—
2	钢构件出现极少量细小裂纹	—
3	挠度小于限值	简支或连续板梁跨中最大挠度≤计算跨径的1/800；或简支或连续桁架跨中最大挠度≤计算跨径的1/1000
4	主要构件挠度接近限值，裂缝状况较严重	简支或连续板梁跨中最大挠度>计算跨径的1/800且≤计算跨径的1/600；或简支或连续桁架跨中最大挠度>计算跨径的1/1000且≤计算跨径的1/800
5	主要构件挠度大于限值，存在明显的永久变形，裂缝状况严重，严重影响承载力，有不正常移动并影响结构安全	简支或连续板梁跨中最大挠度>计算跨径的1/600；或简支或连续衍架跨中最大挠度>计算跨径的1/800

7. 钢构件变形评定

钢构件变形评定，见表 9-17。

表 9-17 钢构件变形评定表

评定标度	评定标准	
	定性描述	定量描述
1	完好	—
2	—	—
3	个别次要构件出现异常变形，行车稍感振动或摇晃	构件竖向弯曲矢度≤跨度的1/1500；或板梁、纵梁、横梁及工字梁横向弯曲矢度≤自由长度1/800且<15mm；或桁梁的压力杆件弯曲矢度≤杆件自由长度的1/1500；或拉力杆件弯曲矢度≤杆件自由长度的1/800，腹杆、连接杆件弯曲矢度≤杆件自由长度的1/500
4	主要构件出现较多裂缝，截面削弱	构件竖向弯曲矢度>跨度的1/1500且≤跨度的1/1000；或板梁、纵梁、横梁及工字梁横向弯曲矢度>自由长度1/8000且≤自由长度1/5000，且<20mm；或桁梁的压力杆件弯曲矢度>自由长度的1/1500且≤自由长度的1/1000；或拉力杆件弯曲矢度>杆件自由长度的1/800且≤杆件自由长度的1/500，腹杆、连接杆件弯曲矢度>杆件自由长度的1/500且≤杆件自由长度的1/300
5	主要构件出现较多严重裂缝，截面削弱，主要构件存在明显的永久变形，变形大于限值	构件竖向弯曲矢度>跨度的1/1000；或板梁、纵梁、横梁及工字梁横向弯曲矢度>自由长度的1/5000且>20mm；或桁梁的压力杆件弯曲矢度>杆件自由长度的1/1000；或拉力杆件弯曲矢度>杆件自由长度的1/500，腹杆、连接杆件弯曲矢度>杆件自由长度的1/300

8. 钢桥结构变位评定

钢桥结构变位评定，见表 9-18。

表 9-18 钢桥结构变位评定标准表

标度	评定标准（定性描述）
1	完好
2	—
3	横向联结出现松动，纵向接缝开裂较大
4	主要构件存在明显的永久变形，变形小于或等于规范值，或桥面竖向呈波形
5	主要构件存在明显的永久变形，变形大于规范值，结构振动或摇晃显著、有不正常移动

三、其他

1. 桥梁结构自振频率检测评定

桥梁自振频率变化不仅能够反映结构损伤情况，而且还能反映结构整体性能和受力体系的改变，根据实测自振频率 f_{mi} 与理论计算频率 f_{di} 的比值，按表 9-19 确定桥梁自振频率评定标度。

表 9-19 桥梁自振频率评定标准表

上部结构	下部结构	评定标度
f_{mi} / f_{di}	f_{mi} / f_{di}	
≥1.1	≥1.2	1
[1.00，1.10)	[1.00，1.20)	2
[0.90，1.00)	[0.95，1.00)	3
[0.75，0.90)	[0.80，0.95)	4
<0.75	<0.80	5

2. 拉吊索索力检测评定

拉吊索索力直接反映索结构桥梁持久状况下的内力状态，是评价桥梁承载能力的重要指标，应依据不少于检测中的前五阶特征频率计算索力的平均值，并按式（9-3）计算索力偏差率。当索力偏差超过±10%时应分析原因，检定其安全系数是否满足相关规范要求，并应在结构检算中加以考虑。

$$K_t = \frac{T - T_d}{T_d} \times 100\% \tag{9-3}$$

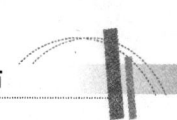

式中： T——实测索力值；

　　　 T_d——设计索力值。

3. 混凝土梁桥裂缝评定

混凝土梁桥裂缝评定，见表9-20。

表9-20 混凝土梁桥裂缝评定表

评定标度	评定标准	
	定性描述	定量描述
1	无裂缝	—
2	局部出现网状裂缝，或主梁出现少量轻微裂缝，缝宽未超限	网状裂缝累计面积≤构件面积的20%，单处面积≤1.0m²；或主梁裂缝缝长≤截面尺寸的1/3
3	出现大面积网状裂缝，或主梁出现横向裂缝，或顺主筋方向出现纵向裂缝，或出现斜裂缝、水平裂缝、竖向裂缝等，缝宽未超限	网状裂缝累计面积>构件面积的20%，单处面积>1.0m²；或主梁裂缝缝长>截面尺寸的1/3且≤截面尺寸的1/2
4	主梁控制截面出现较多横向裂缝，或顺主筋方向出现严重纵向裂缝并伴有钢筋锈蚀等，或出现斜裂缝、水平裂缝、竖向裂缝等，裂缝宽度超限	主梁裂缝缝长>截面尺寸的1/2，间距<30cm
5	主梁控制截面出现大量结构性裂缝，裂缝大多贯通，且缝宽严重超限，主梁出现变形	主梁裂缝缝宽>1.0mm，间距<20cm

4. 桥梁基础与地基检测评定

桥梁基础变位检测评定包括：基础的竖向沉降、水平变位和转角，相邻基础的沉降以及基础的不均匀深陷、滑移、倾斜和冻拔三个方面。

（1）桥梁基础变位评定。

① 当基础变位尚未稳定，应设立永久性观测点，定期进行控制检测判定基础变位是否趋于稳定。

② 基础变位是否超出设计期望值。若超出设计期望值，除应检算评定基础变位对上部结构的不利影响外，还应对地基进行探查，检算评定其承载能力。

（2）桥梁地基的检验评定。

① 根据桥梁结构的重要性、墩台与基础变位情况以及原位岩土工程勘察资料情况，补充勘探孔或原位测试孔，查明土层分布及土的物理力学性质。

② 对因加固维修需要增加结构自重的桥梁，应在基础下取原状土进行室内的物理力学性质试验。

（3）简支桥梁墩台与基础沉降和位移容许限值标准：

① 墩台均匀总沉降：2.0cm；

② 相邻撤台总沉降差：1.0cm；

③ 墩台顶面水平位移值：0.5cm。

各类桥梁构件具体的评定按现行《技术评定标准》执行。

四、各结构形式桥梁构件技术状况评定

（一）拱桥

1. 钢筋混凝土拱桥

（1）主拱圈变形评定（表9-21）。

表9-21　主拱圈变形评定表

标度	评定标准
	定性描述
1	完好
2	—
3	主拱圈线形有轻微变形，或边拱有横移或外倾现象
4	主拱圈线形有较明显的变形，如拱顶变形、桥面竖向呈波形
5	主拱圈严重变形，或拱顶挠度大于限值，严重影响桥梁结构安全

（2）主拱圈裂缝评定（表9-22）。

表9-22　主拱圈裂缝评定表

标度	评定标准	
	定性描述	定量描述
1	完好	—
2	有少量轻微横向裂缝	横向裂缝≤截面尺寸的1/8，缝宽≤0.1mm
3	结合面开裂或有纵向、横向裂缝，缝宽未超限	纵向裂缝缝长≤截面尺寸的1/8，缝宽≤0.5mm；或横向裂缝缝长>截面尺寸的1/8且≤截面尺寸的1/2，缝宽>0.1mm且≤0.3mm
4	结合面开裂或有较严重纵向、横向裂缝，缝宽超限	纵向裂缝缝长>截面尺寸的1/8，缝宽>0.5mm；或横向裂缝缝长>截面尺寸的1/2，缝宽>0.3mm
5	裂缝贯通截面或跨长，发生开合现象，或拱圈砌体严重断裂	缝宽>2.0mm

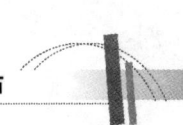

（3）拱脚位移评定（表9-23）。

表9-23　拱脚位移评定表

标度	评定标准
	定性描述
1	完好
2	—
3	—
4	拱脚出现水平、竖向位移和转角
5	拱脚严重错台、位移，造成结构和桥面变形过大，严重影响桥梁结构安全

（4）拱铰功能受损评定（表9-24）。

表9-24　拱铰功能受损评定表

标度	评定标准
	定性描述
1	完好
2	—
3	拱铰部分受损，但功能尚存
4	拱铰受损较严重，有错位、拉开现象，甚至部分压裂，部分丧失功能
5	拱铰产重受损，有错位、拉开现象，混凝土压裂或功能丧失，拱圈出现严重变形

（5）实腹拱的侧墙与主拱圈间脱裂评定（表9-25）。

表9-25　实腹拱的侧墙与主拱圈间脱裂评定表

标度	评定标准
	定性描述
1	完好
2	个别位置出现脱裂，缝宽较小且不连续
3	侧墙与主拱圈间较大范围出现断裂、脱开，且断裂脱开连续
4	侧墙与主拱圈间大范围出现断裂、脱开，且断裂脱开连续，结构出现变形
5	侧墙与主拱圈间严重脱裂，造成桥面板严重塌落，结构或桥面变形过大

（6）空腹拱的腹拱或横向联结系变形、错位评定（表9-26）。

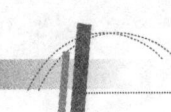

表 9-26　空腹拱的腹拱或横向联结系变形、错位评定表

标度	评定标准
	定性描述
1	完好
2	—
3	个别腹拱或横向联结系出现变形、错位，但不影响行车
4	较多腹拱或横向联结系出现变形、错位，影响正常行车
5	腹拱或横向联结系产生严重变形、错位，导致桥面出现严重塌陷或沉降，变形过大，不能正常行车，造成安全隐患

（7）立墙或立柱倾斜评定（表 9-27）。

表 9-27　立墙或立柱倾斜评定表

标度	评定标准
	定性描述
1	完好
2	—
3	个别立墙或立柱出现轻微倾斜
4	较多立墙或立柱出现倾斜，影响正常行车
5	立墙或立柱产生严重倾斜，桥面出现严重塌陷或沉降，变形过大，不能正常行车

2. 双曲拱桥

（1）主拱圈、横向联结系变形评定（表 9-28）。

表 9-28　主拱圈、横向联结系变形评定表

标度	评定标准
	定性描述
1	完好
2	主拱圈无明显变形，或个别横向联结系轻微松动、开裂，或横向联结系出现轻微扭曲变形，拱肋各肋间变形趋于一致
3	边拱肋有轻微横移或外倾，或少部分横向联结拉杆松动、开裂，横向联结系出现明显变形，但强度足够，拱肋变形比较均匀
4	拱圈存在明显的变形，拱顶下挠，变形过大，桥面竖向呈波形，或横向联结系出现明显永久变形，产生损坏，横向稳定性弱，拱波出现较严重的纵向裂缝且裂缝大于限值
5	拱圈出现严重异常变形、开裂、拱顶下沉，变形过大；或受压构件有严重的横向扭曲变形；或横向联结系强度严重不足甚至没有设置，横向联结系产生严重损坏，横向稳定性严重不足，拱肋横桥向变形非常不均匀，拱波出现贯通纵向裂缝且裂缝大于限值，大量横向联结拉杆松动、断裂导致拱肋严重变形，不能正常行车

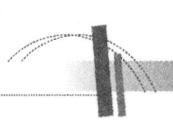

（2）主拱圈裂缝评定（表 9-29）。

表 9-29　主拱圈裂缝评定表

标度	评定	标准
	定性描述	定量描述
1	完好，无裂缝	—
2	有少量横向裂缝，缝宽未超限	缝长≤截面尺寸的 1/3
	拱波、拱波和拱肋结合部位出现纵向裂缝，缝宽未超限	缝长≤截面尺寸的 1/3
	跨中截面肋波结合面再现少量环向裂缝	缝长≤结合面长度或跨长的 1/8
	横向联结系构件有少量裂缝，缝宽未超限	缝长≤截面尺寸的 1/3
3	有较多横向裂缝，缝宽未超限	缝长＞截面尺寸的 1/3 且≤截面尺寸的 2/3
	拱波、拱波和拱肋结合部位出现纵向裂缝，缝宽未超限	缝长＞截面尺寸的 1/3 且≤截面尺寸的 2/3，缝宽≤0.2mm
	跨中截面肋波结合面再现少量环向裂缝	缝长＞截面尺寸的 1/3 且≤截面尺寸的 2/3，缝宽≤0.5mm
	横向联结系构件有少量裂缝，缝宽未超限	缝长＞截面尺寸的 1/3 且≤截面尺寸的 2/3，间距≥20cm
4	横向裂缝缝宽超限	缝长＞截面尺寸的 2/3，间距≥20cm
	拱波、拱波和拱肋结合部位出现大量纵向裂缝	缝长＞截面尺寸的 2/3，部分缝宽＞0.2mm
	跨中截面肋波结合面再现出现大量环向裂缝，缝宽超限	缝长＞截面尺寸的 1/2
	横向联结系构件有少量裂缝，缝宽未超限	缝长＞截面尺寸的 2/3，间距＜20cm
5	控制截面出现大量结构性裂缝，裂缝大多贯通，且缝宽超限，主梁出现变形	—

3. 刚架拱桥

（1）跨中挠度评定（表 9-30）。

表 9-30　跨中挠度评定表

标度	评定标准	
	定性描述	定量描述
1	完好	—
2	—	—
3	跨中下挠，拱轴线偏离	跨中最大挠度≤计算跨径的 1/1000

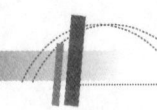

续表

标度	评定标准	
	定性描述	定量描述
4	下挠较严重，拱轴线偏离	跨中最大挠度＞计算跨径的1/1000，且≤计算跨径的1/800
5	下挠严重，拱圈严重变形、开裂，拱轴线严重偏离，变形随时间发展迅速，影响结构安全	跨中最大挠度＞计算跨径的1/800

（2）横系梁与拱片联结松动、开裂评定（表9-31）。

表9-31　横系梁与拱片联结松动、开裂评定表

标度	评定标准
	定性描述
1	完好
2	个别横系梁与拱片联结松动、开裂
3	横系梁与拱片联结松动、开裂，个别横系梁出现竖向开裂
4	横系梁与拱片联结松动、开裂导致拱片变形、位移大于限值，同时横系梁出现脱落现象
5	横系梁与拱片联结严重松动、开裂，拱片出现严重变形、位移，甚至导致桥面严重塌陷或沉降

（3）微弯板穿孔、塌陷、露筋评定（表9-32）。

表9-32　微弯板穿孔、塌陷、露筋评定表

标度	评定标准
	定性描述
1	完好
2	微弯板出现极个别露筋、穿孔
3	微弯板出现较多露筋、穿孔现象
4	微弯板出现大量露筋、穿孔，出现少量塌陷现象
5	微弯板严重塌陷，不能正常行车并造成严重安全隐患

（4）裂缝评定（表9-33）。

（5）连接部钢板锈蚀、断裂评定（表9-34）。

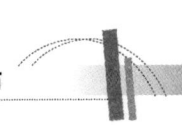

表 9-33 裂缝评定表

标度	评定标准	
	定性描述	定量描述
1	完好，无裂缝	—
2	竖向裂缝：有少量裂缝，缝宽未超限	竖向裂缝：缝长≤截面尺寸的1/3
	微弯板或肋腋板纵向开裂：出现开裂，缝宽未超限	微弯板或肋腋板纵向开裂：缝长≤截面尺寸的1/8
	横向裂缝：有少量裂缝，缝宽未超限	横向裂缝：缝长≤截面尺寸的1/3
	实腹段、拱腿斜裂缝：有少量裂缝，缝宽未超限	实腹段、拱腿斜裂缝：缝长≤截面尺寸的1/3
3	竖向裂缝：较多裂缝，缝宽未超限	竖向裂缝：缝长＞截面尺寸的1/3 且≤截面尺寸的1/2，间距≥30cm
	微弯板或肋腋板纵向开裂：结合部出现较多纵向裂缝，缝宽未超限	微弯板或肋腋板纵向开裂：缝长＞截面尺寸的1/8 且≤截面尺寸的1/3
	横向裂缝：较多裂缝，缝宽未超限	横向裂缝：缝长＞截面尺寸的1/3 且≤2/3，间距≥20cm
	实腹段、拱腿斜裂缝：较多裂缝，缝宽未超限	实腹段、拱腿斜裂缝：缝长≤截面尺寸的1/3
4	竖向裂缝：大量裂缝，缝宽超限	竖向裂缝：缝长＞截面尺寸的1/2，间距＜30cm
	微弯板或肋腋板纵向开裂：结合部出现大量裂缝，缝宽超限	微弯板或肋腋板纵向开裂：缝长＞截面尺寸的1/3
	横向裂缝：大量裂缝，缝宽超限值	横向裂缝：缝长＞截面尺寸的2/3，间距＜20cm
	实腹段、拱腿斜裂缝：缝宽超限值	实腹段、拱腿斜裂缝：缝长＞截面尺寸的1/2
5	控制截面出现大量结构性裂缝，裂缝大多贯通，且缝宽超限，主梁出现变形	缝宽＞1.0mm，间距＜10cm

表 9-34 连接部钢板锈蚀、断裂评定表

标度	评定标准
	定性描述
1	完好
2	基本完好，极少量钢板锈蚀，无断裂现象
3	较多钢板锈蚀，少部分钢板出现穿孔或断裂
4	大量钢板出现锈蚀、断裂，造成主拱变形
5	大量钢板严重锈蚀、断裂，造成主拱严重变形并产生破坏，影响结构安全

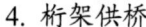

4. 桁架供桥

（1）构件变形评定（表9-35）。

表9-35　构件变形评定表

标度	评定标准
	定性描述
1	完好
2	—
3	个别次要构件出现弯曲变形，行车稍感振动或摇晃
4	个别主要构件出现异常弯曲变形，行车振动或摇晃明显或有异常声音
5	较多主要构件出现严重变形或开裂，显著影响承载力，结构振动或摇晃显著，有不正常移动

（2）拱片连接处混凝土断裂评定（表9-36）。

表9-36　拱片连接处混凝土断裂评定表

标度	评定标准
	定性描述
1	完好
2	—
3	少量拱片连接处混凝土出现轻微碎裂
4	大量拱片连接处混凝土出现大面积碎裂
5	大量拱片连接处混凝土出现完全碎裂，拱圈严重变形，显著影响承载力

（3）上弦杆缺陷评定（表9-37）。

表9-37　上弦杆缺陷评定表

标度	评定标准
	定性描述
1	完好
2	个别上弦杆出现拉裂现象
3	部分位置上弦杆与行车道板出现脱空现象
4	较多位置上弦杆与行车道板脱空，拱圈或桥面板有变形现象
5	几乎所有位置上弦杆与行车道板脱空，拱圈或桥面板严重变形，甚至桥面板出现严重塌陷

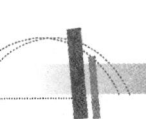

5. 钢—混凝土组合拱桥

（1）焊缝开裂评定（表9-38）。

表9-38 焊缝开裂评定表

标度	评定标准
	定性描述
1	完好
2	焊缝部位涂层有少量裂纹，但符合相关规范要求
3	较多焊缝存在裂缝，且不符合相关规范要求
4	大量焊缝存在裂缝，且不符合相关规范要求

（2）混凝土裂缝评定（表9-39）。

表9-39 混凝土裂缝评定表

标度	评定标准	
	定性描述	定量描述
1	完好	—
2	局部出现网状裂纹，或有少量裂缝，缝宽未超限	网状裂纹累计面积≤构件面积的20%，单处面积≤1.0m²，或裂缝缝长≤截面尺寸的1/3
3	大面积出现网状裂纹，或有较多裂缝，缝宽未超限	网状裂纹累计面积>构件面积的20%，单处面积>1.0m²，或裂缝缝长>截面尺寸的1/3 且≤截面尺寸的1/2，间距<20cm
4	有大量裂缝，大多贯通且重点部位缝宽超限	缝长>截面尺寸的1/2，间距<20cm

（3）构件扭曲变形、局部损伤评定（表9-40）。

表9-40 构件扭曲变形、局部损伤评定表

标度	评定标准
	定性描述
1	完好
2	—
3	构件存在轻微扭曲现象，横向联结件出现松动
4	构件存在明显的永久变形，桥面线形变化明显，行车振动或摇晃明显或有异常声音，变形过大
5	构件存在明显的永久变形，桥面线形变化明显，结构振动或摇晃显著，有不正常移动，变形过大，严重影响结构安全

（4）管内混凝土填充不密实或脱空评定（表 9-41）。

表 9-41　管内混凝土填充不密实或脱空评定表

标度	评定标准
	定性描述
1	完好
2	管内混凝土存在数量极少的脱空现象
3	管内混凝土存在少部分脱空现象
4	管内混凝土存在较多脱空现象

（5）主拱圈挠度评定（表 9-42）。

表 9-42　主拱圈挠度评定表

标度	评定标准	
	定性描述	定量描述
1	完好	—
2	—	—
3	挠度小于限值	跨中最大挠度≤计算跨径的 1/1000
4	挠度大于限值	跨中最大挠度>计算跨径 1/1000 且≤计算跨径的 1/800
5	挠度严重大于限值，显著影响承载力，有不正常移动，或造成梁板出现严重病害，影响行车安全	跨中最大挠度>计算跨径 1/800

（6）拱肋位移评定（表 9-43）。

表 9-43　拱肋位移评定表

标度	评定标准
	定性描述
1	完好
2	—
3	—
4	拱肋沿顺桥向或横桥向出现异常位移变形，行车振动或摇晃明显或有异常声音
5	拱肋沿顺桥向或横桥向出现严重的位移变形，存在失稳现象，桥面线形、纵向位移伸缩量出现显著异常，结构振动或摇晃显著

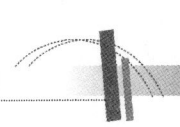

（7）锚头损坏评定（表9-44）。

表9-44　锚头损坏评定表

标度	评定标准
	定性描述
1	完好
2	个别锚头出现轻微破损现象
3	个别锚头出现破损、松动现象
4	多数锚头出现破损、松动或裂缝现象

（8）橡胶老化变质评定（表9-45）。

表9-45　橡胶老化变质评定表

标度	评定标准
	定性描述
1	完好
2	吊索端部及减振器部位橡胶轻微老化，表面有脏污，或减振措施有极个别处表面轻微损坏
3	吊索端部及减振器部位橡胶老化变形，或减振措施较多处出现松动或损坏
4	吊索端部及减振器部位橡胶老化变形，并有破裂渗水现象，或减振措施出现大量损坏，失去效用

（9）防护套损坏评定（表9-46）。

表9-46　防护套损坏评定表

标度	评定标准	
	定性描述	定量描述
1	完好	—
2	个别防护套以及连接处有轻微松动现象，或防护套油漆变色、轻微损坏、裂纹、起皮、剥落	防护套油漆失效面积≤构件面积的10%
3	较多防护套以及连接处有松动或套管顶未密封，或防护套较大范围涂层有较严重损坏、裂纹、起皮、剥落	防护套油漆累计失效面积＞构件面积的10%且≤构件面积的20%
4	大量防护套以及连接处有松动或套管顶未密封造成渗水现象，或防护套大范围涂层有严重损坏、裂纹、起皮、剥落	防护套油漆累计失效面积＞构件面积的20%

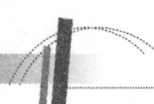

（10）吊杆断丝评定（表9-47）。

表9-47　吊杆断丝评定表

标度	评定标准
	定性描述
1	完好
2	极个别吊杆钢丝有少量疲劳现象，无断裂情况，满足设计要求
3	个别吊杆有钢丝锈蚀、损坏现象，无断裂现象
4	部分吊杆钢丝锈蚀或损坏较严重，个别有断裂现象
5	部分吊杆钢丝严重锈蚀、断裂或损坏，或造成梁体严重变形

（二）悬索桥

1. 主缆

（1）主缆防护损坏评定（表9-48）。

表9-48　主缆防护损坏评定表

标度	评定标准	
	定性描述	定量描述
1	完好	—
2	主缆防护表面有局部面漆变色起皮，个别位置出现破损、老化、漏水	面漆变色起皮面积≤3%，或防护破损面积
3	主缆表面面漆有部分损坏、裂缝、变色起皮或剥落；局部位置出现破损、老化、漏水	防护破损面积>1%且≤10%
	或极少的部位缠丝外露，且没有锈蚀	缠丝外露数量≤3%
4	主缆表面较大范围面漆有轻微损坏、裂纹、变色起皮或剥落；局部位置出现破损、老化、漏水	防护破损面积>10%
	或局部缠丝外露并伴有锈蚀	缠丝外露数量>3%

（2）主缆线形评定（表9-49）。

表9-49　主缆线形评定表

标度	评定标准
	定性描述
1	主缆线形完好
2	主缆线形正常
3	主缆变形，但小于设计允许值
4	主缆变形较大，不可恢复的变形小于或等于设计允许值
5	主缆变形较为严重，不可恢复的变形大于设计允许值

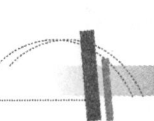

（3）扶手绳及栏杆绳损坏评定（表9-50）。

表9-50 扶手绳及栏杆绳损坏评定表

标度	评定标准	
	定性描述	定量描述
1	完好	—
2	检修道上扶手绳及栏杆绳有伤痕并有起丝现象	—
3	抹手绳、栏杆绳出现多处伤痕	截面损失＞30%
4	扶手绳或栏杆绳有斯裂现象	—

（4）主缆腐蚀或索股损坏评定（表9-51）。

表9-51 主缆腐蚀或索股损坏评定表

标度	评定标准
	定性描述
1	完好
2	主缆局部出现轻微脱皮、锈蚀、伤痕或有麻点，或镀锌钢丝出现少量锌腐蚀亮斑，失去光泽
3	主缆出现少量脱皮、伤痕或至中度腐蚀，缠丝层有较多麻坑，或镀锌钢丝出现较多锌腐蚀，并有白色腐蚀产物，尚未见铁腐蚀
4	主缆出现较多脱皮、伤痕或密布的中等大小腐蚀，缠丝层有大量的麻坑，或镀锌钢丝锌层减少，出现铁腐蚀斑点和腐坑
5	主缆缠丝防锈层已经严重腐蚀、断丝，或出现严重脱皮、伤痕、断丝，或镀锌钢丝严重腐蚀、断丝

2. 索夹

（1）索夹错位、滑移评定（表9-52）。

表9-52 索夹错位、滑移评定表

标度	评定标准	
	定性描述	定量描述
1	无移动	—
2	—	—
3	个别索夹有错位、移动	截面损失≤10%
4	较多索夹有明显错位、滑动现象；个别索夹位移超限	滑移量＞10%

（2）索夹密封填料损坏评定（表9-53）。

表9-53　索夹密封填料损坏评定表

标度	评定标准	
	定性描述	定量描述
1	完好	—
2	索夹填料局部轻微老化，表面有脏污	数量≤总数量的3%
3	索夹填料老化，局部有开裂剥落，部分发生变形	数量＞总数量的3%且≤总数量的10%
4	索夹填料老化、局部有开裂剥落	数量＞总数量的10%

（3）索夹裂纹和锈蚀评定（表9-54）。

表9-54　索夹裂纹和锈蚀评定表

标度	评定标准
	定性描述
1	完好
2	索夹个别部位出现明显轻微裂纹，或表面有少量点蚀、锈斑
3	大量索夹外观有较多明显裂缝，或表面普遍有点蚀、锈斑或锈坑
4	大量夹壁开裂，索夹眼板开裂，索夹严重锈蚀

3. 吊索

（1）吊索锚头损坏评定（表9-55）。

表9-55　吊索锚头损坏评定表

标度	评定标准
	定性描述
1	完好
2	个别锚头轻微破损
3	个别锚头破损、松动
4	较多锚头破损、松动或裂缝，个别冷铸锚头破损严重或裂缝超限，严重影响构件安全

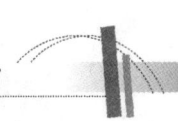

（2）吊索橡胶老化变质评定（表9-56）。

表9-56　吊索橡胶老化变质评定表

标度	评定标准
	定性描述
1	完好
2	吊索端部及减振器部位橡胶轻微老化，表面有脏污；或减振措施极个别处表面轻微损坏
3	吊索端部及减振器部位橡胶老化变形；或减振措施个别处出现松动或损坏
4	吊索端部及减振器部位橡胶老化变形，并有破裂现象，局部还造成渗水；或减振措施出现较多处损坏，失去效用

（3）吊索防护套破坏评定（表9-57）。

表9-57　吊索防护套破坏评定表

标度	评定标准
	定性描述
1	完好
2	个别防护套连接处松动
3	部分防护套以及连接处松动或套管顶没有密封
4	较多防护套以及连接处松动或套管顶没有密封，局部造成渗水

（4）吊索防护层破坏评定（表9-58）。

表9-58　吊索防护层破坏评定表

标度	评定标准
	定性描述
1	完好
2	个别吊索防护层轻微老化或破损
3	个别吊索防护层老化、破损、裂纹
4	吊索防护层老化、破损、裂纹或积水，造成局部渗水或锈蚀并伴有钢丝严重锈蚀现象

（5）吊索钢丝断丝评定（表9-59）。

4. 加劲梁

（1）加劲梁剥落、露筋评定（表9-60）。

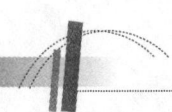

表 9-59　吊索钢丝断丝评定表

标度	评定标准
	定性描述
1	完好
2	—
3	钢丝少量锈蚀，无断丝
4	钢丝锈蚀，防腐层有大量麻坑，甚至出现断丝
5	吊索钢丝大量严重锈蚀或损坏，钢丝断裂，甚至主梁出现变形，造成安全隐患

表 9-60　混凝土类加劲梁剥落、露筋评定表

标度	评定标准	
	定性描述	定量描述
1	完好	—
2	局部混凝土剥落或露筋	累计面积≤构件面积的 3%，单处面积≤0.5m²
3	较大范围混凝土剥落或露筋	累计面积＞构件面积的 3%且≤构件面积的 10%，单处面积≤0.5m²
4	大范围混凝土剥落或露筋	累计面积＞构件面积的 10%，单处面积＞0.5m²

（2）加劲梁跨中挠度评定（表 9-61）。

表 9-61　加劲梁跨中挠度表

标度	评定标准					
	定性描述			定量描述		
	混凝土类	钢桁架	钢箱梁	混凝土类	钢桁架	钢箱梁
1	完好	完好	完好	—	—	—
2	—	—	—	—	—	—
3	挠度未大于限值	挠度未大于限值	挠度未大于限值	$f_z < L/800$	$f_z < L/1200$	$f_z < L/600$
4	挠度接近限值，主梁有明显变形，影响结构安全	挠度接近限值	挠度大于限值	$f_z \geq L/800$ 且 $\leq L/500$	$f_z \geq L/1200$ 且 $\leq L/800$	$f_z \geq L/600$ 且 $\leq L/400$
5	主梁严重变形，挠度大于限值，梁板出现严重病害，有不正常移动并影响结构安全	主梁严重变形，挠度超出限值，有不正常移动，影响结构安全	跨中挠度大于限值，主梁严重变形，梁体出现严重病害，有不正常移动并影响结构安全	$f_z > L/500$	$f_z > L/800$	$f_z > L/400$

注：f_z 为最大挠度值；L 为计算跨径。

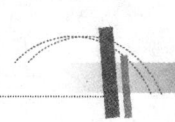

（3）加劲梁构件变形评定（表 9-62）。

表 9-62　加劲梁构件变形评定表

标度	评定标准
	定性描述
1	完好
2	—
3	加劲梁横隔板等次要构件出现弯曲变形
4	加劲梁出现异常弯曲或线形明显变化，行车振动或摇晃明显或有异常声音
5	加劲梁出现严重变形，导致梁板出现严重病害，显著影响承载力，结构振动或摇晃显著，有不正常移动

5. 索塔

（1）索塔倾斜变形评定（表 9-63）。

表 9-63　索塔倾斜变形评定表

标度	评定标准
	定性描述
1	完好
2	—
3	有倾斜变形现象或存在扭转现象，但较轻微，不影响结构安全
4	有较大倾斜变形或存在明显扭转，造成安全隐患
5	索塔出现严重倾斜变形，塔根有明显裂缝，塔顶偏移超过限值，严重影响结构安全

（2）索塔沉降评定（表 9-64）。

表 9-64　索塔沉降评定表

标度	评定标准
	定性描述
1	完好
2	索塔有轻微沉降，但沉降稳定
3	索塔有小幅度沉降，但沉降稳定
4	索塔沉降较大，但沉降稳定
5	索塔或索塔基础出现严重不均匀沉降或位移，影响结构安全

（3）索塔基础冲刷评定（表 9-65）。

表 9-65　索塔基础冲刷评定表

标度	评定标准
	定性描述
1	完好
2	基础基本无局部冲刷现象
3	基础出现局部冲刷现象，程度较轻
4	基础出现较严重局部冲刷现象
5	基础出现严重局部冲刷现象，基础不稳定，出现严重滑动、下沉、位移、倾斜等现象

6. 索鞍

（1）上座板与下座板的相对位移评定（表 9-66）。

表 9-66　上座板与下座板的相对位移评定表

标度	评定标准
	定性描述
1	完好
2	—
3	—
4	上座板与下座板有相对位移

（2）鞍座螺杆、螺栓状况评定（表 9-67）。

表 9-67　鞍座螺杆、螺栓状况评定表

标度	评定标准
	定性描述
1	完好
2	个别螺杆、锚栓连接出现松动
3	少部分螺杆、锚栓连接出现松动
4	较多数量的螺杆、锚栓连接松动，个别螺杆、锚栓连接脱落

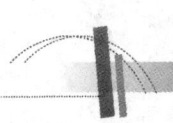

7. 锚碇

（1）锚碇顶板、侧墙损坏评定（表9-68）。

表9-68　锚碇顶板、侧墙损坏评定表

标度	评定标准
	定性描述
1	顶板、侧墙表面状况完好
2	顶板、侧墙有局部麻面沉积物
3	顶板、侧墙出现锈迹、蜂窝、渗出物，伴有细微裂缝
4	顶板及侧墙出现大面积锈迹，混凝土剥落，钢筋外露锈蚀，有较大裂缝

（2）锚碇均匀沉降评定（表9-69）。

表9-69　锚碇均匀沉降评定表

标度	评定标准	
	定性描述	定量描述
1	—	—
2	—	—
3	锚碇有轻微沉降	沉降≤10mm
4	锚碇沉降较严重	沉降>10mm且≤50mm
5	锚碇沉降严重	沉降>50mm

（3）锚碇表观病害评定（表9-70）。

表9-70　锚碇表观病害评定表

标度	评定标准
	定性描述
1	完好
2	—
3	锚碇个别部位出现明显表观病害，如裂缝、剥落、露筋、钢筋锈蚀、空洞等
4	锚碇外观有较多表观病害且情况严重，如裂缝、剥落、露筋、钢筋锈蚀、空洞等，不符合相关规范要求

（三）斜拉桥

1. 拉索

（1）拉索钢筋、断丝评定（表9-71）。

（2）护套内的材料老化变质评定（表9-72）。

表 9-71 拉索钢筋、断丝评定表

标度	评定标准
	定性描述
1	完好
2	钢丝有极少量锈蚀
3	钢丝少量锈蚀，钢丝无断裂
4	钢丝较多锈蚀或损坏，钢丝断裂，截面出现削弱
5	钢索裸露，钢丝大量严重锈蚀或损坏，钢丝断裂，主梁出现严重变形，造成安全隐患

表 9-72 护套内的材料老化变质评定表

标度	评定标准
	定性描述
1	完好
2	护套内的材料轻微老化，表面有脏污
3	护套内的材料老化变形
4	护套内的材料老化变形，并有破裂现象，局部还造成渗水

（3）锚固区损坏评定（表 9-73）。

表 9-73 锚固区损坏评定表

标度	评定标准
	定性描述
1	完好
2	个别锚头或锚拉板出现轻微破损
3	个别锚头出现破损、松动或出现不密封现象，但未造成拉索锈蚀，个别锚拉板出现疲劳损伤状况
4	较多锚头或锚拉板出现破损、松动或裂缝，锚头锈蚀，锚固区有明显的受力裂缝
5	较多锚头或锚拉板出现严重破损、松动、裂缝，锚头积水锈蚀严重，锚固区有明显的受力裂缝，且缝宽>0.2mm

2. 锚具

（1）锚具内潮湿评定（表 9-74）。

表 9-74 锚具内潮湿评定表

标度	评定标准	
	定性描述	定量描述
1	完好，空气干燥	—
2	—	湿度≤40%
3	锚碇有轻微沉降	湿度>40%且≤50%
4	锚具内空气潮湿，造成铺具严重锈蚀	湿度>50%

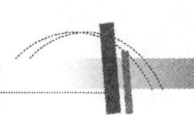

（2）防锈油结块评定（表9-75）。

表 9-75 防锈油结块评定表

标度	评定标准
	定性描述
1	防锈油无结块
2	防锈油有少量结块
3	防锈油结块面积较大

（3）锚具锈蚀评定（表9-76）。

表 9-76 锚具锈蚀评定表

标度	评定标准
	定性描述
1	完好
2	个别锚具轻微锈蚀
3	部分锚具锈蚀、疲劳或损坏等，个别处有少量点蚀现象，氧化皮或油漆层因锈蚀而部分剥落或可以刮除
4	锚具锈蚀、疲劳或损坏等严重，防护普遍开裂，并大量脱落，表面普遍有点蚀现象，氧化皮或油漆层因锈蚀而全面剥离

3. 减震装置

减震装置损坏评定见表9-77。

表 9-77 减震装置损坏评定表

标度	评定标准
	定性描述
1	完好
2	减震装置极个别处轻微损坏
3	减震装置出现较多处损坏，部分功能失效

各类构件的蜂窝、麻面、剥落、露筋、裂缝、涂层劣化、锈蚀等指标评定可参考上述相应表格的评定规则进行评定。

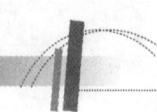

第四节 桥梁技术状况评定

一、概述

桥梁技术状况评定的目的是通过全面描述桥梁各部件的缺陷，评价桥梁技术状况，记录桥梁基本特征，建立健全桥梁技术档案，提供进行桥梁养护、维修和加固的决策支持，使桥梁长期处于良好的工作状态，最终体现在对营运的桥梁进行有效管理和状况监控上。

桥梁评定分为一般评定和适应性评定。一般评定是指依据桥梁的定期检查资料，通过对桥梁各部件技术状况的综合评定，确定桥梁的技术状况等级，提出各类桥梁的养护措施。适应性评定是指依据桥梁定期及专项检查资料，结合试验与结构受力分析，评定桥梁的实际承载能力、通行能力、抗洪能力，提出桥梁养护、改造方案。桥梁经专业检测单位评定后，应组织专家对评定报告进行审查，并将评定报告按隶属关系上报，同时应将病害情况、技术状况评定结果等资料归入桥梁管理系统。

桥梁技术状况评定，首先应对桥梁进行现场检查，对各构件检测指标的技术状况进行现场评定，并依据各检测指标的技术状况评定结果按照桥梁评定模型计算桥梁构件的技术状况，然后依次计算桥梁各部件及上部结构（下部结构、桥面系）的技术状况，最后根据上部结构、下部结构、桥面系的技术状况计算全桥技术状况，具体检查评定流程如图 9-2 所示。

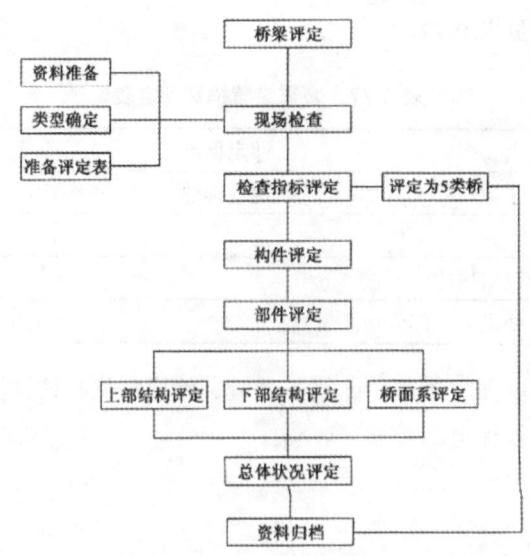

图 9-2 桥梁技术状况评定流程

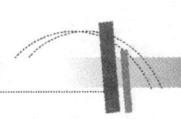

二、桥梁技术状况等级分类

1. 桥梁技术状况评定方法

公路桥梁技术状况评定包括桥梁构件、部件、上部结构、下部结构和全桥评定。公路桥梁技术评定应采用分层综合评定与 5 类桥梁单项控制指标相结合的方法，先对桥梁各构件进行评定，然后对桥梁各部件进行评定，再对桥面系、上部结构和下部结构分别进行评定，最后进行桥梁总体技术状况的评定。

当单个桥梁存在不同结构形式时，可根据结构形式的分布情况划分评定单元，分别对各评定单元进行桥梁技术状况的等级评定。

2. 桥梁部件

为合理评价桥梁结构安全性，按桥梁各部件在桥梁结构中所承担的重要性不同，将桥梁部件划分为主要部件和次要部件。

桥梁主要部件有上部结构承重构件、下部结构承重构件和桥面板（支座）三大类，因桥梁结构类型不同，其上部结构承重构件主要部件也不同。各类桥梁主要部件见表9-78。

表 9-78　各类桥梁主要部件表

结构类型	主要部件
梁式桥	上部承重构件、桥墩、桥台、基础、支座
板拱桥（圬工、混凝土）、肋拱桥、箱形拱桥、双曲拱桥	主拱圈、拱上结构、桥面板、桥墩、桥台、基础
刚架拱桥、桁架拱桥	刚架（桁架）拱片、横向联结系、桥面板、桥墩、桥台、基础
钢—混凝土组合拱桥	拱肋、横向联结系、主柱、吊杆、系杆、行车道板（梁）、桥墩、桥台、基础、支座
悬索桥	主缆、吊索、加劲梁、索塔、锚碇、桥墩、桥台、基础、支座
斜拉桥	斜拉索（包括锚具）、主梁、索塔、桥墩、桥台、基础、支座

3. 桥梁技术状况等级

（1）桥梁总体技术状况等级

桥梁总体技术状况等级划分为 5 级，具体见表 9-79。

表 9-79   桥梁总体技术状况评定等级表

评定等级	桥梁技术状况特征
1	桥梁全新状态，功能完好
2	有轻微缺损，对桥梁使用功能无影响
3	有中等缺损，尚能维持正常使用功能
4	主要构件有大的缺损，严重影响桥梁使用功能；或影响承载能力，不能保证正常使用
5	主要构件存在严重缺损，不能正常使用，危及桥梁安全，桥梁处于危险状态

（2）桥梁主要部件技术状况等级

桥梁主要部件技术状况评定标度分为 5 类，见表 9-80。

表 9-80   桥梁主要部件技术状况评定标度表

评定标度等级	桥梁技术状况特征
1	桥梁全新状态，功能完好
2	功能良好，材料有局部轻度缺损或污染
3	材料有中等缺损；或出现轻度功能性病害，但发展缓慢，尚能维持正常使用功能
4	材料有严重缺损，或出现中等功能性病害，且发展较快；结构变形小于或等于规范值，功能明显降低
5	材料严重缺损，出现严重的功能性病害，且有继续扩展现象；关键部位的部分材料强度达到极限，变形大于规范值，结构的强度、刚度、稳定性不能达到安全通行的要求

（3）桥梁次要部件技术状况等级

桥梁次要部件技术状况评定标度分为 4 类，见表 9-81。

表 9-81   桥梁次要部件技术状况评定标度表

评定标度等级	桥梁技术状况特征
1	桥梁全新状态，功能完好；或功能良好，材料有轻度缺损、污染
2	有中等缺损或污染
3	材料有严重缺损，出现功能降低，进一步恶化将不利于主要部位，影响正常交通
4	材料有严重缺损，失去应有功能，严重影响正常交通；或原无设置，而调查需要补设

三、桥梁技术状况评定

1.桥梁技术状况评分

（1）桥梁构件的技术状况评分，按式（9-4）计算。

$$PMCI_l(BMCI_l 或 DMCI_l) = 100 - \sum_{x=1}^{k} U_x \tag{9-4}$$

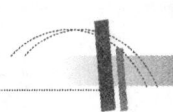

当 $x=1$ 时

$$U_1 = DP_{il}$$

当 $x \geqslant 2$ 时

$$U_x = \frac{DP_{ij}}{100 \times \sqrt{x}} \times (100 - \sum_{y=1}^{x-1} U_y) \qquad （其中 j=x, \ x 取 2, \ 3, \ \cdots, \ k）$$

当 $k \geqslant 2$ 时，U_1，$\cdots$，U_x 计算公式中的扣分值 DP_{ij} 按照从大到小的顺序排列。

当 $DP_{ij}=100$ 时

$$PMCI_l（BMCI_l 或 DMCI_l）= 0$$

以上式中：$PMCI_l$——上部结构第 i 类部件 l 构件的得分，值域为 0~100 分；

　　　　　$BMCI_l$——下部结构第 i 类部件 l 构件的得分，值域为 0~100 分；

　　　　　$DMCI_l$——桥面系第 i 类部件 l 构件的得分，值域为 0~100 分；

　　　　　k——第 i 类部件 l 构件出现扣分的指标的种类数；

　　　　　U、x、y——引入的中间变量；

　　　　　i——部件类别；

　　　　　j——第 i 类部件 l 构件的第 j 类检测指标；

　　　　　DP_{ij}——第 i 类部件 l 构件的第 j 类检测指标的扣分值，按表 9-82 规定取值。

表 9-82　构件各检测指标扣分值

检测指标所能达到的最高标度类别	指标标度				
	1 类	2 类	3 类	4 类	5 类
3 类	0	20	35	—	—
4 类	0	25	40	50	—
5 类	0	35	45	60	100

（2）桥梁部件的技术状况评分，按式（9-5）计算。

$$PCCI_i = \overline{PMCI} - (100 - PMCI_{min})/t \qquad （1\text{-}5\text{-}5）$$

或

$$BCCI_i = \overline{BMCI} - (100 - BMCI_{min})/t$$

或

$$DCCI_i = \overline{DMCI} - (100 - DMCI_{min})/t$$

式中：$PCCI_i$——上部结构第 i 类部件的得分，值域为 0~100 分；

　　　$\overline{PMCI}$——上部结构第 i 类部件各构件的得分平均值，值域为 0~100 分；

　　　$BCCI_i$——下部结构第 i 类部件的得分，值域为 0~100 分；

　　　$\overline{BMCI}$——下部结构第 i 类部件各构件的得分平均值，值域为 0~100 分；

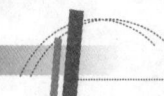

$DCCI_i$——桥面系第 i 类部件的得分，值域为 0~100 分；

$\overline{DMCI}$——桥面系第 i 类部件的得分平均值，值域为 0~100 分；

$PMCI_{min}$——上部结构第 i 类部件中分值最低的构件得分值；

$BMCI_{min}$——下部结构第 i 类部件中分值最低的构件得分值；

$DMCI_{min}$——桥面系第 i 类部件分值最低的构件得分值；

t——随构件的数量而变的系数，见表 9-83。

表 9-83　t 值

n（构件数）	t	n（构件数）	t	n（构件数）	t
1	∞	11	7.9	21	6.48
2	10	12	7.7	22	6.36
3	9.7	13	7.5	23	6.24
4	9.5	14	7.3	24	6.12
5	9.2	15	7.2	25	6.00
6	8.9	16	7.08	26	5.88
7	8.7	17	6.96	27	5.76
8	8.5	18	6.84	28	5.64
9	8.3	19	6.72	29	5.52
10	8.1	20	6.6	30	5.4

（3）桥梁上部结构、下部结构、桥面系的技术状况评分按式（9-6）计算。

$$\text{SPCI（SBCI 或 BDCI）} = \sum_{i=1}^{m} PCCI_i(PCCI_i \text{或} DCCI_i) \times W_i \quad (9\text{-}6)$$

式中：SPCI——桥梁上部结构技术评分，值域为 0~100 分；

SBCI——桥梁下部结构技术评分，值域为 0~100 分；

BDCI——桥面系结构技术评分，值域为 0~100 分；

m——上部结构（下部结构或桥面系）的部件各数；

W_i——第 i 类部件的权重，按表 9-85~表 9-90 规定取值。

（4）桥梁总体技术状况评分按式（9-7）计算，并按表 9-84 进行桥梁技术状况分类。

$$D_r = BDCI \times W_D + SPCI \times W_{SP} + SBCI \times W_{SB} \quad (9\text{-}7)$$

式中：D_r——桥梁总体技术状况评分，值域为 0~100 分；

W_D——桥面系在全桥中的权重，按表 9-91 规定取值；

W_{SP}——上部结构在全桥中的权重，按表 9-91 规定取值；

W_{SB}——下部结构在全桥中的权重，按表 9-91 规定取值。

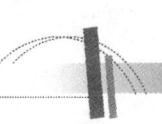

表9-84 桥梁技术状况分类界限表

技术状况评分	技术状况等级 D_r				
	1类	2类	3类	4类	5类
D_r（SPCI、SBCI、BDCI）（PCCI、BCCI、DCCI）	[95，100]	[80，95)	[60，80)	[40，60)	[0，40)

2. 桥梁技术状况评定

（1）桥梁总体技术状况按表9-84进行分类，当桥梁出现下列情况之一时，桥梁总体技术状况应评为5类。

① 上部结构有落梁；或有梁、板断裂现象。

② 梁式桥上部承重构件控制截面出现全截面开裂；或梁式桥上部承重构件有严重的异常位移，存在失稳现象；或组合结构上部承重构件结合面开裂贯通，造成截面组合作用严重降低。

③ 结构出现明显的永久变形，变形大于规范值；或关键部位混凝土出现压碎或杆件失稳倾向；或桥面板出现严重塌陷。

④ 拱式桥拱脚严重错台、位移，造成拱顶挠度大于限值；或拱圈严重变形；或污工拱桥拱圈大范围砌体断裂，脱落现象严重。

⑤ 系杆或吊杆出现严重锈蚀或断裂现象。

⑥ 悬索桥主缆或多根吊索出现严重锈蚀、断丝。

⑦ 斜拉桥拉索钢丝出现严重锈蚀、断丝，主梁出现严重变形。

⑧ 扩大基础冲刷深度大于设计值，冲空面积达20%以上。

⑨ 桥墩（桥台或基础）不稳定，出现严重滑动、下沉、位移、倾斜等现象。

⑩ 悬索桥、斜拉桥索塔基础出现严重沉降或位移，或悬索桥锚碇有水平位移或沉降。

（2）当上部结构和下部结构技术状况等级为3类、桥面系技术状况等级为4类，且桥梁总体技术状况评分为$40 \leqslant D_r < 60$时，桥梁总体技术状况等级应评定为3类。

（3）全桥总体技术状况等级评定时，当主要部件评分达到4类或5类且影响桥梁安全时，可按照桥梁主要部件最差的缺损状况评定。

3.各结构形式桥梁部件权重及权重值

（1）梁式桥各部件权重值按表9-85取值。

（2）拱式桥各部件权重值按表9-86～表9-88取值。

表 9-85　梁式桥各部件权重值表

部位	类别 *i*	评价部件	权重
上部结构	1	上部承重构件（主梁、挂梁）	0.70
	2	上部一般构件（湿接缝、横隔板等）	0.18
	3	支座	0.12
下部结构	4	翼墙、耳墙	0.02
	5	锥坡、护坡	0.01
	6	桥墩	0.30
	7	桥台	0.30
	8	墩台基础	0.28
	9	河床	0.07
	10	调治构件物	0.02
桥面系	11	桥面铺装	0.40
	12	伸缩缝装置	0.25
	13	人行道	0.10
	14	栏杆、护栏	0.10
	15	排水系统	0.10
	16	照明、标志	0.05

表 9-86　板拱桥、肋拱桥、箱形拱桥、双曲拱桥各部件权重值表

部位	类别 *i*	评价部件	权重
上部结构	1	主拱圈	0.70
	2	拱上结构	0.20
	3	桥面板	0.10
下部结构	4	翼墙、耳墙	0.02
	5	锥坡、护坡	0.01
	6	桥墩	0.30
	7	桥台	0.30
	8	墩台基础	0.28
	9	河床	0.07
	10	调治构件物	0.02
桥面系	11	桥面铺装	0.40
	12	伸缩缝装置	0.25
	13	人行道	0.10
	14	栏杆、护栏	0.10
	15	排水系统	0.10
	16	照明、标志	0.05

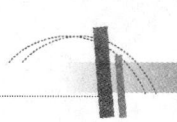

表 9-87 刚架拱桥、桁架拱桥各部件权重值表

部位	类别 i	评价部件	权重
上部结构	1	刚架拱片（桁架拱片）	0.50
	2	横向联结系	0.25
	3	桥面板	0.25
下部结构	4	翼墙、耳墙	0.02
	5	锥坡、护坡	0.01
	6	桥墩	0.30
	7	桥台	0.30
	8	墩台基础	0.28
	9	河床	0.07
	10	调治构件物	0.02
桥面系	11	桥面铺装	0.40
	12	伸缩缝装置	0.25
	13	人行道	0.10
	14	栏杆、护栏	0.10
	15	排水系统	0.10
	16	照明、标志	0.05

表 9-88 钢—混凝土组合拱桥各部件权重值表

部位	类别 i	评价部件	权重
上部结构	1	拱肋	0.28
	2	横向联结系	0.05
	3	立柱	0.13
	4	吊杆	0.13
	5	系杆（含锚具）	0.28
	6	桥面板（梁）	0.08
	7	支座	0.05
下部结构	8	翼墙、耳墙	0.02
	9	锥坡、护坡	0.01
	10	桥墩	0.30
	11	桥台	0.30
	12	墩台基础	0.28
	13	河床	0.07
	14	调治构件物	0.02

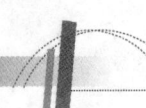

部位	类别 i	评价部件	权重
桥面系	15	桥面铺装	0.40
	16	伸缩缝装置	0.25
	17	人行道	0.10
	18	栏杆、护栏	0.10
	19	排水系统	0.10
	20	照明、标志	0.05

（3）悬索桥各部件权重值按表9-89取值。

表9-89　悬索桥各部件权重值表

部位	类别 i	评价部件	权重
上部结构	1	加劲梁	0.15
	2	索塔	0.20
	3	支座	0.05
	4	主鞍	0.04
	5	主缆	0.25
	6	索夹	0.04
	7	吊索及钢护筒	0.17
	8	锚杆	0.10
下部结构	9	锚碇	0.40
	10	索塔基础	0.30
	11	散索鞍	0.15
	12	河床	0.10
	13	调治构造物	0.05
桥面系	14	桥面铺装	0.40
	15	伸缩缝装置	0.25
	16	人行道	0.10
	17	栏杆、护栏	0.10
	18	排水系统	0.10
	19	照明、标志	0.05

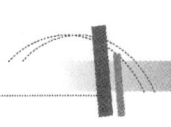

（4）斜拉桥各部件权重值按表 9-90 取值。

表 9-90　斜拉桥各部件权重值表

部位	类别 i	评价部件	权重
上部结构	1	斜拉索系统（斜拉索、锚具、拉索护套、减震装置等）	0.40
	2	主梁	0.25
	3	索塔	0.25
	4	支座	0.10
下部结构	5	翼墙、耳墙	0.02
	6	锥坡、护坡	0.01
	7	桥墩	0.30
	8	桥台	0.30
	9	墩台基础	0.28
	10	河床	0.07
	11	调治构件物	0.02
桥面系	12	桥面铺装	0.40
	13	伸缩缝装置	0.25
	14	人行道	0.10
	15	栏杆、护栏	0.10
	16	排水系统	0.10
	17	照明、标志	0.05

（5）桥梁结构组成权重值按表 9-91 取值。

表 9-91　桥梁结构组成权重值表

桥梁部位	权重	桥梁部位	权重
上部结构	0.40	桥面系	0.20
下部结构	0.40		

第五节　桥梁承载能力评定

桥梁结构实际承载能力评定是通过桥梁技术状况检查，结合结构检算来评定桥梁承载能力，或通过荷载试验来确定桥梁的实际承载能力。桥梁承载能力评定是按承载能力极限状态和正常使用极限状态两类极限状态计算桥梁结构或构件抗力效应和作用效应，并采用

引入分期检算系数修正极限状态设计表达式的方法进行桥梁承载能力检测评定。但由于桥梁的造型多样性、结构各异、车辆荷载超载等级及交通量过大等因素，很难确定桥梁的实际承载能力。因此，具体评定桥梁的承载能力时，一般都限于将桥梁上部结构视为多数桥梁中最薄弱的单元，然后是桥梁支座和基础，其中承载能力最低的那部分就是全桥应通过荷载的标准。反过来，如果处在能力最低的那部分通过加固补强或其他工程措施提升了承载能力，那么桥梁整体承载能力也将随之提高。

一、技术状况检查与检算的承载能力评定

在用桥梁承载能力评定包括持久状况下承载能力极限状态和正常使用极限状态两个状态的承载能力，也就是说，承载能力极限状态针对的是结构或构件的截面强度和稳定性，正常使用极限状态主要针对结构或构件的刚度和抗裂性，因此，对于现役桥梁，应从结构或构件的强度、刚度、抗裂性和稳定性四个方面进行承载能力检测评定。

桥梁在定期或专项检查后，按《技术评定标准》规定，对结构构件缺损状况、材质状况、状态参数以及实际运营荷载状况等进行检查评估，然后按《承载能力评定规程》分别检算结构或构件在持久状况下承载能力极限状态的强度、稳定性和正常使用极限状态的刚度、抗裂性。

《承载能力评定规程》规定，计算圬工结构、配筋混凝土和钢结构桥梁承载能力极限状态的抗力效应时，对交通繁忙和重载车辆较多的桥梁，通过活载影响修正系数计算汽车荷载效应。

当桥梁结构或构件的承载能力检算系数评定标度为 1 或 2 时，结构或构件的总体状况较好，可不进行正常使用极限状态评定检算；当桥梁结构或构件的承载能力检算系数评定标度 $D \geqslant 3$ 时，应进行持久状况下正常使用极限状态评定检算，并采用引入检算系数 Z 的方式对结构应力、裂缝宽度和变形进行修正计算。

桥梁结构检算宜遵循桥梁设计规范，也可采用通过科研所证实的其他可靠方法。桥梁检算宜依据桥梁竣工资料或设计文件，并应与桥梁实际情况进行核对修正。对缺失资料的桥梁，可根据桥梁检查结果，参考同年代类似桥梁的设计资料或标准定型图进行检算。结构检算时，宜参照设计采用的计算假定，根据结构预应力状况、恒载分布状况、结构尺寸和开裂状况等方面的检查评定结果，对计算模型的边界条件、结构初始状态等进行调整，重新建立符合实际的计算模型。

1. 圬工结构桥梁承载能力评定

圬工结构桥梁承载能力极限状态，应根据桥梁检测结果，按式（9-8）进行计算评定。

$$\gamma_0 S \leqslant R(f_d, \xi_c \alpha_d) Z_1 \qquad (9\text{-}8)$$

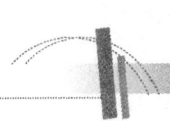

式中：γ_0——结构的重要性系数；

$\quad\quad$ S——荷载效应函数；

$\quad\quad$ $R(\cdot)$——抗力效应函数；

$\quad\quad$ f_d——材料强度设计值；

$\quad\quad$ α_d——结构的几何尺寸；

$\quad\quad$ Z_1——承载能力检算系数；

$\quad\quad$ ξ_c——截面折减系数。

在计算结构承载能力极限状态的抗力效应时，应根据桥梁试验检测结果，采用引入检算系数 Z_1 和截面折减系数 ξ_c 的方法进行修正计算，其中 Z_1 和 ξ_c 应按表9-92和表9-93确定。对于正常使用极限状态承载能力宜按现行公路桥涵设计和养护规范进行计算评定。

表9-92 圬工及配筋混凝土桥梁的承载能力检算系数 Z_1

承载能力检算系数 评定标度 D	受弯	轴心受压	轴心受拉	偏心受压	偏心受拉	受扭	局部承压
1	1.15	1.20	1.05	1.15	1.15	1.10	1.15
2	1.10	1.15	1.00	1.10	1.10	1.05	1.10
3	1.00	1.05	0.95	1.00	1.00	0.95	1.00
4	0.90	0.95	0.85	0.90	0.90	0.85	0.90
5	0.80	0.85	0.75	0.80	0.80	0.75	0.80

表9-93 圬工及配筋混凝土桥梁截面的减系数 ξ_c

截面损伤综合评定标度 R	截面的减系数 ξ_c
$1 \leq R < 2$	$(0.98,\ 1.00]$
$2 \leq R < 3$	$(0.93,\ 0.98]$
$3 \leq R < 4$	$(0.85,\ 0.93]$
$4 \leq R < 5$	≤ 0.85

2. 配筋混凝土桥梁承载能力评定

在计算结构承载能力极限状态的抗力效应时，应根据桥梁试验检测结果，采用引入检算系数 Z_1、承载能力恶化系数 ξ_e、截面折减系数 ξ_s 和 ξ_c 的方法进行修正计算配筋混凝土桥梁承载能力极限状态，其计算评定公式如下：

$$\gamma_0 S \leq R(f_d, \xi_c \alpha_{dc}, \xi_s \alpha_{ds}) Z_1 (1 - \xi_e) \quad\quad (9\text{-}9)$$

式中：γ_0——结构的重要性系数；

$\quad\quad$ S——荷载效应函数；

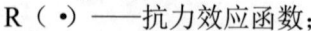

$R(\cdot)$——抗力效应函数；

f_d——材料强度设计值；

α_{dc}——构件混凝土几何参数值；

α_{ds}——构件钢筋几何参数值；

Z_1——承载能力检算系数；

ξ_e——承载能力恶化系数；

ξ_c——配筋混凝土结构的截面折减系数；

ξ_s——钢筋的截面折减系数。

抗力效应值应按现行设计规范进行计算，Z_1、ξ_c、ξ_e、ξ_s 应按表 9-92～表 9-95 取值。

表 9-94　承载能力恶化系数 ξ_e

恶化状况评定标度 E	环境条件			
	干燥不冻 无侵蚀性介质	干、湿交替不冻 无侵蚀性介质	干、湿交替冻 无侵蚀性介质	干、湿交替冻 有侵蚀介质
1	0.00	0.02	0.05	0.06
2	0.02	0.04	0.07	0.08
3	0.05	0.07	0.10	0.12
4	0.10	0.12	0.14	0.18
5	0.15	0.17	0.20	0.25

注：恶化系数 ξ_e 可按结构或构件恶化状况评定标度值线性内插。

表 9-95　钢筋截面折减系数 ξ_s

评定标度	性状描述	截面的折减系数 ξ_s
1	沿钢筋出现裂缝，宽度小于限值	（0.98，1.00]
2	沿钢筋出现裂缝，宽度大于限值，或钢筋锈蚀引起混凝土发生离层	（0.95，0.98]
3	钢筋锈蚀引起混凝土剥落，钢筋外露，表面有膨胀薄锈层或坑蚀	（0.90，0.95]
4	钢筋锈蚀引起混凝土剥落，钢筋外露、表面膨胀性锈层显著，钢筋断面损失在 10%以内	（0.80，0.90]
5	钢筋锈蚀引起混凝土剥落，钢筋外露、出现锈蚀剥落，钢筋断面损失在 10%以上	≤0.80

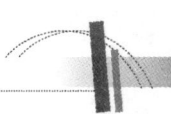

3. 钢结构桥梁承载能力评定

在计算钢结构桥梁承载能力极限状态的抗力效应时，应根据桥梁试验检测结果，采用引入检算系数 Z_1 的方法进行修正计算。结构构件的强度、总体稳定性和疲劳强度验算应按现行公路桥涵设计规范执行，其应力限值取值为 $Z_1[\sigma]$。

结构荷载作用下的变形按式（9-10）计算评定：

$$f_{d1} < Z_1[f] \qquad (9\text{-}10)$$

式中：f_{d1}——计入活载影响修正系数的荷载变形计算值；

　　　$[f]$——容许变形值；

　　　Z_1——承载能力检算系数，按表 9-96 取值。

表 9-96　承载能力检算系数 Z_1

缺损状况评定标度	性状描述	Z_1 值
1	焊缝完好，各节点铆钉、螺栓无松动；构件表面完好，无明显损伤，防护涂层略有老化、污垢	(0.95，1.05]
2	焊缝完好，少数节点有个别铆钉、螺栓松动变形；构件表面有少量锈迹，防护涂层油漆变色、起泡剥落，面积在 10% 以内	(0.90，0.95]
3	少数焊缝开裂，部分节点有铆钉、螺栓松动变形；构件表面有少量锈迹，防护涂层油漆明显老化变色并伴有大量起泡剥落，面积在 10%～20% 以内。个别次要构件有异常变形，行车稍感振动或摇晃	(0.85，0.90]
4	焊缝开裂，并造成截面削弱。联结部位铆钉、螺栓松动变形，10%～30% 已损坏；构件表面锈迹严重，截面损失在 3%～10% 以内，防护涂层油漆明显老化变色并普遍起泡剥落，面积在 50% 以上。个别主要构件有异常变形，行车有明显振动或摇晃并伴有异常声音	(0.80，0.85]
5	焊缝开裂严重，造成截面削弱在 10% 以上。联结部位 30% 以上铆钉、螺栓已损坏；构件表面锈迹严重，截面损失在 10% 以上，材质特性明显退化；防护涂层油漆完全失效。主要构件有异常变形，行车振动或摇晃显著并伴有不正常移动	≤0.80

4. 拉吊索承载能力评定

拉吊索强度按式（9-11）计算评定：

$$\frac{T}{A} \leqslant Z_1[\sigma] \qquad (9\text{-}11)$$

式中：T——计入活载影响修正系数索的计算索力；

　　　A——索的计算面积；

　　　$[\sigma]$——允许应力限值；

　　　Z_1——承载能力检算系数，按表 9-97 取值。

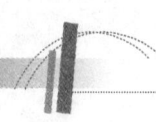
表 9-97　承载能力检算系数 Z_1

缺损状况评定标度	性状描述	Z_1 值
1	表面防护完好，锚头无积水，锚下混凝土无裂缝	(1.00，1.10]
2	表面防护基本完好，有细微裂缝，锚头无锈蚀，锚固区无裂缝	(0.95，1.00]
3	表面防护有少量裂缝，伴有少量锈迹，锚头有轻微锈蚀，锚固区有细小裂缝	(0.90，0.95]
4	表面防护普遍开裂，并有部分脱落，锚头锈蚀，锚固区有明显的受力裂缝	(0.85，0.90]
5	表面防护普遍开裂，并有大量脱落，钢索裸露，钢索锈蚀严重，锚头积水锈蚀，锚固区有明显的受力裂缝，裂缝宽度大于 0.2mm	≤0.85

二、荷载试验的承载能力评定

通过检测评定后检算桥梁的作用效应与抗力效应的比值在 1.05～1.20 之间时，应通过荷载试验来评定桥梁的实际承载能力。也就是说，当通过检算分析仍无法明确评定桥梁承载能力时，通过桥梁施加静力荷载作用，测定桥梁在试验荷载作用下的结构响应，并据此确定检算系数 Z_2，重新进行承载能力检算评定或直接判定桥梁承载能力是否满足要求。

1.桥梁结构校验系数

静力荷载试验校验系数 ξ 按式（9-12）计算：

$$\xi = \frac{S_e}{S_s} \tag{9-12}$$

式中：S_e——试验荷载作用下主要测点的实测弹性变位或应变值；

S_s——试验荷载作用下主要测点的理论计算变位或应变值。

校验系数是反映结构工作状态的一个重要指标。当校验系数小于 1，表明桥梁结构实际强度或刚度有一定的安全储备。当校验系数大于 1，表明桥梁实际工作状况要差于理论状况，主要测点发生较大的相对残余变位或相对残余应变，以及结构裂缝超限且闭合状况不良，表明结构在试验荷载作用下有较大的不可恢复变位或应变，可判定承载能力不能满足要求。

2. 承载能力评定

根据《承载能力评定规程》的规定，当出现下列情况之一时，应判定桥梁承载能力不满足要求：

（1）主要测点静力荷载试验校验系数大于 1。

（2）主要测点相对残余变位或相对残余应变超过 20%。

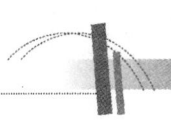

（3）试验荷载作用下裂缝扩展宽度超过表 9-98 的限值，且卸载后裂缝闭合宽度小于扩展宽度的 2/3。

（4）在试验荷载作用下，桥梁基础发生不稳定沉降变位。

表 9-98　桥梁裂缝限值表

结构类别	裂缝部位	容许最大宽度（mm）	其他要求
钢筋混凝土梁	竖向裂缝	0.25	
	腹板斜向裂缝、横隔板、梁端部	0.30	
	组合梁结合面、支座垫石	0.50	不容许贯通结合面
预应力混凝土梁	竖向、横向裂缝	不容许	
	纵向裂缝	0.20	
混凝土拱	拱圈横向	0.30	裂缝高小于截面高 1/2
	拱圈纵向	0.50	裂缝长小于跨径的 1/8
	拱波与拱肋结合处	0.20	
墩台	墩台帽	0.30	不容许贯通墩台身截面的 1/2
	墩台身	0.20	

根据《承载能力评定规程》的规定，在判定桥梁承载能力时，应取主要测点应变校验系数或变位校验系数较大值，按表 9-99 确定检算系数 Z_2，代替 Z_1 进行承载能力评定，当按表检算的荷载效应与抗力效应的比值小于 1.05 时，应判定桥梁承载能力满足要求，否则应判定桥梁承载能力不满足。

表 9-99　经过荷载试验的承载能力检算系数 Z_2

ξ	Z_2	ξ	Z_2
0.4 及以下	1.30	0.80	1.05
0.50	1.20	0.90	1.00
0.60	1.15	1.00	0.95
0.70	1.10		

注：对主要挠度测点和主要应力测点的校验系数，两者中取较大值；Z_2 值可线性内插求得。

第六节　桥梁安全与养护状况评定

根据目前桥梁技术评定情况分析，桥梁技术状况的评定有一定的缺陷，因此，根据实际情况将桥梁安全状况划分为桥梁安全状况评定和桥梁养护状况评定两类。

一、桥梁安全状况评定

桥梁安全状况评定主要是依据桥梁上部结构、下部结构的承重构件技术状况对桥梁的实际承载能力进行安全性评定，并将桥梁安全状况分为安全性、较安全和危险3类。

桥梁安全评估中的上部结构和下部结构的主要承重构件见表9-100。

表9-100　桥梁上下结构主要承重部件表

结构类型	主要部件
梁式桥	上部承重构件、桥墩、桥台、基础
板拱桥（圬工、混凝土）、肋拱桥、箱形拱桥、双曲拱桥	主拱圈、拱上结构、桥墩、桥台、基础
刚架拱桥、桁架拱桥	刚架（桁架）拱片、横向联结系、桥墩、桥台、基础
钢—混凝土组合拱桥	拱肋、横向联结系、主柱、吊杆、系杆、桥墩、桥台、基础
悬索桥	主缆、吊索、加劲梁、索塔、桥墩、桥台、基础
斜拉桥	斜拉索（包括锚具）、主梁、索塔、桥墩、桥台、基础

桥梁安全状况等级划分为3类，具体见表9-101。

表9-101　桥梁安全状况评定等级表

分类	等级	桥梁安全状况特征	技术处理
1	安全	满足承载能力，桥梁使用功能完好，局部外观有轻微缺陷	对缺陷进行维修
2	较安全	构件外观损失已影响主要部件，属中等缺损，尚能维持正常使用功能	在近期1～3年内进行维修与加固
3	危险	主要构件严重损伤、存在大量疲劳（剪切）裂缝，桥墩沉降与倾斜、河床冲刷已影响基础稳定，承载能力不能满足规范或设计要求	采取必要交通管制、应在一年内进行加固处置

桥梁安全评定主要按上下结构的主要承重构件进行单项评定，其各部件权重合计为10，全桥结构安全状况评分为0～10分。桥梁各部件权重见表9-102。

表9-102　桥梁各部件权重表

分类	部件名称	权重
上部结构	主要承重构件	6.0
下部结构	桥墩（台）及基础	4.0

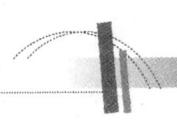

全桥结构安全状况评分计算公式：

$$D_r = 10 - \sum_{i=1}^{n} R_i W_i \qquad (9-13)$$

式中：D_r——全桥结构安全状况评分，0～10；

$\quad\quad R_i$——桥梁部件缺损状况评定得分，0～5；

$\quad\quad W_i$——各部件权重，$\sum W_i = 10$。

桥梁结构安全状况分类界限与维修等级按表 9-103 规定执行。

表 9-103　桥梁结构安全状况分类界限与维修等级表

安全状况评分	结构安全状况等级		
	安全	较安全	危险
D_r	[10，7]	(7，4]	(4，0]
维修等级	预防维修	中度维修	重度维修

各类桥梁上下结构部件缺损状况及评定得分见表 9-113～表 9-117。当桥梁定期或专项检查，构件缺损、裂缝等病害程度达到评定标度 3、4 等级时，应进行荷载试验，根据试验指标和构件损伤修正承载力两项指标判定结构的安全等级。将上部结构评价中的试验指标或结构损伤修正承载力指标中某一项指标作为评定标度，当试验指标或构件损伤修正承载力两项指标中某一单项指标被定为评定标度 5 时，就直接判定为危险类桥。当下部结构中桥墩承载力≤0.8 倍设计承载力值或基底冲刷（冲刷深度＞70%设计冲刷深度）存在较大的潜在隐患时，可直接判定为危险类桥。

（1）梁桥部件评定及得分，见表 9-104。

表 9-104　梁桥主要承重部件评定标度及得分表

分类与特征		部件评定描述				
上部结构	缺损状况	混凝土良好状况	钢筋有少量的锈蚀活动性	钢筋有锈蚀活动性，发生锈蚀概率大于90%。横向联结件松动	混凝土强度匀质系数为0.80～0.70，混凝土缺陷累计面积≥构件面积的10%。梁有横移现象	混凝土强度匀质系数小于0.70，钢筋存在锈蚀开裂区域。构件有严重横向位移
	裂缝		网状裂缝累计面积≤构件面积的20%，单处面积≤1.0m²，或主梁裂缝缝长≤截面尺寸的1/3	网状裂缝累计面积＞构件面积的20%，单处面积＞1.0m²，或主梁裂缝缝长＞截面尺寸的1/3且≤截面尺寸的1/2	主梁裂缝缝长＞截面尺寸的1/2，间距＜30cm	主梁裂缝缝宽＞1.0mm，间距＜20cm

分类与特征		部件评定描述			
	试验指标	—	应力（挠度）校验系数＜0.4；相对残余系数＜16%	应力（挠度）校验系数＜0.8；相对残余系数＜20%且≥16%	挠度接近限值；或应力（挠度）校验系数≤1且＞0.8；相对残余系数≥20%且＜22%	主梁严重变形，挠度大于限值；或应力（挠度）校验系数＞1；相对残余系数≥22%
	结构损伤修正承载力	—	截面承载力＞1.5倍设计值	截面承载力≤1.5倍且＞1.0倍设计值	截面承载力≤1.0倍且＞0.7倍设计值	截面承载力≤0.7倍设计值
评定结果	标度	1	2	3	4	5
	得分（R_i）	0	0.2	0.5	0.8	1
下部结构		墩台各部件完好；基础结构良好	墩台基本完好	墩（台）表面有缺损，累计面积＜构件面积的10%	墩（台）表面缺损较多，累计面积≥10%且＜20%构件面积。河床冲刷深度大于设计容许的70%	墩台不稳定、下沉、倾斜；基底冲刷深度大于设计值
评定结果	标度	1	2	3	4	5
	得分（R_i）	0	0.2	0.5	0.8	1

（2）拱桥部件评定及得分，见表9-105。

表9-105　拱桥主要承重部件评定标度及得分表

分类与特征		部件评定描述			
上部结构	缺损状况	完好	个别上弦杆出现拉裂现象，极个别吊杆有损伤现象	拱铰部分受损；部分位置上弦杆与行车道板出现脱空现象；边拱肋有轻微横移；个别吊杆有损坏现象	拱铰受损较严重，有错位、拉开现象；较多位置上弦杆与行车道板脱空，拱圈或桥面板有变形现象；吊杆损伤较严重	拱铰严重受损，有错位、拉开现象，拱圈出现严重变形；所有位置上弦杆与行车道板脱空，拱圈或桥面板严重变形，吊杆损伤严重
	裂缝	主拱圈横向裂缝≤截面尺寸的1/8，缝宽≤0.1mm	主拱圈纵向裂缝长≤截面尺寸的1/8，缝宽≤0.5mm，或横向裂缝长＞截面尺寸的1/8且≤截面尺寸的1/2，缝宽＞0.1mm且≤0.3mm	主拱圈纵向裂缝长＞截面尺寸的1/8，缝宽＞0.5mm，或横向裂缝长＞截面尺寸的1/2，缝宽＞0.3mm；梁板有大量超限裂缝	主拱圈裂缝贯通截面或跨长，发生开合现象，或拱圈砌体严重断裂，缝宽＞2.0mm	

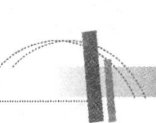

续表

分类与特征		部件评定描述				
上部结构	试验指标	—	应力（挠度）校验系数＜0.4；相对残余系数＜16%	应力（挠度）校验系数＜0.5；相对残余系数＜20%且≥16%	挠度接近限值；或应力（挠度）校验系数≤1且＞0.7；相对残余系数≥20%且＜22%	主梁严重变形，挠度大于限值；或应力（挠度）校验系数＞1；相对残余系数≥22%
	结构损伤修正承载力	—	截面或吊杆承载力≥2倍设计值	截面或吊杆承载力＜2倍且≥1.0倍设计值	截面或吊杆承载力＜1倍且≥0.7倍设计值	截面或吊杆承载力＜0.7倍设计值
评定结果	标度	1	2	3	4	5
	得分（R_i）	0	0.2	0.5	0.8	1
下部结构		墩台各部件完好；基础结构良好	墩台基本完好	个别立墙或立柱出现轻微倾斜，部分位置墩（台）表面有缺损，累计面积＜构件面积的10%	拱脚出现水平、竖向位移和转角，较多立墙或立柱出现倾斜；墩（台）表面缺损较多，累计面积≥10%且＜20%构件面积。河床冲刷深度是设计容许的70%	拱脚严重错台、位移，造成结构和桥面变形过大；墩台不稳定、下沉、倾斜；基底冲刷深度大于设计值
评定结果	标度	1	2	3	4	5
	得分（R_i）	0	0.2	0.5	0.8	1

（3）悬索桥部件评定及得分，见表9-106。

表9-106 悬索桥主要承重部件评定标度及得分表

分类与特征		部件评定描述				
上部结构	缺损状况	完好	主缆防护表面有局部面漆变色起皮，个别位置出现破损、老化、漏水；个别锚头轻微破损	主缆防护破损面积＞1%且≤10%，缠丝外露数量≤3%；主缆变形小于设计允许值；个别索夹有错位、移动；吊索锚头个别锚头破损、松动；钢丝少量锈蚀，无断丝；索塔有倾斜变形现象或存在扭转现象，但较轻微	主缆防护破损面积＞10%，缠丝外露数量＞3%；主缆变形较大，不可恢复的变化小于或等于设计允许值；较多索夹有明显错位、滑动现象；吊索锚头个别索夹位移超限；较多锚头破损、松动或裂缝；钢丝锈蚀，防腐层有大量麻坑，甚至出现断丝；索塔有较大倾斜变形或存在明显扭转；鞍座较多数量的螺杆、锚栓连接松动，个别螺杆、锚栓连接脱落	主缆变形较为严重，不可恢复的变形大于设计允许值；吊索钢丝大量严重锈蚀或损坏，钢丝断裂；索塔出现严重倾斜变形，塔根有明显裂缝，塔顶偏移超过限值

分类与特征		部件评定描述				
上部结构	试验指标	—	应力（挠度）校验系数<0.6 相对残余系数<16%	应力（挠度）校验系数<0.9 相对残余系数<20%且≥16%	挠度接近限值；或应力（挠度）校验系数≤1 且≥0.9；相对残余系数≥20%且<22%	主梁严重变形，挠度大于限值；或应力（挠度）校验系数>1；相对残余系数≥22%
	结构损伤修正承载力	—	截面或吊杆承载力≥2 倍设计值	截面或吊杆承载力<2 倍且≥1.0 倍设计值	截面或吊杆承载力<1 倍且≥0.7 倍设计值	截面或吊杆承载力<0.7 倍设计值
评定结果	标度	1	2	3	4	5
	得分（R_i）	0	0.2	0.5	0.8	1
下部结构		锚碇顶板、侧墙有局部麻面沉积物	基础出现局部冲刷现象，程度较轻；锚碇顶板、侧墙出现锈迹、蜂窝、渗出物，伴有细微裂缝；锚碇沉降≤10mm	基础出现较严重局部冲刷现象；锚碇顶板及侧墙出现大面积锈迹，混凝土剥落，钢筋外露锈蚀，有较大裂缝；锚碇沉降>10mm 且≤50mm		基础出现严重局部冲刷现象，基础不稳定，出现严重滑动、下沉、位移、倾斜等现象；锚碇沉降严重，沉降>50mm
评定结果	标度	1	2	3	4	5
	得分（R_i）	0	0.2	0.5	0.8	1

注：主梁为钢材，按表 9-108 评定。

（4）斜拉桥部件评定及得分，见表 9-107。

表 9-107　斜拉桥主要承重部件评定标度及得分表

分类与特征		部件评定描述				
上部结构	缺损状况	混凝土良好状况	钢筋有少量的锈蚀活动性	钢筋有锈蚀活动性，发生锈蚀概率大于90%。个别锚拉板出现疲劳损伤状况	混凝土强度匀质系数为 0.80～0.70，混凝土缺陷累计面积多于构件面积的10%。锚固区有明显的受力裂缝	混凝土强度匀质系数小于 0.70，钢筋存在锈蚀开裂区域。锚固区有明显的受力裂缝，且缝宽>0.2mm

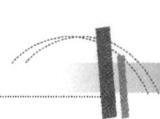

续表

分类与特征		部件评定描述			
上部结构	裂缝（混凝土）	网状裂缝累计面积≤构件面积的20%，单处面积≤1.0m²，或主梁裂缝缝长≤截面尺寸的1/3	网状裂缝累计面积＞构件面积的20%，单处面积＞1.0m²，或主梁裂缝缝长＞截面尺寸的1/3且≤截面尺寸的1/2	主梁裂缝缝长＞截面尺寸的1/2，间距＜30cm	主梁裂缝缝宽＞1.0mm，间距＜20cm
	拉索	钢丝有极少量锈蚀；个别锚头或锚拉板出现轻微破损	钢丝少量锈蚀，钢丝无断裂；个别锚头出现破损、松动或出现不密封现象，但未造成拉索锈蚀	钢丝较多锈蚀或损坏，钢丝断裂，截面出现削弱；较多锚头或锚拉板出现破损、松动或裂缝，锚头锈蚀	钢索裸露，钢丝大量严重锈蚀或损坏，钢丝断裂；较多锚头或锚拉板出现严重破损、松动、裂缝，锚头积水锈蚀严重
	试验指标	—	应力（挠度）校验系数＜0.4；相对残余系数＜16%	应力（挠度）校验系数＜0.75；相对残余系数＜20%且≥16%	应力（挠度）校验系数≤1且＞0.75；相对残余系数≥20%且＜22%	主梁严重变形，应力（挠度）校验系数＞1；相对残余系数≥22%
	结构损伤修正承载力	—	截面或拉索承载力≥2倍设计值	截面或拉索承载力＜2倍且≥1.0倍设计值	截面或拉索承载力＜1倍且≥0.7倍设计值	截面或拉索承载力＜0.7倍设计值
评定结果	标度	1	2	3	4	5
	得分（R_i）	0	0.2	0.5	0.8	1

注：主梁为钢箱梁，按表9-108评定。

（5）钢桥部件评定及得分，见表9-108。

表9-108　钢桥主要承重部件评定标度及得分表

分类与特征		部件评定描述				
上部结构	缺损状况	完好	涂层劣化累计面积≤构件面积的10%；锈蚀累计面积≤构件面积的5%；铆钉（螺栓）少量损坏、松动或丢失，造成联结部位铆钉（螺栓）失效	重要部位被锈蚀成洞，锈蚀孔洞≤3个；铆钉（螺栓）损坏、失效数量＞总量的1%且≤总量的10%；简支或连续板；横向联结出现松动，纵向接缝开裂较大	重要部位被锈蚀成洞，锈蚀孔洞＞3个；铆钉（螺栓）损坏、失效数量＞总量的10%且≤总量的30%；主要构件存在明显的永久变形，变形小于或等于规范值，或桥面竖向呈波形	铆钉（螺栓）损坏、失效数量＞总量的30%；主要构件出现较多严重裂缝，截面削弱，主要构件存在明显的永久变形，变形大于规范值
	裂缝	—	—	主梁、纵横梁受拉，翼缘边焊缝开裂长度≤5mm；主梁、纵横梁裂缝长度≤3mm，或受拉，翼缘焊接盖板端部裂缝≤10mm，或桁梁端横梁与纵梁连接处下端以及腹杆接头处裂缝长度≤20mm	主梁、纵横梁受拉，翼缘边焊缝开裂长度＞5mm且≤10mm；主梁、纵横梁受拉翼缘边裂缝长度＞3mm且≤5mm，或有受拉，翼缘焊接盖板端部裂缝＞10mm且≤20mm，或衍梁端横梁与纵梁连接处下端以及腹杆接头处裂缝长度＞20mm且≤50mm	主梁、纵横梁受拉，翼缘边焊缝开裂长度＞10mm；主梁、纵横梁受拉，翼缘边裂缝长度＞5mm，或有受拉翼缘焊接盖板端部裂缝＞20mm，或桁梁端横梁与纵梁连接处下端以及腹杆接头处裂缝长度＞50mm
	试验指标	—	应力（挠度）校验系数＜0.6；相对残余系数＜16%	应力（挠度）校验系数＜0.9；相对残余系数＜20%且≥16%	挠度接近限值；或应力（挠度）校验系数≤1且≥0.9；相对残余系数≥20%且＜22%	主梁严重变形，挠度大于限值；或应力（挠度）校验系数＞1；相对残余系数≥22%
	结构损伤修正承载力	—	截面或纵横梁承载力≥2倍设计值	截面或纵横梁承载力＜2倍且≥1.0倍设计值	截面或纵横梁承载力＜1倍且≥0.7倍设计值	截面或纵横梁承载力＜0.7倍设计值
评定结果	标度	1	2	3	4	5
	得分（R_i）	0	0.2	0.5	0.8	1

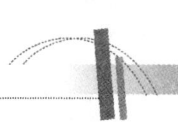

二、桥梁养护状况评定

桥梁养护状况评定构件包括支座、桥面系、翼墙、耳墙、锥坡与护坡等。对支座、桥面铺装、人行道与护栏及排水系统、伸缩缝、翼墙、耳墙、锥坡与护坡等部件进行单项评定，各部件权重合计为10，桥梁养护状况评分为0～10分。桥梁养护状况评定等级见表9-109。

表9-109　桥梁养护状况评定等级表

分类	等级	桥梁养护状况特征	维修期限
1	好	局部构件表面有轻度缺损、污染	在3～5年内进行维修
2	中等	构件有中等缺损或污染，尚能维持正常使用功能	在1～3年内进行维修
3	差	构件严重损伤、材料有严重缺损，严重影响主要构件使用功能、安全性和耐久性	在1年内进行维修

桥梁养护状况评分计算公式：

$$D_r = 10 - \sum_{i=1}^{n} R_i W_i \tag{9-14}$$

式中：D_r——全桥养护状况评分，0～10；

　　　R_i——桥面系及其他部件缺损状况评定得分，0～5；

　　　W_i——各部件权重，$\sum W_i = 10$。

桥梁养护状况分类界限按表9-110规定执行。

表9-110　桥梁养护状况分类界限与维修等级表

养护状况评分	养护状况等级		
	好	中等	差
D_r	[10，7]	(7，4]	(4，0]
维修等级	预防维修	中度维修	重度维修

桥梁养护各部件权重见表9-111。

表9-111　桥梁养护各部件权重表

分类	部件名称	权重
上部结构	支座	2
上下结构	承重部件	3
桥面系	桥面铺装	2
	伸缩缝	2
	人行道与护栏	0.5
	排水系统	0.5
下部结构	翼墙、耳墙	0.5
	锥坡与护坡	0.5

桥面系及其他部件缺损状况及评定得分见表 9-112，上下结构缺陷承重构件得分按表 9-104～表 9-108 确定。

表 9-112　桥面系及其他部件评定标度与得分表

部件与分类		部件评定描述				
支座		完好	轻微损伤；出现剪切变形	多处有轻微损伤；剪切变形较大；有开裂或位移现象	损伤或变形较严重，位移较明显，位移≤10mm；锚栓剪断≤50%	损伤或变形严重，位移＞10mm；锚栓剪断＞50%
评定结果	标度	1	2	3	4	5;
	得分（R_i）	0	0.2	0.5	0.8	1
桥面铺装		完好	缺损面积≤10%	缺损面积＞10%且≤20%，纵坡平整度接近规范值	缺损面积＞20%且≤50%，纵坡平整度大于规范值	缺损面积＞50%
评定结果	标度	1	2	3	4	5
	得分（R_i）	0	0.2	0.5	0.8	1
伸缩缝		完好	高差≤1cm，锚固区缺损面积≤11%	高差＞10%且≤20%；锚固区缺损面积＞10%且≤20%	高差＞3cm；锚固区缺损面积＞20%；钢梁有裂纹	锚固区缺损面积＞50%；钢梁断裂
评定结果	标度	1	2	3	4	5
	得分（R_i）	0	0.2	0.5	0.8	1
人行道与护栏		完好	缺损面积≤3%	缺损面积＞3%且≤10%	缺损面积＞10%	严重破损，缺损面积＞50%
评定结果	标度	1	2	3	4	5
	得分（R_i）	0	0.2	0.5	0.8	1
排水系统		完好	局部排水不畅，较少排水孔堵塞	较多排水孔堵塞		
评定结果	标度	1	2	3	4	5
	得分（R_i）	0	0.2	0.5	0.8	1
翼墙、耳墙		完好	缺损累计面积≤构件面积的5%	缺损面积＞构件面积的5%且≤20%；有明显永久变形；有较多网裂	缺损面积＞构件面积的20%；有下沉、滑动现象；多处裂缝	裂缝超限
评定结果	标度	1	2	3	4	5
	得分（R_i）	0	0.2	0.5	0.8	1
锥坡与护坡		完好	铺砌存在局部缺陷	铺砌面存在大面积缺陷；局部冲蚀	铺砌存在严重缺陷；有冲蚀严重现象	严重缺陷，影响稳定
评定结果	标度	1	2	3	4	5
	得分（R_i）	0	0.2	0.5	0.8	1

第十章　我国桥梁工程施工技术的发展趋势

进入 21 世纪以来，在党和中央的正确领导下，我国在各个方面均取得了非常大的进步，其中道路桥梁工程取得的进步也是非常的大。其中道路桥梁施工技术作为道路桥梁工程项目的主要组成部分，对整个道路桥梁工程有着决定性的影响。

新时期我国道路桥梁工程建设取得了快速发展，特别是在施工经验和理论知识方面都得到了扩充，与此同时，随着科学技术的发展，道路桥梁施工技术也取得了极大的提升，不断地更新着建设工程的面貌。随着新技术的不断涌现，需要进一步研发和推动道路桥梁工程施工技术，以应对质量与技术方面的日益提升的要求，使我国道路桥梁建设更上一层楼。

第一节　我国桥梁工程施工技术现状

随着我国市场经济的不断发展，人们生活水平的不断提高，现阶段的道路桥梁工程的施工技术相对于先前传统的道路桥梁工程施工在道路桥梁防水施工技术、道路桥梁工程地基加固技术以及混凝土钢筋施工技术等很多方面都取得了较大的进步，现详述如下：

1. 道路桥梁工程在防水施工技术的进步

现阶段的道路桥梁在防水施工过程中已经实现了对于高分子聚合物的使用，同时随着国内外对于高分子聚合物的不断研究，很多高科技新型的高分子聚合物防水材料不断涌现，这大大增强了道路桥梁工程施工中的防水施工。与传统道路桥梁工程中钢性防水施工不同，现阶段的道路桥梁施工主要采用柔性施工或者刚柔并济型施工，主要施工的柔性施工材料有：高分子聚乙烯板、新型沥青防水材料、高分子胶结密封装置以及新型防水涂料等，给道路桥梁工程带来的施工防水效果与先前的刚性防水施工相比有了非常大的进步。

2. 道路桥梁工程中地基加固技术的进步

随着我国经济的不断发展，我国经济的发展规模已经从传统的海边地区逐步伸向了内

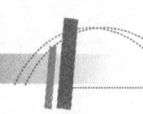

地，特别是在国家实施西部大开发的过程中以及南水北调工程的施工过程中，很多超大型以及大型的道路桥梁工程得到了非常多的实施，随着道路桥梁工程建设规模的不断扩大，给整个道路桥梁工程的地基施工带来全新的要求，同时，我国在道路桥梁工程的地基工程施工过程中也取得了长足的进步，现阶段道路桥梁工程中的地基施工技术主要采用新型复合型地基施工技术。在采用复合型地基施工技术的过程中，施工技术人员对于地基各个技术参数的设置主要根据地基所在处的地层情况，然后选择适合该地质下的具体施工工艺。现阶段的具体施工技术分为：地基渣土夯填施工技术、地基石灰桩施工技术、地基水泥桩施工技术以及地基粉煤灰施工技术，这些地基施工技术与传统的地基施工技术带来的地基施工，相比其质量效果是非常显著的。

3. 道路桥梁工程施工中的混凝土钢筋施工技术

众所周知，道路桥梁工程中的混凝土钢筋施工是整个道路桥梁工程的骨架施工。现阶段道路桥梁中，混凝土钢筋的施工支护的关键技术为钢筋混凝土连接技术和钢筋混凝土预应力支护技术。其中，预应力支护技术对于整个混凝土钢筋施工的推动是非常显著的。

4. 现阶段国内道路桥梁施工过程中的技术缺陷

随着我国经济的快速发展，虽然国内的道路桥梁施工技术相比于先前有了质的提升，但是在实际的道路桥梁施工过程中仍然存在一系列的问题。这个道路桥梁工程的整体质量带来的影响是非常巨大的。现分别从现阶段道路桥梁工程施工中质量要求、管理技术方面进行详述如下：

（1）道路桥梁工程在施工过程中的质量问题

在调查中我们发现，现阶段道路桥梁工程在具体的施工过程中各个施工技术环节均存在较为严重的质量问题，主要存在的方面有，道路桥梁施工环境复杂多变以及施工所用相关材料在很大程度上均不能达到相关的施工质量标准。同时道路桥梁施工质量受到施工工艺带来的影响也是较大的，这就给道路桥梁工程整体的结构强度和刚度带来较大的影响，直接影响道路桥梁工程整体的质量。在道路桥梁工程具体的施工过程中，混凝土密实度不够是存在比较普遍的问题。这也是造成道路桥梁工程后期出现塌陷的主要原因。此外，在调查中发现，在钢筋混凝土施工过程中出现钢筋强度不达标，强度、韧性低的现象仍然较多。

（2）道路桥梁工程施工过程中出现的管理技术性问题

在道路桥梁工程的具体施工过程中，如何保证道路桥梁工程各项技术性环节的顺利实施是在现阶段的道路桥梁工程中存在比较严重的问题，这对于整个道路桥梁工程顺利施工有着非常大的影响。现阶段国内的道路桥梁工程管理技术相对于国外发达国家来说仍然比较落后，国内的道路桥梁工程施工管理在很多情况下仅仅是对整个道路桥梁工程进行简单的记录，此外，从事道路桥梁工程管理等相关工作，在整个道路桥梁工程中没有得到应有的重视，其从事人员的整体素质水平相对于国外有着明显的差距，此外，在调查中我们还发现在很多道路桥梁工程的施工现场出现由一些普通工人代替管理员的职位的现象，而这些普通工人对施工管理技术的全面概念不够熟悉，这样就导致所得施工技术资料不够真实和完整。上述两个方面的因素，最终导致道路桥梁工程技术人员无法制订出合理有效的对道路施工的技术方案。

（3）对桥梁建设的质量要求不高，只是一味地追求经济效益，并且没有相应的桥梁建设工程质量预案，工程在项目管理过程中较为混乱，在施工过程中经常性地违反国家相关的法律、法规和行业建筑程序、规范，同时，公路桥梁建设的项目管理和监理机构形同虚设。特别是桥梁施工单位的领导层，对工程质量重视不够，从而导致桥梁施工过程中，经常存在不按照工程施工规范、设计要求进行施工的现象，为了得到更高的利益，在施工中偷工减料，为了加快施工进度，减少施工材料。同时，有的施工单位，在发现了施工质量问题后，存在应付了事的现象，并没有采取实质性的措施对问题进行针对性的解决。

（4）桥梁工程建设质量所存在的问题

由于在桥梁的建设过程当中，建设单位因为工程限期和相关经济效益方面的要求，所以在桥梁建设的过程中并没有严格按照相关行业规范来执行，或者由于设计时间有限没有对桥梁可能出现的问题做好充分考虑，导致了桥梁在建设完成之后质量并没有达到相关的规定，在桥梁的设计使用年限之内，出现个别桥梁梁板开裂、沥青路面出现破坏、桥梁钢结构锈蚀等问题。甚至有些质量问题相当严重的桥梁，在经过一段时间的使用之后，很快就会成为危桥，大大地浪费了国家的财力和人力。

（5）技术创新的匮乏

我国桥梁建设日新月异，但是由于各个设计单位、施工单位的技术力量和经验相差很远，所以即使是在我国桥梁设计建设水平不断提高的今天，各地区与各单位存在明显差异。我国的桥梁技术和世界领先水平还是有一定的差距的，这体现在理念，材料的使用和创新上。因为现在经济社会发展的需要，全国各地都在大力地建设一些桥梁，也正是由于这个原因，一些单位为了中标的需要，一味地压低工程造价和缩短工程建设日期。正是因为这样，在一些桥梁的设计过程中，就直接套用了一些已经建设完成的桥梁的设计，只是改动了一些相关的数据，这也就是我国为什么许多地方的桥梁看起来好像都是一个样的原因。而在施工的过程中，施工单位因为经济效率和施工工期的限制，只是一味地赶工期，而不去考虑在施工过程中可以有的创新，这也是我国桥梁技术创新相对于欧美等国家很缺乏的原因。设计是桥梁工程的灵魂，施工是桥梁工程的关键。

这种直接抄袭其他的桥梁，一味地追赶工期和经济效益，虽然可以在短期内得到一定

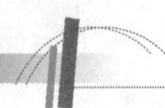

的好处，但是这样做的结果就是会有许多粗制滥造的工程出现，而这些桥梁也只会是别的桥梁的复制品而已，无法变中国制造为中国创造。

（6）桥梁管理不完善

在桥梁建设完成之后，相关的数据监控和桥梁结构的养护就显得十分的重要了，但是在我国，对桥梁的管理与养护这方面做得还远远不够，和欧洲日本等国家相比落后较多。在我国，由于经济上的考虑，只对一些特大、特别重要的桥梁建立了完整的监控管理系统，而对一般的桥梁的监控与管理仅仅停留在一年或者几年一次的例行检查上面，这也就为许多的安全隐患埋下了伏笔。

（7）老旧桥梁众多，问题相当严重

因为历史上的诸多原因，我国在国民经济建设的初期，建设了许多的石拱桥，特别是双曲拱桥，在祖国的各个地方都有它们的身影，这些拱桥因为对水泥钢筋的需求少，在建国初期和以后的几十年时间里得到了很广泛的应用。但是，随着时间的流逝，这些拱桥逐渐变得老化，有些桥甚至成为了危桥，而剩余的桥也不能适应现在的社会经济需求，但是拆除这些桥梁在短时间内会产生很严重的问题，所以对这些老旧桥梁的改造问题变得棘手。

第二节 我国桥梁工程施工技术的发展方向

近些年来，国内很多道路桥梁工程项目管理人员已经意识到现阶段国内道路桥梁王程在施工过程中存在的具体性问题，同时很多道路桥梁工程项目单位对于现阶段国外道路桥梁工程中先进的施工技术进行了针对性的考察，这具体的考察过程中也引进了一定程度的具体的道路桥梁工程施工技术。现将未来道路桥梁工程施工发展具体新方向叙述如下：

1. 道路桥梁工程中将加大对于节能环保施工技术的选择

随着我国对于绿色环保施工技术以及绿色材料的不断要求，道路桥梁施工中的节能环保施工技术的选择已经成为必然的趋势，现阶段的道路桥梁工程施工中主要可以采取的节能环保施工技术有钢筋连接节能环保施工技术、预应力节能环保施工技术以及混凝土钢筋结构节能环保施工技术。在相关防水材料节能环保施工技术方面，主要有三元乙丙橡胶材质和改性沥青油毡，其发展趋势是复合材料和有机材料的相关节能环保施工。

2. 道路桥梁工程智能化施工技术将得到逐步全面的应用

随着我国科学技术的不断进步，智能化施工技术在现阶段的道路桥梁工程的具体施工过程中已经得到初步的应用，其对整个道路桥梁工程的施工带来非常大的推动，同时，随

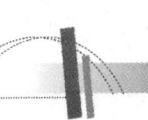

着智能化技术的再次飞速发展，其在道路桥梁工程施工中的应用范围将会更广阔。

随着我国再次飞速发展，国内的道路桥梁工程的建设规模将会更加广阔，国家对于道路桥梁工程的投资将会更加巨大，这就要求道路桥梁工程的施工技术人员一定要认清时代所需，不断提高我国道路桥梁工程的施工技术水平。

经过改革开放40多年的发展，我国公路桥梁建设取得了举世瞩目的成就。目前，仅黄河上已建和在建的大桥已达228座，长江上达到162座。我国建成的悬索桥、斜拉桥、拱桥和梁桥这四类桥梁的跨径均已居世界同类桥梁跨径的前列。从发展历程看，我国公路桥梁建设经历了从平原区向山岭重丘区、从一般江河湖泊到大江大河再向海湾及联岛工程建设的发展历程；桥梁结构从常规的以梁桥和拱桥为主，向大跨径斜拉桥、悬索桥、高墩、不对称结构、弯桥发展，再向离岸深海长联桥大型上下部预制结构、大型复合基础以及超大跨径结构发展。总体上，我国公路桥梁建设走过了一条自力更生、以我为主到技术引进、消化吸收再到注重原始创新、集成创新的技术发展道路，已逐步实现从最基本的注重强度、刚度、稳定性的设计方法向注重全寿命周期成本及环保、景观、品质、耐久的现代设计理念转变。这些成果来之不易，它得益于我国综合国力的极大提升和科技水平的快速发展；得益于国家经济社会发展对交通运输，特别是桥梁建设不断提出新需求所带来的机遇和挑战；得益于改革开放以来，学习借鉴发达国家建设技术成果带来的新探索与实践；更凝聚了我国桥梁建设者攻坚克难、勇攀高峰、不懈追求高品质桥梁建设成果的智慧和心血。

第三节　我国桥梁的建设发展与桥梁建设强国之间的主要差距

尽管我国在桥梁建设核心技术、桥型与结构体系、材料性能和装备水平、桥梁监测与评估技术、标准规范等方面都取得了长足进步，获得了一大批自主创新成果，但也要清醒地认识到，与桥梁强国相比，还存在以下主要技术差距：

（1）在大跨径桥梁设计方面：技术储备不够，如主跨3000米级悬索桥及1500米级斜拉桥等结构体系与关键结构问题有待解决；高性能材料方面的研究与应用滞后；与超大跨径相匹配的支座、伸缩和阻尼等装置、设备研究开发不足，与国外先进产品有差距。

（2）在设计规范和设计理论方面：结构全寿命周期设计理论、混凝土耐久性设计方法及钢结构疲劳荷载验算等基础性研究不够，技术储备不足；对传统材料的组合结构研究、新型材料组合结构的探索和积累有明显差距；主要设计规范中原始创新内容与建设规模不相匹配。

（3）在桥梁施工方面：深海基础、抗震基础和装配式基础工厂预制化、整体化、大型

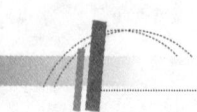
化，以及现场施工大型、先进机械成套装备水平还有差距；钢构件下料、焊接等各工序的精度控制系统，混凝土构件模板以及相应的控制系统精度还不够高；中小跨径桥梁结构体系也需要改进。

（4）在旧桥检测、评估和维修加固方面：检测设备的自主创新、评估理论的基础性研究、加固机具的标准化和专业化，以及应急抢修装备的轻型化、小型化、系列化等方面差距明显。

（5）在桥梁养护管理方面：对大型桥梁、非常规结构桥梁的监管养护经验不足，专业机构和从业技术人员相对较少，技术手段和水平亦相对滞后。

上述五方面的差距，并不足以完全概括我国桥梁建设发展存在的全部问题，但都至少是较为基础和突出的问题。以问题为导向，才能更好地把握方向和目标，研究确立未来一个时期我国公路桥梁技术发展方向，尽快迈进世界桥梁强国的行列。

上述五方面的差距，并不足以完全概括我国桥梁建设发展存在的全部问题，但都至少是较为基础和突出的问题。以问题为导向，才能更好地把握方向和目标，研究确立未来一个时期我国公路桥梁技术发展方向，尽快迈进世界桥梁强国的行列。

第四节　我国桥梁建设标准化发展的趋势

（1）在设计理论方面，借助计算机和非线性数值方法的不断进步，力学模型日益精细化，仿真度提高，可以在设计阶段逼真地描述大桥在地震、强风、海浪等恶劣自然条件下施工和运营的全过程，为决策提供动态的虚拟现实图像。

（2）大跨度桥梁向更长、更大、更柔的方向发展，引发了对各种杂交组合体系、协作体系以及三向组合结构和混合结构等创新结构体系的研究，以充分发挥不同材料和体系各自的优点，并最终获得高经济指标、可靠的结构连接以及安全方便的施工工艺。

（3）桥梁设计、施工规范、标准的更新。近年来桥梁建设中出现了一些工程质量事故，对我国桥梁规范的适用范围提出了疑问。普遍的看法是目前的规范用于跨度小于 200m 的中小跨度桥梁还是合理的，是有试验依据的，但不适应近年来跨度迅速增大的桥梁工程，需要专门针对大跨度桥梁推出专门的规范。因此，应当加快中国桥梁规范的更新和修改周期，拨出专款进行专题研究，改变我国桥梁规范滞后于技术发展的被动局面。

（4）轻质高性能、耐久材料的研制和应用。新材料应具有高强、高弹模、轻质的特点，玻璃纤维和碳纤维增强塑料从最初作为加固补强材料向最终替代传统的钢材和混凝土两种基本建筑材料方向发展，从而引发桥梁工程材料的革命性转变。在这一过程中，高性能轻骨料混凝土、超强度钢材和预应力钢材及其防腐工艺的进步也不会停止。

（5）重视桥梁美学及环境保护。桥梁是人类最杰出的建筑之一，著名的大桥都是一件件宝贵的空间艺术品，成为陆地、江河、海洋和天空的景观，成为城市的标志性建筑。21世纪的桥梁结构必将更加重视建筑艺术造型，重视桥梁美学和景观设计，重视环境保护，达到人文景观同环境景观的完美结合。

（6）桥梁的健康监测和旧桥加固。随着桥梁的长大化、轻柔化和行车速度的提高，大跨度桥梁在运营阶段可能出现结构振动过大以及构件的疲劳、应力过大、老化失效、开裂等问题，并由此危及桥梁的正常使用和安全。这就需要建立完善的健康监测系统，对容易发生损伤的部位及时作出诊断和警报，对桥梁结构的健康状况进行评定，并向养护部门提供维修或加固的决策，以保证桥梁的使用寿命；同时，我国在经历了二十几年交通事业的迅速发展时期之后，不仅桥梁存在的荷载等级不足、年久失修等问题逐渐显现，旧桥的检测和加固的重要性也日益提高。通过正确评估旧桥的现有承载能力，以及研究发展旧桥的加固方法，可以延长桥梁结构的使用寿命，更好地保障交通的畅通，获得更大的经济效益。

（7）大型工厂化预制节段和大型施工设备的整体化安装将成为桥梁施工法的主流，计算机远程控制的建筑机器人将逐渐代替目前工地浇注或分割成小型块件的拼装施工。在运用新技术的桥梁工程精细化施工中，工期的可操控性大大加强，操作人员可大批量减少，而且施工安全性也容易得到保证；材料、构件尺寸及质量等的可控性得到加强，工程质量得到整体提高；同时有条件采用抗腐蚀性能良好的材料及采用标准化方法对结构进行防护性涂装，以提高材料和结构的耐久性，延长桥梁的适用寿命。

（8）大型桥梁工程的施工管理技术。随着工程规模的日益扩大，对管理者的要求也逐渐提高。对大型的复杂工程，各工序的前后衔接安排及工期控制，物力和财力的安排及调度，设计、施工、监理、工程控制等各方的工作关系协调等问题成为制约工程质量的重大因素。通过营建管理技术的研究，培养一批既有工程技术又有管理经验的高素质工程主管人员，对提高大型桥梁工程的质量至关重要。

第十一章　市政工程建设项目进度管理

第一节　概　述

一、进度管理的基本概念

（一）工程项目进度管理的含义

工程项目进度管理是指项目管理者围绕目标工期编制计划，付诸实施且在此过程中经常检查计划的实际执行情况，分析进度偏差原因，并在此基础上不断调整、修改计划直至工程竣工交付使用；通过对进度影响因素控制及各种关系协调，综合运用各种可行方法、措施，将项目的实际工期控制在事先确定的目标工期范围之内。在兼顾安全、成本、质量控制目标的同时，努力缩短建设工期。本章介绍的进度管理不是局限于项目施工过程的进度管理，而是从项目全过程总体管理的角度，介绍项目决策阶段、准备阶段、实施阶段和收尾阶段的全过程进度管理。

（二）工程项目进度管理的程序

（1）制订进度计划。

（2）进度计划交底，落实责任。

（3）实施进度计划，跟踪检查，对存在的问题分析原因并纠正偏差，必要时对进度计划进行调整。

（4）编制进度报告，报送有关管理部门。

二、进度计划的编制

（一）进度计划的类型

工程项目进度计划通常有下列几类：

（1）整个项目的总进度计划。

（2）分阶段进度计划。

（3）子项目进度计划和单体进度计划。

（4）年（季）度计划。

各类进度计划应包括下列内容：

（1）编制说明。

（2）进度计划表。

（3）资源需要量及供应平衡表。

（二）进度计划的编制程序

一般来讲，工程项目进度计划的编制应遵循以下程序：

（1）确定进度计划的目标、性质和使用者。

（2）进行工作分解。

（3）收集编制依据。

（4）确定工作的起止时间及节点时间。

（5）处理各工作之间的搭接关系。

（6）编制进度表并确定关键线路图。

（7）编制进度说明书。

（8）编制资源需要量及供应平衡表。

（9）报有关部门批准。

（三）进度计划的表示方法

1. 横道图表示法

横道图也称为甘特图，是美国人甘特在 20 世纪 20 年代提出的。由于其形象、直观，且易于编制和理解，因而长期以来被广泛应用于建设工程进度管理中。如图 11-1 所示是用横道图表示的某钢筋混凝土工程进度的安排。

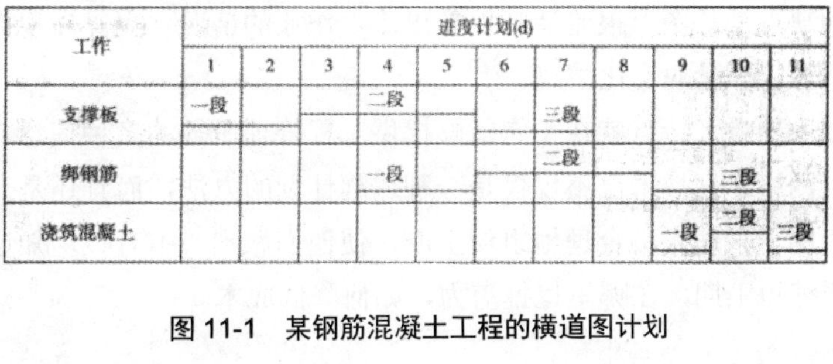

工作	进度计划(d)										
	1	2	3	4	5	6	7	8	9	10	11
支撑板	一段			二段			三段				
绑钢筋					一段		二段			三段	
浇筑混凝土									一段	二段	三段

图 11-1　某钢筋混凝土工程的横道图计划

横道图计划的优点是较易编制、简单、明了、直观、易懂。因为有时间坐标，各项工作的施工起止时间、作业时间、工作进度、总工期，以及流水作业的情况等都表示得清楚明确，一目了然。对人力和其他资源的计算也便于据图叠加。

横道图计划的缺点主要是不能全面地反映出各工作相互之间的关系和影响，不便进行各种时间计算，不能客观地突出工作的重点（影响工期的关键工作），也不能从图中看出计划中的潜力所在，这些缺点的存在，对改进和加强工程管理工作是不利的。

2. 网络图表示法

网络计划则是以箭线和节点组成的网状图形来表示工程实施的进度。如图 11-2 所示是用网络图表示的某钢筋混凝土工程进度的安排。

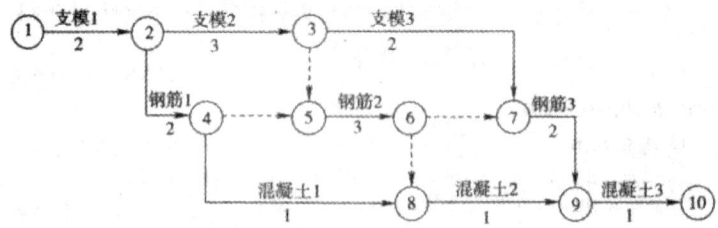

图 11-2 某钢筋混凝土工程的网络计划

网络计划的优点是把实施过程中的各有关工作组成了一个有机的整体，因而能全面而明确地反映出各工作之间的相互制约和相互依赖的关系。它可以进行各种时间计算，能在工作繁多、错综复杂的计划中找出影响工程进度的关键工作，便于管理人员集中精力抓施工中的主要矛盾，确保按期竣工，避免盲目抢工。通过利用网络计划中反映出来的各工作的机动时间，可以更好地运用和调配人力与设备，节约人力、物力，达到降低成本的目的；在计划的执行过程中，当某一工作因故提前或拖后时，能从计划中预见到它对其他工作及总工期的影响程度，便于及早采取措施以充分利用有利的条件或有效地消除不利的因素。此外，它还可以利用现代化的工具——计算机，对复杂的计划进行绘图、计算、检查、调整与优化。

网络计划的缺点是从图上很难清晰地看出流水作业的情况，也难以根据一般网络图算出入力及其他资源需要量的变化情况。

网络计划技术的最大特点就在于它能够提供工程管理所需的多种信息，有利于加强工程管理。所以，网络计划技术已不仅仅是一种编制计划的方法，而且还是一种科学的工程管理方法。它有助于管理人员合理地组织生产，使他们做到心中有数，知道管理的重点应放在何处，怎样缩短工期，在哪里挖掘潜力，如何降低成本。

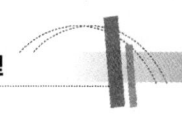

（四）进度计划的实施

进度计划的实施就是工程建设活动的开展，就是用工程进度计划指导项目各项建设活动的落实和完成。为了保证进度计划的实施，并且尽量按照编制的计划时间逐步进行，保证各进度目标的实现，在进度计划实施的过程中应进行如下工作：

（1）跟踪计划的实施，当发现进度计划执行受到干扰时，应采取调度措施。

（2）在计划图上进行实际进度记录，并跟踪记载每个实施过程的开始日期、完成日期，记录每个建设环节发生的实际情况，干扰因素的排除情况等。

（3）执行工程项目合同中对进度、开工及延期开工、暂停施工、工期延误、工程竣工的承诺。

（4）跟踪工程量、总产值、耗用的人工、材料和机械台班等数量的形象进度，进行统计与分析，编制统计报表。

（5）落实进度控制措施应具体到执行人、目标、任务、检查方法和考核办法。

（6）处理进度索赔。同时为了顺利实施进度计划，还应具体做好如下几项工作：

① 编制月（旬）作业计划：工程项目管理规划中编制的进度计划，是按整个项目（或单位工程）编制的，带有一定的控制性，但还不能满足施工作业的要求。实际作业时是按月（旬）作业计划和施工任务书执行的，故应进行认真编制。

月（旬）作业计划除依据施工进度计划编制外，还应依据现场情况及月（旬）的具体要求编制。月（旬）作业计划以贯彻施工进度计划、明确当期任务及满足作业要求为前提。在月（旬）计划中要明确：本月（旬）应完成的任务，所需要的各种资源量，提高劳动生产效率和节约措施。

② 签发任务书：任务书既是一份计划文件，也是一份核算文件，并且是原始记录。它把实施计划下达到具体部门进行责任承包，并将计划执行与技术管理、质量管理、成本核算、原始记录、资源管理等融为一体，是计划与作业的连接纽带。

③ 做好进度记录：在市政工程项目实施过程中，如实记载每一项工作的开始日期、工作进程和结束日期，可为计划实施的检查、分析、调整、总结提供原始资料。要求跟踪记录，如实记录，并借助图表形成记录文件。

④ 做好调度工作：调度工作主要对进度控制起协调作用。协调实施中出现的各种矛盾，克服薄弱环节，实现动态平衡。调度工作的内容包括：检查作业计划执行中的问题，找出原因，并采取措施；督促供应单位按进度要求供应资源；控制施工现场临时设施的使用；按计划进行作业条件准备；传达决策人员的决策意图；发布调度令等。要求调度工作做得及时、灵活、准确、果断。

三、进度计划的检查

进度计划的检查与进度计划的执行是融合在一起的。计划检查是计划执行信息的主要来源，是进度调整和分析的依据，是进度控制的关键步骤。市政工程项目进度计划的检查工作包括以下方面：

（一）跟踪检查实施实际进度

这是项目进度控制的关键措施。其目的是收集实际进度的有关数据。

跟踪检查的时间间隔与工程项目的类型、规模、施工条件和对进度执行要求程度有关。通常可以确定每月、半月、旬或周进行一次。若在工程项目实施过程中遇到天气、资源供应等不利因素的严重影响，检查的时间间隔可临时缩短，甚至每日都进行检查或派人驻现场督阵。检查和收集资料的方式一般采用进度报表方式或定期召开进度工作汇报会。为了保证汇报资料的准确性，进度控制人员要经常到现场查看项目的实际进度情况，从而保证经常地、定期地准确掌握项目的实际进度。

（二）整理统计检查数据

收集到的市政工程项目实际进度数据，要进行必要的整理，按计划控制的工作项目进行统计，形成与计划进度具有可比性的数据、相同的量纲和形象进度。一般可以按实物工程量、工作量和劳动消耗量以及它们的累计百分比整理和统计实际检查的数据，以便与相应的计划完成量相对比。

（三）对比实际进度与计划进度

将收集的资料整理和统计成具有与计划进度可比性的数据后，对工程项目实际进度与计划进度进行比较。通常用的比较方法有：横道图比较法、S 形曲线比较法、香蕉形曲线比较法、前锋线比较法和列表比较法等。通过比较可得出实际进度与计划进度相一致、超前或拖后三种结论。

（四）进度检查结果的处理

市政工程项目进度检查的结果，按照检查报告制度的规定，形成进度控制报告，向有关主管人员和部门报告。

进度控制报告是把进度检查比较的结果、有关市政工程项目进度现状和发展趋势的分析，提供给有关主管人员和部门的书面形式的报告。

进度控制报告由计划负责人或进度管理人员与其他项目管理人员协作编写。报告时间一般与进度检查时间相协调，也可按月、旬、周等间隔时间编写上报。

进度控制报告的内容主要包括：项目实施概况、管理概况、进度概要；项目实施进度、形象进度及简要说明；材料、物资、构配件供应进度；劳务记录及预测；日历计划；业主单位和施工者的变更指令等。

四、进度计划检查的方法

项目进度比较分析与计划调整是项目进度控制的主要环节。其中项目进度比较是调整的基础。

（一）横道图比较法

横道图比较法是将在项目进展中通过观测、检查、搜集到的信息，经整理后直接用横道线，进行直观比较的方法。

（二）实际进度前锋线比较法

前锋线比较法是按照项目实际进度绘制其前锋线，根据前锋线与工作箭线交点的位置判断项目实际进度与计划进度偏差，以分析判断项目相关工作的进度状况和项目整体进度状况的方法。

根据实际进度前锋线的比较分析可以判断项目进度状况对项目的影响。关键工作提前或拖后将会对项目工期产生提前或拖后影响；而非关键工作的影响，则应根据其总时差的大小加以分析判断。一般来说，非关键工作的提前不会造成项目工期的提前；非关键工作如果拖后，且拖后的量在其总时差范围之内，则不会影响总工期；但若超出总时差的范围，则会对总工期产生影响，若单独考虑该工作的影响，其超出总时差的数值，就是工期拖延量。需要注意的是，在某个检查日期，往往并不是一项工作的提前或拖后，而是多项工作均未按计划进行，这时则应考虑其相互作用。

（三）S形曲线比较法

S形曲线比较法是以横坐标表示进度时间，纵坐标表示累计完成任务量，而绘出一条按计划时间累计完成任务量的曲线，将项目的各检查时间完成的任务量与S形曲线进行实际进度与计划进度相比较的一种方法。

S形曲线比较法同横道图一样，是在图上直观地进行工程项目实际进度与计划进度的比较。一般情况下，计划进度控制人员在计划实施前绘制S形曲线。在实施过程中，按规定时间将检查的实际完成情况，绘制在与计划S形曲线的同一张图上，可以得出实际进度S形曲线，如图11-3所示。

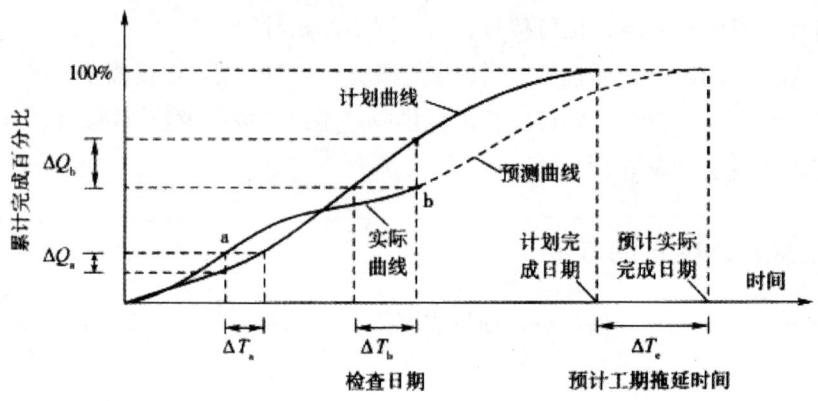

图 11-3　S 形曲线比较图

（四）"香蕉"形曲线比较法

"香蕉"形曲线是两条 S 形曲线组合而成的闭合曲线。它根据网络计划中的最早和最迟两种开始和完成时间分别绘制出相应的 S 形曲线，前者称为 ES 曲线，后者称为 LS 曲线。在项目实施过程中，根据每次检查各项工作实际完成的任务量，计算出不同时间实际完成任务量的百分比，并在"香蕉"形曲线的平面内绘出实际进度曲线，即可进行实际进度与计划进度的比较。

（五）列表比较法

采用无时间坐标网络计划时，在计划执行过程中，记录检查时正在进行的工作名称、已耗费的时间及还需要的时间，然后列表计算有关参数，根据计划时间参数判断实际进度与计划进度之间的偏差，这种方法就称为列表比较法。

第二节　项目决策阶段进度管理

一、决策阶段影响项目进度的主要因素

决策阶段影响项目进度的主要因素：

（一）决策速度对项目进展的影响

市政工程项目通常是由财政筹资建设的公益性项目，决策过程涉及众多的社会因素。因此，在决策阶段，应对项目建设的必要性和可行性进行充分的论证，尤其是对建设方案应进行充分的利弊分析与优化比选，以便于最快做出科学的决策。

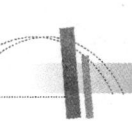

（二）前期各项审批的合理衔接对项目进展的影响

项目决策阶段的审批通常包括项目建议书、方案和选址、环境影响评价、水土保持论证、防洪论证、海洋环境影响评价、海域使用论证、用地预审办理和立项审批等审批流程。某些环节的审批如方案、环境影响评价、用地预审等审批又是立项审批的必要条件，因此，在策划某一阶段的审批时应充分考虑该阶段审批需要完成的前置审批条件，各审批环节间应紧密衔接。统筹安排能并行审批的各流程，互不影响的审批环节同步审批，节约整个决策阶段的审批时间。

（三）用地性质对项目进展的影响

按照国家及省市有关规定，不同性质的土地，其审批部门、程序及审批所需时间不尽相同，因此，对项目的进度将有不同的影响。

二、决策阶段进度管理的主要原则

（一）确定合理工期的原则

决策层应根据项目的具体情况，考虑可能影响工期的各种因素，提出科学合理的工期目标。因为能否在决策阶段要求的工期目标内完成项目往往会影响项目的生成，同时在方案比选时应根据工期目标选择可行的方案。

（二）各项审批流程间紧密衔接、并行开展的原则

在策划某一阶段的审批时应充分考虑该阶段审批需要完成的前置审批条件，各审批环节间紧密衔接，统筹安排能并行审批的各流程，互不影响的审批环节同步审批，节约整个决策阶段的审批时间。

（三）预判性原则

应充分考虑如用地性质等可能对本阶段审批速度产生较大影响的因素，同时考虑征地拆迁、管线迁改等对项目实施阶段进度产生重要影响的因素，在方案决策阶段就应尽可能地规避各种不利因素，做好突破难点的方案和措施。

（四）严格控制设计质量原则

决策阶段方案设计的质量对项目实施的可行性具有决定性因素，方案设计阶段应组织公司技术骨干，必要时邀请相关专家对方案进行评审，避免因决策完成后对方案进行调整而导致的投资增加、工期延误或重新审批等现象。

（五）提前沟通介入原则

不同手续的审批所涉及的行政部门各不相同，审批职能部门根据自身的职权范围所考虑的因素各不相同，各职能部门的审批意见可能存在相互冲突现象，因此，作为项目建设的业主单位应尽可能提前与审批部门沟通，充分考虑各审批部门的意见，避免因项目工程内容、方案等与审批部门相悖而造成返工或项目不可行等问题。

三、决策阶段进度管理的主要措施

决策阶段的进度管理主要是指对项目立项至项目批复为止的所有前期工作所进行的进度控制，以及决策对项目后续工作进度影响的控制。其主要通过合理节约各项前期手续时间，预判、规避可能影响工期的各项因素来最终实现项目预定的进度目标。

（一）合理节约各项前期审批手续办理的时间

1. 项目建议书

项目建议书是市政工程项目决策的开始，是开展前期准备工作的依据，一般情况下从项目建议书编制到发展与改革委员会正式批复需要 20～30 天。如果项目特别紧急可以由市委、市政府研究决定后，由发展与改革委员会直接批复开展前期工作的函来替代项目建议书，如果采用开展前期工作函的形式，可以将本阶段工作周期压缩至 5 个工作日内。同时，带投资批复的项目建议书可作为项目报建和设计招标的依据。

2. 方案报批和选址

项目建议书批复后标志着项目正式进入前期工作阶段，建议书批复后要求设计单位及时编制方案设计文件，方案确定后应及时要求设计单位根据项目方案完成项目选址范围的界定，方案设计周期由项目的规模、复杂程度等因素决定，简单项目可在一周内完成，复杂项目方案编制、论证、优化过程可能需要几个月时间。项目方案设计过程中或初步设计成果提交后，建设单位应及时与发改、规划和国土部门进行沟通汇报，确保项目投资规模、建设方案与政府决策、城市规划相一致；了解项目选址用地的性质，摸清项目选址范围内城市规划用地、农用地、林地、用海等可能影响今后用地红线办理的主要因素；方案设计过程中应召集测量、设计单位对项目沿线进行踏勘，对项目沿线的建筑、文物、古木、庙宇、水系及管线进行详细调研，根据调查结果与规划部门进行沟通协调，尽可能避开以上可能影响项目进展的各主要因素；方案设计成果提交后组织公司核心技术人员对设计方案进行评审，对设计方案的可行性、安全性、经济合理性进行全面的分析研究，避免方案批复后进行重大调整，或出现投资规模突破等不利情况。完成以上工作后及时向规划部门申

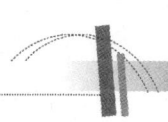

报方案、选址审批，一般情况下，规划部门在 7 个工作日内可完成方案、选址审批，同时要求设计单位对设计方案、投资估算进行优化、细化，做好工程可行性研究报告编制的准备工作。

3. 环境影响评价

方案批复后业主应及时委托环境影响评价单位，编制环境影响评价报告书或环境影响评价报告表，环境影响评价编制涉及环境监测、环境影响评价公示等程序。一般项目环境影响评价编制需要 20～30 个工作日，对环境影响较大的项目编制时间需要约 50 个工作日甚至更长时间，环境影响评价编制完成后报环保局审批。

4. 水土保持论证、防洪论证

一般情况下项目土方工程量超过 5 万立方米的项目需要进行水土保持论证及审批，水土保持论证编制、报批需要约 1 个月时间；同时如项目涉及防洪排涝问题应委托具备相关资质的单位编制防洪论证，编制完成后及时报水利局审批。

5. 海洋环境影响评价、海域使用论证审批

方案批复后，如项目牵涉用海，则需要及时委托具备相关资质的单位编制海洋环境影响评价、海域使用论证报告。一般项目海洋环境影响评价、海域使用论证编制周期需要约 1 个月时间，如涉及海洋生物保护区等问题还需要专项观测，则编制过程需要更长时间。正常项目报市一级海洋渔业局审批，但吹填造地等用海面积较大的项目需上报省海洋渔业厅或国家海洋局审批。

6. 用地预审办理

规划部门选址批复后应及时委托国土局信息中心，对项目用地性质进行勘界定界并出具项目勘界定界报告，根据勘界定界报告内容向国土部门申请用地预审批复。

7. 立项报批

完成方案、选址、环境影响评价、水土保持论证、防洪论证、海洋环境影响评价、海域使用论证、用地预审等立项必备条件审批后应及时向发展与改革委员会申请立项审批。方案批复后应及时要求设计单位开始编制工程可行性研究报告、投资估算，编制过程与各项前置条件审批同步进行，工程可行性研究报告编制在各前置条件审批完成前基本可以完成，争取与立项前置审批同步完成。由于工程可行性研究报告批复后项目建设内容、投资规模已基本确定，因此，设计单位提交工程可行性研究报告的初步设计成果后，建设单位应组织公司核心技术人员、造价人员对项目的可行性、安全性、经济合理性、投资估算的

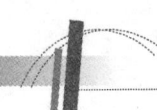

编制等进行全面审核，避免项目方案出现重大变更或估算错漏等问题。工程可行性研究报告文件报送发展与改革委员会后，由发展与改革委员会委托评审、咨询机构对工程可行性研究报告进行评审，同时对项目投资估算进行审核。

（二）预判、规避可能影响工期的各项因素

1. 规避项目用地性质对项目进展的影响

正常情况下用地性质主要分为城市建设用地、农用地、基本农田、林地和海域等几种性质用地。前期方案选址线位应尽可能选址在城市建设用地范围内，如果项目选址全部为城市建设用地，则可以向市国土部门直接办理用地红线，节约办理农转用的较长周期，国土局红线批复一般可在 15 个工作日内完成；如果项目建设占用林地，需要先向林业厅办理林地使用审批，林地工可编制及审批过程一般需要约 2 个月时间，完成林地审批后方可向国土部门申请农转用审批，国土部门农转用审批也需要 2~3 个月时间。因此，全部为城市建设用地的项目与用地性质为林地、农用地项目相比，取得用地红线可节约 4 个月时间。

2. 规避征地拆迁对项目进展的影响

征地拆迁尤其是拆迁工作往往是决定项目能否如期完工的最重要因素，且其对项目的影响周期难以预测。城市建设开发过程中的断头路、烂尾工程通常都是受征地拆迁影响而形成的。因此，在项目决策阶段的方案、工程可行性研究报告评审过程中应充分考虑征地拆迁因素，尽可能避开大量拆迁。

3. 规避文物、庙宇、宗祠及古木等因素对项目进展的影响

文物和古木往往受文物保护部门相关规定保护，庙宇和宗祠是城市化改造过程中经常遇到的难题，其拆迁工作会涉及村民信仰、观念上的抵触，涉及的对象往往是整个村庄，拆迁工作难度比一般项目更大。因此，项目线位选址时应尽可能避开文物、庙宇、宗祠及古木等对项目进度可能造成重大影响的因素。

4. 预判管线迁改对项目进度的影响

随着城市规模的不断发展，早期的建设项目在规模、标准等方面将无法满足城市发展的需要，市政工程改造在所难免。市政项目尤其是改造项目往往牵涉大量的管线迁改，因此，在项目决策阶段应及时召集各家管线权属单位进行研究协调，同时要求测量、设计单位对项目现场进行充分踏勘、调查，尽可能选择市政管线迁改较小的方案。

5. 充分考虑项目实施过程中可能的工程费用、措施费增加对进度的影响

市政工程项目通常由财政投资建设，项目概算经发改委审批后投资规模已基本确定，

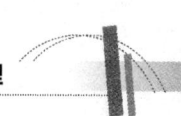

如果出现工程费用、措施费增加时，需要向发改委申请增加投资。此项工作难度大、时间长，往往会对项目的进度造成较大影响，因此，市政工程的估算与概算的编制应充分考虑各种不利因素对工程造价的影响。

第三节　项目准备阶段进度管理

一、准备阶段影响项目进度的主要因素

准备阶段影响项目进度的主要因素如图 11-4 所示。

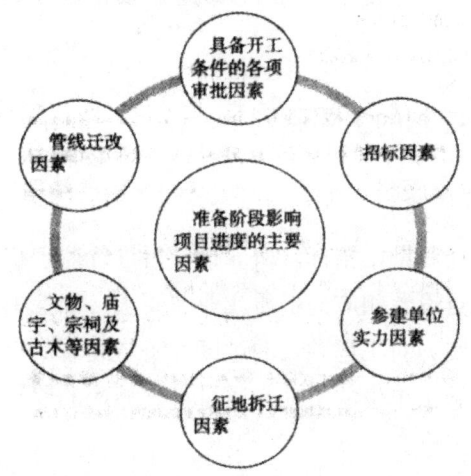

图 11-4　准备阶段影响项目进度的主要因素

（一）具备开工条件的各项审批因素

本阶段核心审批内容主要为用地、概算和建设工程规划许可证，建设单位应协调设计单位提前汇报、及时沟通，避免由于沟通不及时而影响审批进度。

（二）招标因素

由于相关的法律、法规对招标公告周期都有严格的规定，同时招标主管部门需要对招标文件设置的条款进行审核、监督，因此，招标文件编制完成后应及时与招标主管部门沟通，合理利用审批过程提前发布招标公告，节省公告规定周期的时间。

（三）前期参建单位实力因素

建设单位、勘测单位、设计单位等前期参建单位的实力对本阶段项目进度也将会产生

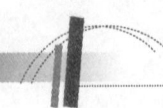

较大影响，尤其是设计单位的实力对本阶段的实施进度起着决定性的作用，优秀的设计单位可以缩短本阶段的工作周期同时保证设计成果的质量，为实施阶段的进度奠定良好的基础。

（四）管线迁改的因素

随着城市的不断发展，对现有市政工程进行改造已在所难免，而这一切往往牵涉大量的管线迁改。管线迁改又需要一定的时间，因此，它对项目的建设进度有一定的影响。在项目方案、初步设计阶段应要求勘察、设计单位对项目相关的地下管线进行详细勘察，合理分配各种管线的地下空间资源。设计好初步迁改方案后应召集各管线单位召开协调会议，听取各管线单位的意见，由主体设计单位对管线综合设计进行修改、优化后提交各管线单位进行专业施工图设计。

二、准备阶段进度控制的主要原则

（一）严把招标资格审查原则

立项批复后可进行设计和勘察招标，概算批复后进行监理招标及施工招标。招标过程中应根据项目的难点、特点设置相应的资质或业绩要求，确保中标参建单位的实力，尤其是设计单位和施工单位的实力对工程项目的进度、质量起着决定性的因素。招标文件编写过程中应分别针对设计、施工单位的工期和质量设置相应的奖罚条款，鼓励、督促各参建单位按招标工期完成相应工作。

（二）严把勘测设计质量原则

投资估算审批后项目的规模、内容原则上已完全确定，地质勘探资料是否准确，初步设计的质量对工程投资的影响至关重要，因此，该阶段应组织对地勘现场及成果进行验收，同时组织技术人员、专家对初步设计进行评审，在正式报批概算前对设计单位编制的概算进行全面审核，避免由于漏项导致今后实施过程中可能发生的概算调整。

（三）提前介入原则

设计招标过程正常情况下需要约 45 天，而设计单位的尽早确定对本阶段的推进起着决定性的作用，因此，在立项审批过程中应提前准备设计招标文件、项目报建等设计招标的必要前置条件，实现立项批复与勘测设计招标无缝对接；初步设计编制过程中同步要求测量单位对沿线地形地物进行修测，勘察单位及时进场开展详勘工作，尽量争取在施工图设计前完成地勘成果审查，为施工图设计、审查做好充分准备；概算批复过程中要求设计单位先行开展施工图设计，确保概算批复后根据批复的规模、投资进行适当调整后即可完成

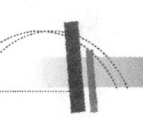

施工图设计；利用施工图审查、建设工程规划许可办理时间提前介入发布施工招标公告，确保手续完成后及时开标。

（四）并行开展原则

准备阶段根据审批单位和参建单位大致可分为手续审批和成果产生两条线路：其中手续审批的核心内容为概算批复、用地和建设工程规划许可证办理等；参建单位核心工作内容为地质勘探、初步设计、概算及施工图设计等，这两条工作线路应并行开展。

（五）施工图限额设计原则

概算批复后要求设计单位根据概算批复情况进行施工图设计，在初步设计的基础上进行合理的优化，确保工程投资在概算批复范围内，避免因概算调整等因素导致工期拖延。

（六）把好工程量清单编制原则

工程量清单编制完成后应组织项目经理、项目总工、造价负责人员进行审核，全面考虑施工过程中的各种因素及相应措施费用，达到合理控制工程投资的目的，同时考虑施工单位合理的利润空间，确保项目总体投资在概算控制范围内，尽量减少实施阶段的变更、签证。

（七）及时沟通原则

项目审批过程中经常涉及需要分管领导明确或各审批部门意见不一致的问题，建设单位应及时向上级主管部门、分管领导汇报，及时协调解决。

三、准备阶段进度管理的主要措施

项目准备阶段进度管理是指项目决策完成后至项目现场开工建设前这一阶段的进度管理，该阶段的主要工作内容包括：设计、测量、地勘单位招标，用地规划许可证办理，林地使用报批，矿产压覆、地质灾害评估办理，农转用及用地红线办理，地质勘察，初步设计及审查，概算报批，施工图设计及施工图审查，建设工程规划许可证办理、征地拆迁预公告等工作内容。该阶段进度管理的主要措施分为各项手续审批和各参建单位工作进度管理两大部分，具体如下：

（一）各项审批手续办理进度管理

1. 用地规划许可证办理

立项批复后即可根据已批复的选址、用地预审材料向规划部门申请办理用地规划许可

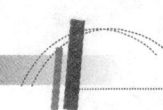

证（蓝线）。用地规划许可证的办理是项目办理用地红线的依据，同时可根据蓝线由征地拆迁部门发布征地预公告，提前介入征地前期准备工作，争取在项目完成招标的同时能提供施工场地。

2. 林地使用报批

项目工程可行性研究报告上报后，应提前委托具备资质的单位，利用立项批复的时间编制林地工程可行性研究报告，立项批复后即可向省林业厅申请林地使用报批，林地使用批复是办理农转用的必要条件，林地批复的时间较长，如不及时办理将耽搁用地红线办理的时间，最终影响项目按计划的时间节点开工。

3. 农转用及红线办理

林地使用审批及前期的海洋使用论证、用地预审、用地蓝线是作为农转用审批的必要条件，利用林地、用海审批过程的时间，建设单位应准备被征用单位盖章、矿产压覆、地质灾害评估等申报农转用的相关材料，林地审批完成后及时配合市国土局将农转用所需材料上报省国土资源厅，正式进入农转用流程，正常审批需要约 2 个月时间，农转用完成后即可向市级国土管理部门申请红线办理，至此项目用地手续已全部办理完成。

4. 建设工程规划许可证办理

项目完成施工图审查、各管线施工图设计、用地红线办理后应及时向规划局申请办理建设工程规划许可证，建设工程规划许可证是项目进入正式开工阶段的必要条件，是中标手续、开工手续和质量监督手续办理的依据。因此，在发布施工招标公告前应及时办理建设工程规划许可证。

5. 施工许可证办理

根据《中华人民共和国建筑法》第七条、第八条的规定，项目开工前须向建设行政主管部门申请办理施工许可证。业主单位在完成监理招标和施工招标后，应整理用地红线、建设工程规划许可证、中标通知书、施工图审查合格书和报备的施工合同等已完成批复文件相关材料，在项目正式开工前向建设主管部门申请办理施工许可证，至此项目所有前期手续已全部办理完成。

（二）各参建单位工作进度管理

1. 勘测设计招标工作

项目工可批复后应及时开展设计招标准备工作、尽早确定设计单位，工程可行性研究报告资料上报发改委后，建设单位应利用工程可行性研究报告审批时间（约 15 个工作日）

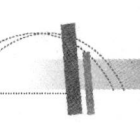

编写设计招标文件，招标文件的编写应针对设计单位所提供设计成果的质量、时间设置相应的奖罚条款，确保设计单位按时提交高质量的设计成果。项目立项批复后及时发布招标公告，设计招标过程时间通常为40～50天。为便于项目设计质量的总体控制，建议采用设计、测量、勘察总承包的模式进行招标，既可以减少分开招标所造成的时间浪费，同时中标单位对设计、测量、地勘负总责任，避免设计成果质量出现问题时各单位间责任互相推诿。

另外，设计单位的尽早确定对项目准备阶段的进度控制起着决定性的作用，项目建议书批复后应立即开展设计、测量、地勘单位招标准备工作，在项目立项报批前完成设计招标，在项目工程审批过程中，中标设计单位可及时介入了解项目情况，开展本阶段的初步设计准备工作，工可批复后及时启动初步设计编制工作。

2. 初步设计及概算编制工作

提前委托地勘单位进场开展初步勘察工作，为工可、初步设计、概算的编制提供可靠的依据；工可批复过程中，设计单位应及时介入了解项目情况，收集相关资料并开展初步设计准备工作，初步设计完成后业主单位应组织公司内部专业技术人员，对初步设计的合理性、现场可操作性、经济可控性进行全面评审，根据工可批复的投资规模和工程内容，审核设计单位所编制投资概算的合理性，充分预判工程实施过程中可能增加费用的风险、适当留有余地，设计单位根据评审的结果重新调整、优化初步设计文件和概算编制。

3. 初步设计评审及概算报批

初步设计文件调整、优化完成后，业主单位应及时向建设行业主管部门申报初步设计评审，由行业主管部门组织专家进行技术论证，设计单位根据专家、职能部门审查意见再次修改、优化初步设计文件和调整概算编制；初步设计编制及技术论证、优化工作通常可在工可批复后较短时间内完成，再次修改、优化初步设计文件和调整概算完成后可正式向发改委申请概算批复。

4. 施工图设计及审查

概算上报发改委后，设计单位应同时开展施工图设计，一般市政道路工程项目可在概算批复后15～30天完成施工图设计，规模较大或技术特别复杂的项目施工图设计需要2个月甚至更长时间。施工图设计完成后应及时整理计划书等相关资料并报送施工图审查，审查周期大约需要15个工作日。

5. 监理招标

概算批复后可根据概算投资规模进行监理招标，正常情况下，在施工图审查完成的同时可完成监理招标。

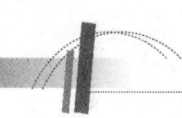

6. 施工招标文件、清单编制

在施工图审查的同时，业主单位应同步开展招标文件编写工作，同时委托招标代理单位编制工程量清单，在施工图审查完成前招标文件、清单编制工作也可基本完成；根据编制的清单向财政审核中心申报招标控制价审核，审核工作周期为 5 天。应根据项目工期紧迫情况，在招标文件中对施工工期控制设置合理、合法的奖罚条款，对工期违约索赔做出明确规定。

7. 施工招标、定标、开工手续办理

施工招标文件编制完成后，应及时发布招标公告并组织施工招标，开标后建设单位应督促中标施工单位配合业主及时办理中标通知书、开工备案等手续，要求施工单位及时完成低价风险金、履约保函、预付款保函等开工前的各项手续办理。

8. 交桩、技术交底

确定施工单位后，建设单位应及时组织设计、监理、施工、地勘、测量、质量监督机构等进行技术交底，对施工过程的难点、风险、注意细节进行全面交底；组织测量单位进行测量控制点移交、放样；要求施工单位根据项目现场实际情况及合同工期，编制出合理、详细、可控的进度计划，明确各主要控制工序的完成节点时间。

第四节　项目实施阶段进度管理

一、实施阶段影响项目进度的主要因素

由于市政工程项目具有涉及面广、工程结构与工艺技术相对复杂、建设周期长及参建单位多等特点，使得工程项目实施阶段的进度将受到许多因素的影响，要想有效地控制工程进度，就必须对影响进度的有利因素和不利因素进行全面、细致的分析和预测。一般来讲，实施阶段影响市政工程项目进度的主要因素如图 11-5 所示：

（一）勘察设计因素

设计是工程的灵魂，如果设计存在缺陷或错误，设计方案不符合现场情况，设计图纸供应不及时、不配套或出现重大差错等，均会对实施阶段的进度造成重大影响，严重的甚至会造成返工或停工；如勘察资料不准确，特别是地质资料错误或遗漏而引起的未能预料的技术障碍，导致工程量、投资增加。

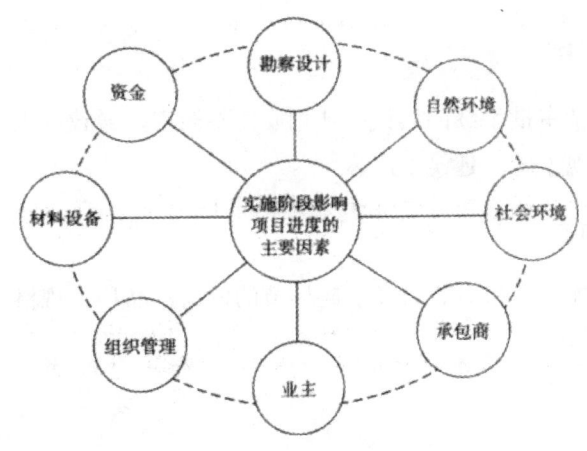

图 11-5 实施阶段影响项目进度的主要因素

（二）自然环境因素

具体是指如恶劣天气、地震、暴雨、洪水、不良地质、地下障碍物的影响等。

（三）社会环境因素

项目能否顺利实施与项目所处的人文、社会因素息息相关。如项目所在地的村镇等基层单位对项目征地拆迁工作的推进起着关键性的作用；当地的民风、民俗和宗教信仰等也对项目的进度起着至关重要的影响，当一些科学、合法的事情与民俗和宗教信仰等出现矛盾时，经常会受到当地村民的强烈抵触，民风比较强悍的地区，经常会提出工程分包、地材强买强卖等不合法要求。

（四）承包商因素

如果承包商错误地估计了项目特点及项目实现的施工条件，制订的计划脱离实际，将导致工程无法正常进行，出现工程延误；承包商采用技术措施不当，施工中发生技术事故；承包商管理过程中出现失误，例如施工组织不合理，劳动力和施工机械投入不足、调配不当，施工平面图布置不合理等因素使工程进度受阻；承包商缺乏基本的风险意识，盲目施工而导致施工被迫中断；承包商信誉等级较差，出现窝工、转包、分包和以包代管等不良甚至是违法行为。

（五）业主因素

具体是指如业主使用要求的改变；由业主负责提供的材料、设备出现延误；业主没有按合同约定及时向施工单位或供应商拨付资金等。

（六）组织管理因素

具体指如各种申请审批手续的延误；计划安排不周密，导致窝工、停工；指挥协调不当，导致各方配合出现矛盾，延误工期等。

（七）材料设备因素

它包括材料、构配件、机具、设备供应环节的差错，品种、规格、质量、数量、时间不能满足工程的需要等。

（八）资金因素

具体指如业主资金短缺或不能及时到位，施工单位资金挪作他用、拖欠材料款和民工工资等现象。

（九）征地拆迁因素

由于市政项目通常为线性工程，征地拆迁涉及的单位众多，用地及需要拆迁的各种建筑物性质及权属复杂，因此，征地拆迁是影响实施阶段进度的最重要因素，由于征地拆迁不到位因素常导致工程项目停工几个月甚至几年，严重的可能导致项目无法按规划、设计实施。

二、实施阶段进度管理的原则

（一）网络计划技术原则

网络计划技术不仅可以用于编制进度计划，而且可以用于计划的优化、管理和控制。网络计划技术是一种科学且有效的进度管理方法，是项目进度控制，特别是复杂项目进度控制的完整计划管理和分析计算的理论基础。

（二）动态控制原则

进度按计划进行时，实际符合计划，计划的实现就有保证，否则产生偏差。此时应采取措施，尽量使项目按调整后的计划继续进行。但在新的因素干扰下，又有可能产生新的偏差，需继续控制进度、调整计划，进度管理就是采用这种动态循环的控制方法。

（三）系统性原则

为实现项目的进度管理目标，首先应编制项目的各种计划，包括进度、资源和资金计划等。计划的对象由大到小，计划的内容从粗到细，形成了项目的计划系统。项目涉及各个相关主体、各类不同人员，需要建立组织体系，形成一个完整的项目实施组织系统。为

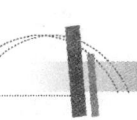

了保证项目进度，自上而下都应设有专门的职能部门或人员负责项目的检查、统计、分析及调整等工作。当然，不同的人员负有不同的进度控制责任，分工协作，形成一个纵横相连的项目进度控制系统。所以无论是控制对象，还是控制主体，无论是进度计划，还是控制活动，都是一个完整的系统。进度控制实际上就是用系统的理论和方法解决系统问题。

（四）封闭循环原则

项目进度管理的全过程是一种循环性的例行活动，其中包括编制计划、实施计划、检查、比较与分析、确定调整措施和修改计划。从而形成了一个封闭的循环系统，进度控制过程就是这种封闭循环中不断运行的过程。

（五）信息畅通原则

信息是项目进度管理的依据，项目的进度计划信息从上到下传递到项目实施相关人员，以使计划得以贯彻落实；项目的实际进度信息则自下而上反馈到各有关部门和人员，以供分析并做出决策和调整，使进度计划仍能符合预定工期目标。为此，需要建立信息系统，以便不断地传递和反馈信息，所以项目进度管理的过程也是一个信息传递和反馈的过程。

（六）弹性原则

项目一般工期长且影响因素多，这就要求计划编制人员能根据统计经验估计各种因素的影响程度和出现的可能性，并在确定进度目标时分析目标的风险，从而使进度计划留有余地。在控制项目进度时，可以利用弹性原则缩短工作的持续时间，或改变工作之间的搭接关系，以使项目最终能实现工期目标。

三、实施阶段进度管理的主要措施

实施阶段项目进度管理的措施主要包括组织措施、技术措施、合同措施、经济措施和信息管理措施。

（一）组织措施

进度管理的组织措施主要包括：

（1）建立进度控制目标体系，明确组织机构中进度控制人员及其职责分工。

（2）建立进度计划审核制度和进度计划实施中的检查分析制度，如某项目在工程开工之初，有两家施工单位因进场机械、资源等不满足工程施工需要，经检查分析后，及时采取了切分施工任务的组织措施，其中一家施工单位被切分了 5 联桥梁工程，另一家施工单位被切分了 3 联桥梁工程，被切分部分工程由有保障的施工单位实施，最终保证了工程的

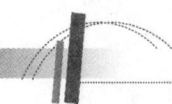

顺利进行。

（3）建立进度报告制度及信息沟通网络。

（4）建立进度协调会议制度。

（5）建立图纸审查、工程变更和设计变更管理制度。

（二）技术措施

进度管理的技术措施主要包括：

（1）审查承包商提交的进度计划：

① 尽量采取先进的施工方案、施工工艺、施工方法，如钻孔桩施工采用泥浆分离器，有效提高了出渣速度，加快了钻孔进度；部分箱梁采用预制架设工艺，有效提高了箱梁施工速度。

② 优化施工组织设计，采取平行施工组织。如现浇预应力箱梁支架一次性投入，充分提高了箱梁现浇速度。

（2）编制指导监理人员实施进度控制的工作细则。

（3）采用网络计划技术，对工程进度实施动态控制。

（三）合同措施

进度管理的合同措施主要包括：

（1）推行 CM 承发包模式，缩短工程建设周期（CM 是项目实施阶段的一种管理模式，CM 经理提供专业的咨询管理服务，协助指挥施工活动，在一定程度上影响设计活动。

（2）加强合同管理，协调合同工期与进度计划之间的关系，确保进度目标的实现。

（3）严格控制合同变更。

（4）加强风险管理，在合同中应充分考虑风险因素及其对进度的影响。

（四）经济措施

进度管理的经济措施主要包括：

（1）及时办理工程预付款及进度款支付手续。

（2）约定奖惩措施；如提前工期竣工奖励、完成计划奖励、计划拖后的处罚等。

（3）加强索赔管理，公正处理索赔。

（五）信息管理措施

进度管理的信息措施主要包括：建立进度信息、收集和报告制度，通过计划进度与实际进度的动态比较，为决策者提供进度决策依据。如对工程进度进行动态跟踪，及时向业主提供进度分析报告向承包人的上级主管机关通报，促使承包人及时采取措施。现场各级

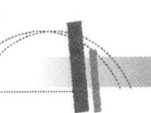

监理人员应积极配合承包人的施工活动，及时审查承包人的各种报告文件和报表，对已完工序或工程的检查验收。业主应按合同要求及时提供施工场地和图纸，积极与外界协调，尽可能改善施工环境，为工程施工创造良好的外部环境。监理工程师和业主应做好各承包人之间的施工配合协调等信息管理工作。

第五节　项目收尾阶段进度管理

一、收尾阶段影响项目进度的主要因素

收尾阶段影响项目进度的主要因素：

（一）验收移交因素

由于项目建设单位、施工单位与项目接收管理单位所处的立场不同，建设单位主要考虑工程项目是否按照立项批复内容、设计图纸内容完成到位以及工程项目的质量。而接收单位则主要考虑项目的性能、管理是否实用，因此，移交过程往往与建设单位会有不同的要求，如果沟通不及时，会影响项目验收移交进度。

（二）档案归档备案因素

各参建单位对档案归档的重视程度往往不如对现场实际建设的重视程度，因此，经常出现现场已具备竣工验收条件，但工程档案、内业资料没有达到城建档案馆或档案局的相关要求，影响项目总体竣工、结算。尤其是省级算点工程项目，其档案要经档案局验收后才能完成归档。

（三）各附属子项目验收结算因素

一个工程项目的合同包含前期的设计、环评、地勘及后期管线迁改、试验检测等一系列合同，通常一个项目从开工至结算往往需要签订几十个合同，复杂项目合同数量甚至上百个，主项如设计、监理、施工等主要合同结算往往比较及时，而一些如管线迁改设计、监理等合同金额小的子项容易被忽略，导致项目无法竣工、决算。

二、收尾阶段进度管理的原则

（一）管养单位提前介入原则

由于项目中的主体工程和路灯、绿化、市政管线等往往由不同的管养单位接收，而各接管单位对各自接收的项目会有行业特点的一些要求，因此，设计、施工过程中尽可能邀

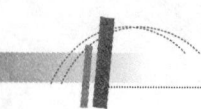

请接收单位提前介入，根据各自行业的特点和使用需求提出建议，施工过程中适时进行分项阶段验收，避免项目完工后进行功能性的整改。

（二）内业资料同步完成原则

由于参加单位对内业资料的重视程度不够，容易出现工程完工后到处补签、拼凑内业资料的现象，但有些施工过程的内业资料事后很难补齐，导致档案缺失或不完整，达不到档案验收部门的要求。因此，项目各实施阶段都必须重视资料的整理、管理工作，制订相应的档案管理办法，定期进行内业资料检查、验收。

（三）先验收内业资料后验收现场原则

由于认识上的偏差、对档案重视程度不够等原因，参建单位往往认为现场达到验收要求后项目就可以竣工验收。因此，建设单位应主导、坚持先验收内业资料后现场验收原则。

（四）分项合同及时结算原则

管线迁改等子项往往在工程主体施工前或施工过程已完成工程量，具备结算送审条件之时，因此，应坚持完成一项结算一项的原则。以往项目经常出现主体工程已结算，但项目总体决算时发现一些小的子项未结算现象。

（五）重视规划、环保、消防等专项验收工作原则

竣工备案是项目完成施工的重要标志，而只有在完成规划、环保、消防等专项验收后才能向建设主管部门办理项目竣工备案，因此，在项目收尾阶段应重视各分项专项验收。另外，如项目前期立项时有办理水土保持审批，在竣工收尾阶段应办理水土保持的专项验收。

三、收尾阶段进度管理的主要措施

（一）组织措施

建立由建设单位项目经理负总责任，施工单位项目经理、总监对项目结算负责制，及时跟踪各分项验收移交、结算。

（二）合同措施

工程进度款的支付程度是管理、督查相关单位竣工、结算的最有效因素，各分项内容招标时应针对内业资料归档、备案设置相应的条款，项目合同签订时严格按照招标文件内容执行。

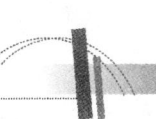

（三）经济措施

进度款支付坚持先严后松原则，同时将内业档案资料的验收情况纳入支付进度款的依据，严格控制施工过程进度款的比例，明确规定内业资料归档在工程尾款支付中的比例，通过资金的控制，督促、鼓励施工单位尽快完成内业归档及竣工验收、结算。

四、收尾阶段进度管理总结的编写

建设单位应在工程进度计划完成后，及时进行总结，为进度控制提供反馈信息。

（一）总结依据的资料

（1）进度计划；

（2）进度计划执行的实际记录；

（3）进度计划检查结果；

（4）进度计划的调整资料。

（二）进度控制总结包括的内容

（1）合同工期目标及计划工期目标完成情况；

（2）进度控制经验；

（3）进度控制中存在的问题及分析；

（4）科学的进度计划方法的应用情况；

（5）进度控制的改进意见。

第十二章 市政工程建设项目风险管理

第一节 概 述

一、风险的含义

俗话说"天有不测之风云，人有旦夕之祸福""祸兮福之所倚，福兮祸之所伏"。由此可见，人类在从事生产活动的实践中始终伴随着风险。风险是对人们生命、健康、财产、生产活动、生存环境和生活质量等都会产生负面效应的威胁。

一般来讲，风险一词有两方面的含义：一方面是风险的发生意味着将产生不利结果，此不利结果泛指人们不希望发生的、不利于甚至阻碍人们实现预定目标的情况，例如产生的危害、造成的损失等；另一方面是风险不利结果的大小以及出现的可能性是一种不确定性的随机现象。简而言之，风险受到风险事件概率和风险损失大小的共同影响和作用。构成风险的三大基本要素为：风险因素、风险事件和损失。

（一）风险因素

风险因素可理解为引起或增加风险事件的机会或扩大损失幅度的原因与条件。它是风险事件发生的潜在原因，是造成风险损失的根源。风险因素根据性质的不同，可分为实质性风险因素、道德风险因素和心理风险因素。实质性风险因素是指能直接引起或增加损失发生机会或损失严重程度的因素，如环境污染就是影响人体健康的实质性因素；道德风险因素是指由于人的品德、素质不良，促使风险事件发生的因素，如诈骗、偷工减料等行为；心理因素是指由于人主观上的疏忽或过失而导致风险事件发生的因素，如遗忘、侥幸导致损失的发生等。

（二）风险事件

风险事件是指由一种或几种风险因素共同作用而发生的任何直接或间接造成生命、财产损失的偶发事件，是造成损失和危害的直接原因。风险事件的发生意味着风险因素由发生的可能性转化成了现实的必然性，风险事件是使风险造成损失的可能性转化为现实性的桥梁。

（三）损失

项目风险一旦发生，将对项目目标的实现产生不利的影响。风险损失通常以货币单位来衡量，具体可表述为非故意的、非计划的和非预期的直接或间接的人身损害及物质财产、经济价值的减少或灭失。

风险损失的不同类型包括：因经济因素，赶工程进度，处理安全、质量事故等而增加的费用。经济因素主要是市场价格、汇率、利率等的波动以及工程项目建设资金筹措不当等；赶工程进度涉及资金的时间价值和赶工的额外支出两个方面，额外支出主要是因建筑材料供应强度增加、工人加班增加的费用以及机械使用费用和管理费用等的增加；安全、质量事故导致的经济损失包括直接经济损失，返工、修复、补救等过程发生的费用，伤亡人员的医疗和丧葬补偿费用，材料设备等的损失，工期拖延造成的损失，工程永久性缺陷对使用功能造成的损失，以及第三者的责任损失等。

（四）风险因素、风险事件和损失三者的关系

风险因素引发风险事件，风险事件导致损失。解释风险因素、风险事件和损失三者之间相互关系的理论主要有两种：一种是 H.W.Heinrich 的骨牌理论，认为风险因素、风险事件和损失三者骨牌之所以相继倾倒，主要是人的错误所致，强调人的主观作用；另一种是 W.Haddon 的能量释放理论，认为造成损失是因为事物所能承受的能量超过了所能容纳的能量所致，其中物理因素起主要作用，即强调客观作用。风险因素、风险事件和损失三者的关系可通过作用链条来表示，如图 12-1 所示。

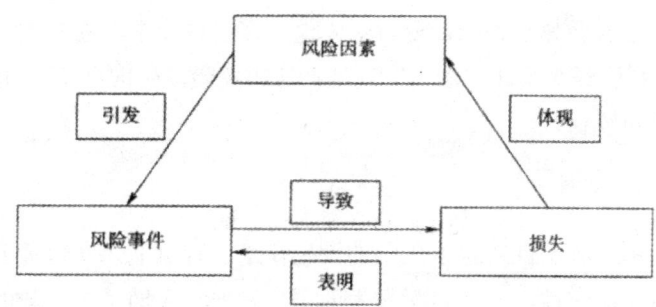

图 12-1　风险因素、风险事件、损失关系图

风险是由风险因素、风险事件和损失三者相互关联而产生的，是三者构成的统一体，其产生的过程如图 12-2 所示。

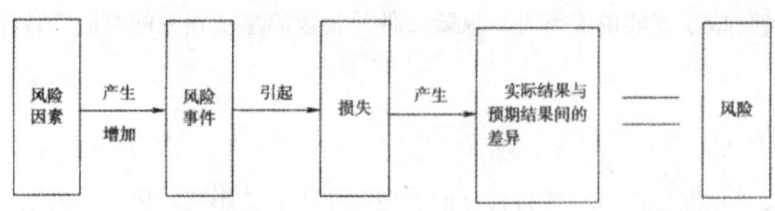

图 12-2　风险产生过程示意图

二、风险的特征

风险是普遍存在的现象，它具有客观性、普遍性、随机性、规律性、潜在性、可变性、阶段性、相对性等特征。

（一）客观性和普遍性

人类赖以生存的自然界，既受其内在规律的作用，也会受外部力量的影响制约，在其运动发展的过程中往往呈现出不规则变化的趋势，因而决定了风险因素的普遍存在。风险是不以人的意志为转移并超越主观意识的客观存在，风险存在于客观事物发展变化的整个过程中。虽然人类一直希望完全地认识和控制风险，但也只能在有限的时间和空间内改变风险存在和发生的条件，降低其发生的可能性，减少损失程度，却不可能完全地消除风险。

（二）随机性和规律性

风险的发生及其后果具有随机性，任一具体风险的发生多是诸多风险因素和其他因素共同作用的结果，是一种随机的突发现象。个别风险事故的发生是偶然的，但人类对大量的风险事故资料进行长期观察和统计分析后发现，许多风险事件的发生具有一定的统计规律性，使人们可以利用概率统计方法来客观地计算出风险发生的概率和损失程度，有意识、有目的地实施监督和控制。

（三）潜在性和可变性

风险的随机性和不确定性决定了风险的发生仅是一种可能，从可能变为现实是有一定条件的，即风险具有潜在性。现代科学技术的迅猛发展给人们带来了新的不确定风险和新的损失机会，新的风险可能导致的损失往往比自然灾害和意外事故所产生引起的风险损失大得多。随着项目或活动的展开，风险的性质可能会随着事件的进程发生变化，随着人们对风险的认识、预测、防范和应对水平的变化，风险事件发生的概率和造成的损失会发生变化，随着技术的进步、人们管理水平的提高以及风险控制措施的有效运用，部分原有风

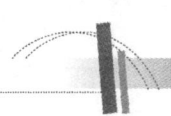

险因素可能会消除，也可能导致新的风险因素产生。

（四）阶段性

风险可分为潜在阶段、发生阶段、后果阶段三个不同的阶段。当风险处在潜在阶段时，潜在的风险对项目没有危害，但如果放任其发展，它将会逐步演变为现实的风险；风险在发生阶段尚未对项目产生影响，应及时采取措施处理；风险在后果阶段已经对项目造成了影响，后果已无法挽回，只能采取措施尽量减少其对项目的危害。

三、风险的分类

为了便于识别风险，对不同类型的风险采取不同的分析评价方法和管理措施，将风险进行分类。按照不同的原则和标准，风险存在不同的分类，如表 12-1 所示。

表 12-1　风险的分类

分类依据	风险类型	特点	备注
按风险的性质	纯粹风险	只会造成损失，但不会带来机会或收益	如：地震对工程项目的影响，一旦地震发生则只有损失没有收益，若不发生则既无损失也无收益
	投机风险	可能带来机会，获得利益；但又可能隐含威胁，造成损失	现实案例中，纯粹风险和投机风险有可能同时存在
按风险的来源	自然风险	由于自然力的作用，造成财产毁损或人员伤亡	如：气候、地理位置等
	人为风险	由于人的活动而带来的风险	又可以分为行为风险、经济风险、技术风险、政治风险和组织风险等。
按风险事件主体的承受能力	可接受风险	低于一定限度的风险	项目可以进行，但须采取措施防范风险
	不可接受风险	超过所能承担的最大损失或和目标偏差巨大的风险	应立即停止项目，或改进方案等
按风险能否管理	可管理风险	可以预测和可以控制的风险	风险是否可控制和管理，取决于客观资料的收集和风险管理技术掌握的程度，随着数据、资料和其他信息的增加和管理技术和水平的不断提高，一些不可管理的风险，可以变为可管理的风险
	不可管理风险	难以或不能预测并且超出风险事件主体控制能力的风险	

续表

分类依据	风险类型	特点	备注
按风险对象	财产风险	财产所遭受的损害、破坏或贬值的风险	
	人身风险	疾病、伤残、死亡所引起的风险	
	责任风险	法人或自然人的行为违背了法律、合同或道义的规定，给他人造成财产损失或人身伤害	
按技术因素对风险的影响	技术风险	由于技术原因形成的风险	技术条件和水平的不确定性
	非技术风险	非技术原因而引起的风险	如：计划、组织、管理、协调等
按风险作用的强度	低度风险	风险一旦发生造成的危害不大	按此分类标准也可将风险划分得更细
	中度风险	风险一旦发生造成的一定程度的危害，但采取措施可以控制，应给予一定的重视	
	高度风险	风险一旦发生造成的危害巨大，应加强防范和应对	
按风险对项目目标的影响	工期风险	局部的（工程活动、分项工程）或整个的工期延长	
	费用风险	财务状况恶化，成本超支，投资追加，收入减少，投资回收期延长或无法收回，回报率降低	
	质量风险	材料、工艺、工程不能通过验收，工程试验不合格	
	安全风险	施工人员或过往行人意外伤亡，施工人员违规操作造成伤亡	
	环境风险	无法弥补的环境污染、破坏等	
从项目风险管理的角度出发	项目外风险	工程项目建设环境或条件的不确定性而引起的风险	包括：政治风险、自然风险、经济风险
	项目内风险	与项目生产活动存在直接或间接的关系	包括：业主风险、承包商风险、监理单位风险、勘察设计单位风险、供应商风险等

注：风险还可分为：静态风险和动态风险，基本风险和特殊风险，一般风险和个别风险，微观风险和宏观风险，经济风险和非经济风险，不可避免又无法弥补损失的风险，可避免或可转移的风险等。

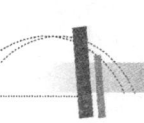

四、市政工程项目风险的特点

市政工程项目及项目管理的特点决定了施工过程中存在大量的不确定性因素、随机因素和模糊因素，随着项目的进行不断发生着变化，因此，市政工程项目建设是一项充满风险的事业，且其风险具有如下特点：

（一）客观性

在市政工程项目全寿命周期内尤其是施工阶段，风险几乎是无处不在、无时不有的，并且不以人的意志为转移，它超越人们的主观意识而客观存在，因此，无法完全回避和消除，只能通过采取各种先进技术手段和有效措施来应对风险，降低风险发生的概率和减少风险带来的损失。

（二）偶然性

市政工程项目中，任何具体风险事件的发生都是诸多风险因素共同作用的结果，通过人们对以往市政工程项目进行长期的研究和统计分析，发现部分风险事件的发生具有一定的概率，但由于人们认识水平有限，个别风险事件的发生仍然是无规律可循，具有极大的不确定性。

（三）可变性

市政工程项目在施工的全过程中，受确定性因素、不确定性因素的影响，随着市政工程建设过程的进展，在采取了有效的控制措施后，部分风险会得到相应的控制与处理，但同时又有可能产生新的风险。

（四）损失的严重性

市政工程项目投资巨大、涉及面广，一旦出现事故，势必造成巨大的财产损失和人员伤亡，引起广泛的社会影响，也间接给项目的经济共同体（业主、承包商、监理、勘察设计、科研单位、地方政府等）的财产和声誉带来损害，而且这种财产损失和声誉的损害短时期内是不可能恢复的，并且直接影响社会稳定。

五、风险管理的含义

风险管理是一门跨自然科学与社会科学的系统化管理科学，它是在现代工程技术和管理学、社会学、行为科学、经济学、运筹学、概率统计、计算机科学、系统论、控制论、信息论等学科的基础上，结合现代建设项目和高科技开发项目的实际，逐渐形成的交叉学

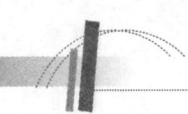

科。风险管理是一个完整的、系统的过程，履行的是一种管理的职能。

项目风险管理是在对风险进行识别、评价的基础上，合理地运用各种风险管理方法、应对策略、技术和手段等对项目的所有风险实施有效的预防与控制，妥善处理风险事故所造成的不利后果，以最少的成本保证项目总体目标实现的管理工作。

风险管理的目标是，使项目顺利进行获得成功；为工程建设创造安全的环境；降低工程费用使总投资不突破限度；保证工程总体按计划有节奏地进行，使其在实施中始终处于良好的受控状态；减少环境内部的干扰，使工程总体始终处于良好的受控状态；保证工程建设质量；使已竣工部分的效益稳定。

六、风险管理的流程

风险管理在项目管理中属于一种高层次的综合性管理工作，是分析和处理由不确定性产生的各种问题的一整套方法，国内外文献中对项目风险管理的流程的说法不尽相同，一般来讲，风险管理由风险识别、风险评价和风险应对三步骤构成。

（一）风险识别

风险识别是风险管理的第一步，风险识别首先明确风险的存在性，运用有效方法和手段对尚未发生的各种潜在风险进行系统的分析、归纳，将导致风险的复杂事物分解成简单、易识别的基本因素，并在众多的影响因素中总结出主要的风险因素，分析其产生的原因和条件，导致的损失后果、影响范围。风险识别确定风险管理的对象，是风险评价和应对的基础，有助于提高风险分析的有效性，有助于制订有效的风险应对策略。

（二）风险评价

风险评价是在风险识别的基础上，进一步综合考虑风险概率和风险损失后果两方面，选取适当评价方法，建立风险评价模型，得到描述项目总体风险的综合指标，并以量化的指标全面衡量系统当前的风险大小，判定系统风险的可接受程度和总体风险的等级水平，准确地表示出系统当前的风险状态，更准确地认识风险。为风险应对提供科学的依据，最终保障项目的顺利开展。

（三）风险应对

风险应对是在风险发生前，从消除风险因素、降低风险发生的概率、风险后果的损失程度等方面，针对已识别出的风险采取控制措施，包括风险预防、风险缓解、风险转移、风险接受、风险回避和风险监控等措施。

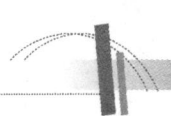

第二节 项目决策阶段风险管理

一、工程规划的风险管理

市政工程规划阶段的主要工作包括：线路规划方案、桥梁方案、隧道规模等的拟定与专项审查、工程初步勘察与环境调查等。对此阶段进行有效的风险管理，对市政工程的设计、施工及运营具有重要意义。此阶段的风险管理可以由政府部门或建设单位委托相关工程风险管理咨询单位协助进行风险管理。

（一）风险管理目标

确保工程规划方案与城市总体规划和地理环境条件相一致，最大限度地降低因规划不当而导致的工程设计、施工及运营风险。

（二）风险管理的内容

此阶段的风险管理应重点针对线路方案、工程选址、桥梁方案、隧道规模、工程投资、环境影响等进行分析，对规划中潜在的重大风险可考虑采用修改线路方案、桥梁方案、隧道规模，重新拟定建设技术方案等措施进行风险控制。主要内容包括：

（1）规划方案与城市市政网络协调性风险分析。

（2）交通及客流量预测风险分析。

（3）线路、桥梁、隧道选择与工程选址风险分析。

（4）场地水文地质与环境调查风险分析。

（5）工程重大风险源分析。

（6）工程投融资可行性风险分析。

（7）不同工程规划方案风险综合评价与控制措施。

（三）工程重大风险源

市政工程的重大风险源主要是指在工程方案规划设计阶段中，利用工程初勘和环境调查等技术，辨识工程潜在的对工程自身或周边区域环境产生重大风险影响的关键性工程，具体包括：

（1）跨江河湖海的工程。

（2）邻近或穿越既有轨道线路（含铁路）的工程。

（3）邻近或穿越既有建（构）筑物、道路、重要市政管线的工程。

（4）邻近或穿越有重要保护性的建（构）筑物或水利设施的工程。

（5）重大明挖或暗挖的工程。

（6）邻近或穿越文物保护区的工程。

（7）需特殊设计或采用新工艺、新设备或新材料的工程。

二、工程可行性研究的风险管理

工程可行性研究阶段风险管理的内容主要包括：工程可行性方案拟定与施工方法适用性分析等，可以由工程建设相关单位委托专业的风险咨询单位协助其进行风险管理。最后应对工程可行性研究阶段的风险进行综合评估。

（一）风险管理目标

通过辨识和评估工程建设风险，优化可行性方案，避免和降低由于线路、桥梁、隧道、施工方法、规划方案等不合理所带来的风险，为工程设计、施工及保险做好前期准备，初步制订工程风险控制措施，完成工程可行性研究阶段风险评估。

（二）风险管理内容

（1）建立工程风险管理大纲，确定工程风险管理具体要求。

（2）工程风险评估单元划分。

（3）工程风险分级标准和接受准则。

（4）对重要、特殊的工程结构设计和施工方案进行风险分析。

（5）工程可行性方案风险综合对比，确定总体方案设计，初步制订风险处置对策。

（三）潜在的主要风险源

（1）自然灾害风险（暴雨、洪水、泥石流、飓风、地震等）。

（2）水文地质与工程地质条件。

（3）周边环境影响（包括第三方损失及周边区域环境影响）。

（4）施工方法与施工工期。

（5）项目资金筹措及资金成本。

（6）施工场地拆迁引发的各类工期、投资及社会影响风险。

（7）市政工程运营对其周边区域环境影响风险。

（8）重大关键性节点工程风险。

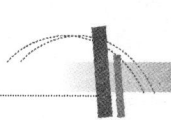

（四）施工方法选择的风险分析

在工程可行性研究阶段，应对可能采取的工程施工方法加以对比选择与风险分析。针对建设工程类型和特点，同时有多种施工方法可供选择。施工方法选择不当可能会发生重大事故，引发严重的安全、经济、环境和工期风险。

综合考虑市政工程的建设工程规模、水文地质条件、邻近地下及地面环境等因素，从施工方法的可实现性、安全性、适应性、技术性和经济性、工期进度及对周围环境影响等方面进行综合分析，选择合适的施工方法，以期最大限度地控制和减少风险，避免因施工方法不适合所引起的工程风险。

三、方案设计的风险管理

为便于有效开展方案设计的风险管理工作，市政工程方案设计阶段又细分为投标优化设计阶段和总体方案设计阶段。此阶段应识别出特、一级风险工程，并形成全线特级、一级风险工程清单，识别、分级原则上应考虑到各工点。形成的方案设计文件应包括安全风险初步分析的专项内容。

（一）风险管理目标

通过初步识别特、一级风险工程，并有针对性地进行风险分析和设计，规避和降低由于线位和施工工法等方案设计不合理可能导致的风险。

（二）风险管理内容

（1）特、一级风险工程分级及分级清单的审查论证。

（2）投标方案优化设计和总体方案设计文件的审查论证。

（三）风险管理职责

（1）设计单位负责完成特、一级风险工程的初步识别和分级，并编制投标方案优化设计文件。

（2）建设单位规划设计部门负责组织风险工程分级和方案设计的实施及其成果复审，并协助组织专家对各项目特、一级风险工程清单及投标方案优化设计文件进行终审、论证。

第三节　项目准备阶段风险管理

一、详细勘察与环境调查风险管理

工程详细勘察与环境调查的主要任务是进行地形地貌绘制、工程测量、周边环境调查、工程水文地质勘察及室内岩土力学试验分析等；工程地质勘察与环境调查的主要目的是为工程设计和施工提供必要的基础数据资料。

（一）风险管理目标

通过对工程地质勘察与环境调查报告的过程审查和论证，控制因勘察遗漏、失误或环境调查不准、室内试验方法及参数获取失误等引起的工程设计与施工风险，同时注意避免工程地质勘察施工或环境调查过程中发生的风险。

（二）风险管理内容

工程地质勘察与环境调查风险管理的内容包括：

（1）收集工程方案相关资料；审查工程地质勘察与环境调查单位资质、技术管理文件及报告；

（2）工程地质勘察方案风险分析，对勘察孔位与数量、钻探与原位测试技术、室内土工试验方法等进行风险分析；

（3）工程地质勘察施工风险分析；

（4）潜在重大不良水文地质或环境风险分析。

（三）风险管理责任

工程地质勘察单位和环境调查单位承担风险管理实施责任；建设单位主要承担组织与协调责任；风险管理咨询单位承担合同中约定的相应咨询责任。

二、初步设计风险管理

工程初步设计阶段的风险管理应以工程地质勘察与环境调查的风险管理为基础，结合选定的规划线路和建设技术方案，重点针对工程结构的具体设计方案、设计参数及施工工艺与技术，考虑工程建设的投资、安全、工期、环境等因素进行风险管理。

（一）风险管理目标

配合工程设计目标和需求，形成符合国家法律、法规和设计规范条例中要求的安全、可靠、经济、适用和技术先进的设计文件，控制并减少由于设计失误或可施工性差等因素引起的工程功能缺陷、结构损伤及工程事故。同时，通过工程结构设计进一步明确重大风险因素源，对其进行专项初步设计。

（二）风险管理内容

主要考虑工程初步设计中水文地质条件、地层物理力学参数取值、结构设计计算模型的采用等方面存在的不当或失误，对由此可能导致的风险事故进行分析。针对不同的风险等级，建设单位和设计单位可采用调整初步设计方案、补充地质勘探、对新技术进行试验研究等措施规避风险。

（三）风险管理责任

工程设计单位承担工程风险管理实施责任，负责完成工程初步设计，确定工程施工方法和安全专项施工技术；建设单位主要承担工程初步设计的组织与协调责任，同时，与设计单位一起承担工程设计方案决策风险管理责任；风险管理咨询单位承担合同中约定的相应咨询任务。

三、施工图设计风险管理

结合工程初步设计方案，考虑具体的施工方法及工艺流程，进一步细化初步设计，以保障工程建设施工。施工图设计阶段风险管理的重点是对已辨识的风险进行有效控制，以及对由于初步设计审查引起方案的变化进行风险评估。

（一）风险管理目标

确保风险源的可靠识别和分级管理，确保施工图设计方案的具体实施，采取合理的施工图设计方案来对风险进行有效的控制，对工程中潜在的重大风险进行施工风险专项评估，提出工程重大风险专项风险管理方案。

（二）风险管理内容

以工程初步设计风险管理内容为基础，针对建设的关键节点或难点工程进行专项研究，尤其需注意采用新材料、新工艺、新技术及复杂区域施工的难点单项工程。对施工图设计中所确定的具体施工流程、风险控制措施等，尽量采用量化的风险评估方法对工程施工图设计中潜在的风险因素及事故进行专项分析。施工图设计阶段风险管理包括：

（1）工程施工风险源的辨识、分级与风险评估。

（2）重大风险源的专项分析与控制措施。

（三）风险管理责任

工程设计单位承担工程风险管理实施责任，负责完成工程施工图设计，确定工程施工方法和安全专项施工技术；建设单位主要承担工程施工图设计的组织与协调责任，同时，与设计单位一起承担工程施工图设计方案决策风险管理责任；风险管理咨询单位承担合同中约定的相应咨询责任。

四、工程招投标风险管理

（一）招标文件风险管理要点

（1）在招标文件中，应包含工程施工技术及其他方面的风险管理要求，确定工程建设各方应承担的工程风险管理责任等。

（2）招标文件应明确说明对投标单位的风险管理实施要求。

（3）招标文件需包含以下信息：

① 投标单位在类似工程中进行风险管理的相关信息及其成果。

② 工程风险管理相关的组织结构与人员安排。

③ 投标单位针对工程施工的风险管理目标概述。

④ 投标单位对工程可能涉及风险的辨识与分析。

⑤ 投标单位针对工程风险管理提出的措施与建议。

（二）投标文件风险管理要点

在投标文件中，施工单位的风险管理方案和措施应符合招标文件要求。施工单位风险管理方面的要求包括：

（1）风险管理的职位安排和人员组织。

（2）可考虑和预测到的各种风险。

（3）对工程施工方案的风险评估、风险等级划分和风险控制措施等说明。

（4）风险管理的日程安排。

（5）与建设单位的风险管理体系及风险管理小组的协调。

（6）与其他施工单位风险管理方面的协调。

（7）与其他部门（如政府部门、质量管理、环境管理部门等）的协调。

（8）对分包商的工程风险控制具体要求和管理制度。

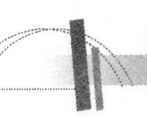

（三）合同签订风险管理要点

（1）合同条款的完整性分析。

（2）以合同为依据，对可能的重点或难点技术方案须明确是否需要进行二次风险评估。

（3）工程投资费用及时到位的风险。

（4）工程工期提前或延误的风险。

（5）重要设备的采购与供货风险。

（6）对于未辨识的风险，合同中应包括与之相关的风险管理责任，具体实施或执行方案可通过双方商定，在合同条款中补充说明。

第四节　项目实施阶段风险管理

在实施阶段，作为主要的参建单位——建设单位与施工单位各自首先应明确风险管理的内容，然后按照风险管理的流程进行风险管理，必要时可成立工程风险管理小组或委托专业的风险管理咨询单位协助进行项目的风险管理。

一、建设单位风险管理内容

建设单位是工程风险管理协调与组织主体，负责统领工程施工现场风险管理，对工程施工各参与单位的风险管理方案实行审查，监督实施施工过程风险监控、安全状态判定和风险事故处理，对重大安全事故，及时上报上级主管单位和政府部门，启动工程事故应急预案，并负责组织工程现场抢险。具体工作包括：

（1）建议成立工程风险管理小组，组织工程建设参与各方共同建立风险管理体系。

（2）开展工程风险管理培训工作，并参与工程施工单位的风险管理培训。

（3）负责协调、组织和布置工程建设各方开展工程风险管理工作，按照合同规定及时支付工程风险管理费用。

（4）建立工程现场风险监控动态管理台账，定期对施工单位的风险管理状况进行督查记录。

（5）负责对施工单位的风险管理方案和措施进行审定，其中重大风险的控制须经建设单位评审后方可实施。

（6）定期向政府主管部门报告风险管理情况，配合政府主管部门对重要风险管理活动实施同步监督管理。

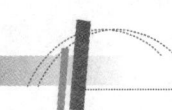
二、施工单位风险管理内容

施工单位承担工程施工风险管理实施责任。主要负责施工准备期和施工过程中风险源的识别与动态风险评估，编制工程施工管理方案和具体风险控制措施，执行风险管理实施细则及风险事务处理等。根据签订的工程承包合同，具体工作包括：

（1）拟订详尽的风险管理计划，制订工程风险管理体系，明确工程风险管理流程。

（2）制订工程施工风险实施细则，确定工程施工风险管理的人员组织及人员名单、工作职责。

（3）在工程正式开工建设前，根据工程前期阶段已有的风险评估或管理文件和报告，分析施工前期及合同签订阶段中已识别的工程风险及风险控制措施，并考虑企业的施工设备、技术条件和人员，针对新辨识的风险提出相应的风险控制措施。

（4）针对风险较大的风险事故，制订工程风险预警标准，列举风险事故发生的征兆现象，编制工程重大风险事故应急处置预案，其中，工程风险应急预案及应急措施应与国家、地方政府及相关的公共应急预案和服务相衔接。

（5）制订详尽的工程风险管理培训计划，负责对参与工程风险管理的技术人员进行风险管理培训和指导，并对作业层进行施工风险交底。

（6）当工程设计、施工方案或工期有重大变更时，应对工程风险重新进行分析与评估。

（7）负责完成工程施工阶段的风险动态评估，研究施工对邻近建（构）筑物影响的风险分析，并梳理重大工程风险，提交施工重大风险动态评估报告。

（8）结合工程施工进度，施工单位应及时上报工程施工信息，通告建设各方施工风险状况。

（9）施工单位应对与工程施工有关的事故、意外、缺漏等进行调查与记录，分析风险发生原因，评估风险可能对工程既定投资、工期或计划的影响，并迅速完善风险控制措施，避免类似事故的再次发生。

（10）施工中当某些风险控制措施的执行可能导致工期延误，或对建设单位造成其他的损失时，须经建设单位批准后才能实施。

（11）施工单位应根据工程特点，明确工程风险管理专项保证费用额度，并承诺专款专用。

三、风险管理小组的管理内容

在项目实施阶段，建议成立工程风险管理小组。该小组是由建设单位、咨询单位、设计单位、施工单位、监理单位、监测单位等工程参与各方负责人代表组成的工程现场风险

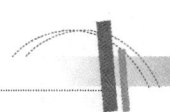

管理最高机构，由建设单位负责领导，实行"分级管理、分工负责、集体决策"制度。在现场应有专职人员开展工作，主要负责现场施工风险管理的组织、督促与协调等责任，同时协助工程风险事故的应急决策与组织。主要职能包括：

（1）负责组织工程参与各方开展施工风险管理，负责现场风险管理的沟通与协调。

（2）督促与监督工程参与各方风险管理落实情况，配合工程参与各方实现工程动态风险控制。

（3）协助工程参与各方进行工程风险决策与控制，及时了解风险现状，发现风险事故征兆。

（4）作为风险管理的中枢，一旦发生风险则组织启动相应的风险应急预案。

四、风险管理咨询单位的管理内容

施工阶段是工程风险管理的核心，也是工程风险能否得到有效控制的关键。随着工程进展，风险在不断变化，各项风险发生的概率及其损失也在不断改变。因此，工程施工阶段风险管理应以前期各阶段完成的风险管理为基础，进行风险的动态管理与控制，通过委托专业风险管理咨询单位配合开展工程施工过程中的现场风险管理。其主要职责为承担工程施工风险查勘责任，主要为工程建设单位（或保险单位）进行现场施工全过程的风险动态查勘，汇报现场风险管理现状，预测下阶段风险管理的重点及发展趋势等。

（一）风险辨识和评估

根据工程条件、施工方法以及设备条件，按照工程施工进度和工序，对工程风险进行评估和整理，尤其是要对工程的重大风险进行梳理和分析，确定工程风险等级，并对重大风险提出规避措施和事故预案，完成施工风险评估报告。具体包括：

（1）工程各分部分项工程的主要风险点；

（2）致险因子与风险环境；

（3）风险等级及排序；

（4）风险管理责任人；

（5）风险规避措施；

（6）风险事故预案。

风险评估报告应以正式的文件发送给工程建设各方，并经讨论使工程各方对工程风险评估等级和控制对策形成共识。

（二）风险跟踪管理

风险跟踪管理是指对工程风险状态进行跟踪与管理，督促风险规避措施的实施，同时

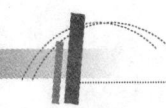

及时发现和处理尚未认识的风险，具体包括：工程总体风险水平的变化、重大风险的发展趋势、规避措施实施情况以及风险损失情况等。具体流程如图 12-3 所示。

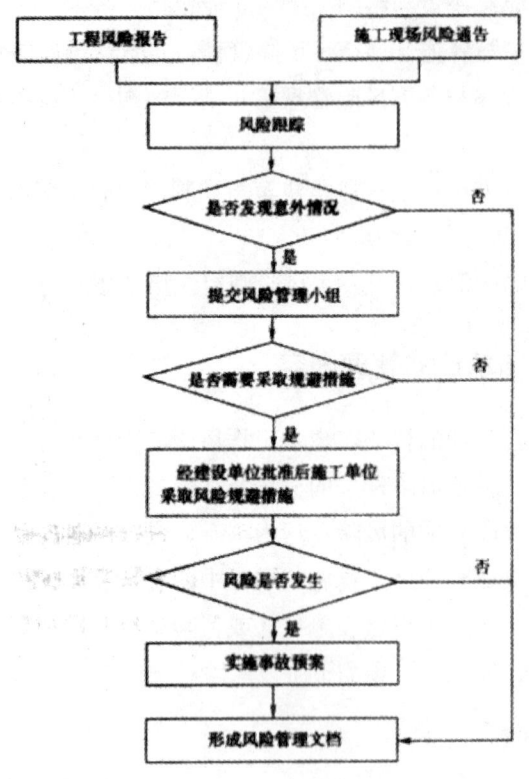

图 12-3　工程风险动态跟踪流程图

风险跟踪的内容主要包括对已辨识风险和其他突发风险的实时观察、对风险发展状况的记录和查询，以便及时地发现和解决问题。记录内容包括风险辨识人员、风险发生区域、发展状态、是否采取规避措施、实施人员及风险控制效果等。具体风险跟踪内容如图 12-4 所示。

（三）风险预警预报

现场施工应建立一套系统的风险监控和预警预报体系。特别是对于工程重大风险点，应通过对监测数据的动态管理，及时掌握其发展状态。具体工作包括：

（1）根据工程风险特点，确定合理的工程监测方案，制订预警标准。

（2）将各监测结果和风险事故建立对应关系。

（3）确定基于监测结果的风险评价等级。

（4）根据监测结果进行风险的动态评价。

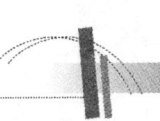

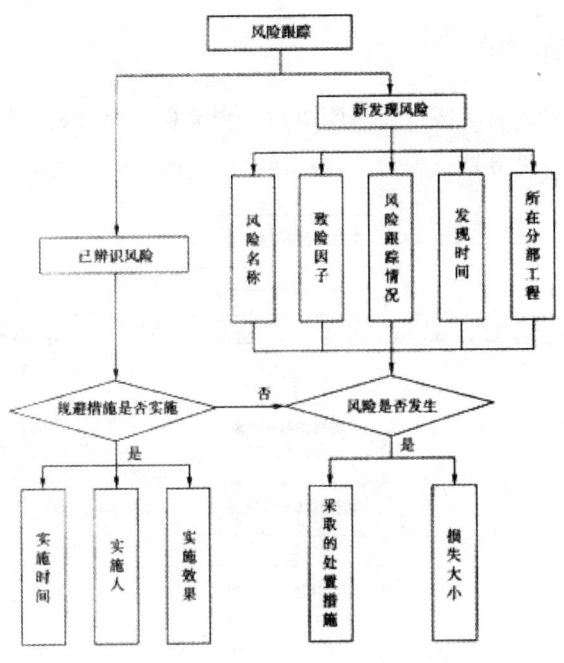

图 12-4 工程风险跟踪内容

（5）如果发现异常或超过警戒值，应及时进行风险报警，采取规避措施，做好风险事故处理准备工作。

（四）风险通告

根据风险评估结果，在每个单项工程施工之前，建设单位应以风险预告的形式，将其中的主要风险点通告施工单位，施工单位应提交专门的风险处置方案，上报建设单位，审批通过后方可施工。

施工现场风险通告是工程风险管理中非常重要的一环，施工单位应在工程现场设置风险宣传牌，对各个阶段的风险点和注意事项进行宣传和教育。现场风险通告应包括：

（1）主要风险事故；

（2）风险管理实施责任人；

（3）致险因子与风险等级；

（4）施工人员注意事项；

（5）事故预兆；

（6）风险规避措施；

（7）风险事故预案。

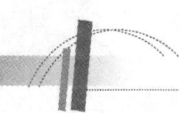
（五）重大事故处理流程

对于重大工程事故，应形成现场风险事故处理流程，明确各方职责和主要任务，确保风险事故发生后，能尽快得到妥善处理。具体流程如图 12-5 所示。

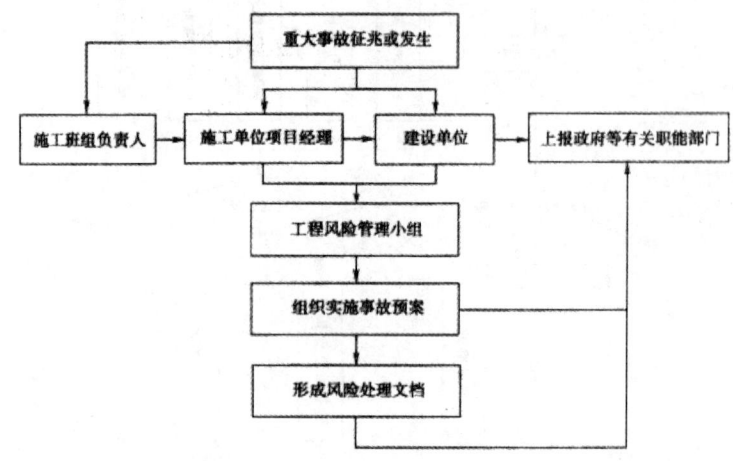

图 12-5　工程重大事故处理程序

（六）工程风险文档编写

工程建设过程中应形成专门的风险管理文档。风险管理文档和风险评估报告应作为工程竣工交验的文件。具体包括：

（1）主要工程风险及其致险因子；

（2）工程重大风险点的规避措施和事故预案；

（3）风险事故发生的时间、地点、原因分析、损失情况和采取的处理措施；

（4）规避措施的实施责任人、时间和控制效果。

第五节　项目收尾阶段风险管理

一、合同收尾管理

合同收尾就是根据合同一项一项地核对，是否完成了合同所有的要求，是否可以把项目结束，也就是人们通常所讲的项目验收。具体来说，合同收尾是指了结合同并结清账目，包括解决所有尚未了结的事项。合同收尾需要对整个项目过程进行系统的审查，找出合同上签订的事项是否已经完成。

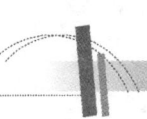

二、资料收尾管理

资料收尾是指涉及项目验收正式化而进行的项目资料的移交和归档。具体包括实施期间的所有项目文档整理和归档，同时还要求所有的项目成员一起把经验教训、实施心得写成总结，方便日后运营维护工作。

三、周边影响工程收尾管理

（1）项目收尾阶段应重点对施工影响范围内周边环境变形进行观测，当周边建（构）筑物等周边环境的正常使用功能遭受影响，或认为有必要对工程环境进行工后恢复处理时，应进行工后评估。

（2）工后评估应委托具有相应资质和经验的检测评估单位开展工后评估工作，原则上可考虑由现状检测评估或施工附加影响分析的评估单位承担。

（3）当工后评估认为风险工程存在环境安全风险或工程隐患，并影响市政项目的正常运营时，建设单位应组织有资质和经验的设计单位进行恢复设计，并组织施工单位进行修复处理。

（4）监理单位负责监督、检查修复施工处理的实施，并按有关程序组织验收。

参 考 文 献

[1] 《中国公路学报》编辑部. 中国桥梁工程学术研究综述·2014[J]. 中国公路学报，2014(05): 1-96.

[2] 陈爱连. 市政工程[M]. 北京：中国建材工业出版社，2014.

[3] 陈翔. 施工过程标准化对高速公路桥梁工程质量的影响研究[D]. 兰州交通大学，2015.

[4] 杜阿春. 公路和桥梁的施工技术管理剖析[J]. 江西建材，2016(03): 219.

[5] 付兴元. 桥梁工程建设风险评价方法的研究与实践[D]. 西南交通大学，2011.

[6] 高纯. 铁路站房桥建合一式结构体系的桥梁施工关键技术研究[D]. 武汉大学，2013.

[7] 高伟. 基于层次分析与灰色模糊理论的桥梁建设风险评估研究[D]. 西南交通大学，2012.

[8] 葛俐莉. 桥梁工程建设中对船撞桥的主动防御措施研究[D]. 吉林大学，2013.

[9] 桂许兰. 公路桥梁施工状态误差分析及其标准研究[D]. 重庆交通大学，2014, 246

[10] 韩志霄. 桥梁施工中混凝土养护技术的具体应用分析[J]. 交通世界，2016(02): 66-67.

[11] 郝振宇. 长沙市公路桥梁建设公司公路工程计量支付管理系统的设计与实现[D]. 山东大学，2013.

[12] 姜虹. 高速公路桥梁施工安全评价及对策研究[D]. 北京工业大学，2015.

[13] 蒋建平. 桩基工程[M]. 上海：上海交通大学出版社，2016.

[14] 交通运输部工程质量监督局. 公路桥梁和隧道工程施工安全风险评估制度及指南解析[M]. 人民交通出版社，2011.

[15] 交通运输部工程质量监督局. 公路水运工程试验检测专业技术人员职业资格考试用书[M]. 北京：人民交通出版社股份有限公司，2016.

[16] 金文生. 桥梁施工过程中危险源识别技术及评价研究[D]. 河北工业大学，2012.

[17] 李斯海. 市政工程建设项目管理理论与实践[M]. 北京：人民交通出版社，2014.

[18] 李伟华. 大汶口桥梁工程施工质量管理研究[D]. 山东大学，2013.

[19] 李扬寰. 山区高墩桥梁建设期风险评估[D]. 长沙理工大学，2014.

[20] 林立. 大型桥梁建设项目的鉴识工程制度与方法研究[D]. 福州大学，2011.

[21] 刘明维. 桩基工程[M]. 北京：中国水利水电出版社，2015.

[22] 刘伟山. 现场施工技术在市政道路桥梁施工中的应用[J]. 科技与企业，2014(15): 444-445.

[23] 刘文涛. 桥梁施工安全风险评估与应用研究[D]. 长安大学，2015.

[24] 刘相龙. 国道烟上线珠岩大桥改造工程质量管理研究[D]. 中国海洋大学，2014.

[25] 陆新鑫，徐秀丽，李雪红，张建东. 基于肯特指数法的桥梁施工安全风险评估[J]. 中国安全科学学报，2013(06): 165-171.

[26] 倪晓春. 试析公路桥梁施工中的质量管理及控制[J]. 门窗，2016(03): 200+202.

[27] 宋士新. 大跨度连续刚构桥梁施工控制关键问题分析与研究[D]. 华南理工大学，2012.

[28] 苏略. 探讨公路桥梁施工技术的不足与改进[J]. 建材与装饰, 2016(07): 256-257.

[29] 孙海杰. 分析道路桥梁施工中的裂缝成因及预防方法[J]. 交通世界, 2016(Z2): 162-163.

[30] 王铖铖. 桥梁工程生命周期环境影响评价与成本分析集成方法研究[D]. 武汉理工大学, 2012.

[31] 王国民. 论长大桥梁日常养护[C]. 中国公路学会 2012 年全国桥梁学术会议论文集. 北京：人民交通出版社, 2012.

[32] 王国民. 深水钢栈桥稳定性分析与施工[J]. 山西建筑, 2017, 43（5）.

[33] 王国民. 铜陵长江公路大桥桥墩冲刷与防护研究[C]. 中国土木工程学会第 21 届全国桥梁学术会议论文集（下册）. 北京：人民交通出版社, 2012.

[34] 王国民. 预应力混凝土箱梁桥裂缝成因与对策研究[J]. 公路, 2017（6）.

[35] 吴中鑫, 王国民. 深水急流桥墩砂枕防护施工关键技术研究[J]. 公路, 2016（1）.

[36] 夏禾. 铁路桥梁养护维修[M]. 北京：中国铁道出版社, 2010.

[37] 谢功元. 山区桥梁建设期多因素风险评估方法研究[D]. 长安大学, 2013.

[38] 徐猛勇. 公路工程施工监理[M]. 北京：机械工业出版社, 2016.

[39] 徐晓珍. 建设工程监理工程师一本通系列丛书公路工程监理工程师一本通[M]. 北京：中国建材工业出版社, 2014.

[40] 杨润林. 施工员市政工程[M]. 北京：中国电力出版社, 2014.

[41] 殷坤宇. 山区陡坡桥梁桩基施工标准化技术研究[D]. 长安大学, 2012.

[42] 于力, 刘恩元, 孟令海. 建筑工程地基处理与基础工程施工技术与质量控制[M]. 北京：机械工业出版社, 2011.

[43] 于平屹, 姚孟成. 公路桥梁施工中的质量管理及控制分析[J]. 江西建材, 2016(03): 147-148.

[44] 张美娜. 桥梁养护加固技术[M]. 北京：北京师范大学出版社, 2012.

[45] 张伟. 桥梁施工临时结构安全评价研究[D]. 重庆交通大学, 2013.

[46] 张喜刚, 刘高, 马军海, 吴宏波, 付佰勇, 高原. 中国桥梁技术的现状与展望[J]. 科学通报, 2016, Zl:415-425.

[47] 张长青. 盘锦市桥梁工程建设风险管理研究[D]. 吉林大学, 2015.

[48] 张振华. 桥梁工程标准化施工管理[D]. 长安大学, 2012.

[49] 中国工程建设标准化协会. 拔出法检测混凝土强度技术规程（CECS 69：2011）[S]. 北京：中国计划出版社, 2011.

[50] 中华人民共和国行业标准. 公路桥梁结构安全监测系统技术规程（JT/T 1037—2016）[S]. 北京：人民交通出版社股份有限公司, 2016.

[51] 中华人民共和国行业标准. 公路钢筋混凝土及预应力混凝土桥涵设计规范（JTG D62—2012）[S]. 北京：人民交通出版社, 2012.

[52] 中华人民共和国行业标准. 公路桥涵设计通用规范（JTG/D60—2015）[S]. 北京：人民交通出版社股份有限公司, 2015.

[53] 中华人民共和国行业标准. 回弹法检测混凝土抗压强度技术规程（JTG/T 23—2011）[S]. 北京：中国建筑工业出版社, 2011.

[54] 中华人民共和国行业标准. 钻芯法检测混凝土强度技术规程（JTG/T 384—2016）[S]. 北京：中国建筑工业出版社, 2016.

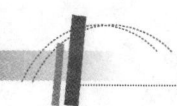
[55] 中华人民共和国行业标准. 公路桥梁技术状况评定标准（JTG/T H21—2011）[S]. 北京：人民交通出版社，2011.

[56] 中华人民共和国行业标准. 公路桥梁荷载试验规程（JTG/T J21-01—2015）[S]. 北京：人民交通出版社股份有限公司，2016.

[57] 中华人民共和国行业标准. 公路桥梁承载能力检测评定规程（JTG/T J21—2011）[S]. 北京：人民交通出版社，2011.

[58] 中华人民共和国行业标准. 铁路钢挤保护涂装（TB/T 1527—2004）[S]. 北京：中国铁道出版社，2004.

[59] 周正宇. 地铁邻近既有桥梁施工影响分析及主动防护研究[D]. 北京交通大学，2012.